dtv

Seit Jahrhunderten hat das Christentum Europa und seine Menschen geprägt. Kunst, Musik, Literatur, Philosophie, Naturwissenschaft und Recht – ohne die christliche Religion sähe vieles anders aus. Zwar werden heute noch weithin die christlichen Feste gefeiert, doch ist deren Bedeutung gerade jungen Leuten aufgrund der zunehmenden Säkularisierung der Erziehung kaum mehr vertraut. Mit Hilfe dieses Buches soll die Sprachlosigkeit überwunden werden, die zwischen den Generationen herrscht. Brücken des Verstehens werden gebaut zwischen denen, die mit den Inhalten des Christentums noch heute leben und den Jüngeren, die häufig nicht einmal mehr die Grundlagen kennen. Es geht dabei nicht um Fragen des Glaubens, sondern um wesentliche Informationen über eine Weltreligion, die die Geschichte und die Kultur Europas wesentlich beeinflußt hat.
„Der Atheist erfährt etwas über die Wurzeln seiner europäischen Kultur und für Christen kann die nüchterne Sicht eine große Bereicherung sein.“ (*Christ in der Gegenwart*)

Peter Antes, geboren 1942, ist Professor für Religionswissenschaft im Fachbereich Geschichte, Philosophie und Sozialwissenschaften der Universität Hannover und Autor mehrerer erfolgreicher Bücher.

Peter Antes

Das Christentum

Eine Einführung

Mit 11 Abbildungen

Deutscher Taschenbuch Verlag

März 2004
Deutscher Taschenbuch Verlag GmbH & Co. KG,
München
www.dtv.de

Umschlaggestaltung: Balk & Brumshagen
Umschlagfoto: © Zefa / Svenja-Foto
Satz: Medienhaus Froitzheim AG, Bonn, Berlin
Gesetzt aus der Trump Mediäval
Druck und Bindung: Druckerei C. H. Beck, Nördlingen
Gedruckt auf säurefreiem, chlorfrei gebleichtem Papier
Printed in Germany · ISBN 3-423-34076-2

Inhalt

Vorwort

Seit Jahrhunderten hat das Christentum Europa und seine Menschen geprägt. In den meisten Ländern war es *die* vorherrschende Religion gewesen, bis in die entlegensten Gegenden sind Kirchen und christliche Zeugnisse aus vielen Jahrhunderten anzutreffen. Wer nicht getauft war, also nicht zum Christentum gehörte, hatte über lange Zeiten hinweg Probleme, ganz dazuzugehören oder Karriere zu machen. Für alle Lebenssituationen hatte man Zitate aus der Bibel, der heiligen Schrift der Christen, parat. Vielfältig waren die Bezüge auf den christlichen Glauben sowie auf die Riten und Feste, die das christliche Leben prägten. Die gesamte Kultur zeugte von diesem Einfluß durch das Christentum: Kunst, Musik und Literatur hätten ohne das Christentum eine andere Entwicklung genommen, auch in anderen Bereichen der Geistes- und Kulturgeschichte (man denke etwa an die Philosophie, die Naturwissenschaft und das Recht) wäre manches anders gekommen, hätte es das Christentum nicht gegeben.

Die Vorherrschaft des Christentums hatte zudem Folgen für das Denken der Europäer. Viele Vorstellungen aus Religion und Glaubenslehre wurden zum selbstverständlichen Allgemeingut. Sie brauchten weder erklärt noch besonders eingeführt zu werden. Selbst subtile Streitfragen wie das Verhältnis von Natur und Person bei der Trinität waren irgendwie allen präsent. Die Diskussionen unter Spezialisten der Religion wurden oft in Predigten dem einfachen Volke so nahegebracht, daß alle an den Auseinandersetzungen irgendwie teilnahmen und Stellung bezogen.

Im Vergleich dazu ist die Kenntnis des Christentums und seiner Inhalte seit den sechziger Jahren des 20. Jahrhunderts in ganz Westeuropa und speziell in Deutschland drastisch zurückgegangen. Damit ist mehr gemeint als der Wegfall religiöser Praxis. Für viele Zeitgenossen, vor allem Jugendliche, ist christliches Gedankengut so fremd geworden, daß der Berliner evangelische Theologe Richard Schroeder die Behandlung des Christentums im Unterricht „Lebensgestaltung – Ethik – Religionskunde" (LER) in Brandenburg mit einem Zoobesuch verglichen hat, um deutlich zu machen, wie fremdartig christliche Lehrinhalte und Verhaltensweisen auf Jugendliche heute wirken. Was fehlt, sind neben dem Wegfall der christlichen Sozialisation im Sinne einer Einübung ins Christsein vor allem die kulturelle Sozialisation als Einführung in christliches Denken und die vielfachen Kulturbezüge, die für die abendländische Geistes- und Kulturgeschichte kennzeichnend sind. Dies bedeutet, daß wir alle inmitten eines Kulturabbruchs leben, der den meisten die Sprache verschlägt. Die hier angesprochene Sprachlosigkeit ist das vielleicht bedeutendste Ereignis um die Wende zum 21. Jahrhundert.

Immer deutlicher wird die Sprachlosigkeit zwischen den Generationen bezüglich des Christentums spürbar. Auf der einen Seite stehen die, denen das traditionelle Gedankengut noch gut vertraut ist. Sie bemerken oft gar nicht, daß jüngere Menschen oder Außenstehende sie gar nicht mehr verstehen, und führen deshalb einen Monolog ohne Gegenrede, weil die Basis für einen Austausch von Gedanken längst entfallen ist. Auf der anderen Seite stehen meist gutwillige Fremde, denen die Kernbegriffe der christlichen Überlieferung ebenso wenig sagen wie die dahinter stehenden Vorstellungen und Gedanken. Unbeholfenheit und Sprachlosigkeit sind die Folge. Das Gespräch muß ausbleiben, solange es nicht gelingt, Brükken des Verstehens zu bauen und in neuer Sprache das Althergebrachte zu sagen.

Es scheint, daß die Theologie und die Kirchen auf diese Situation wenig vorbereitet sind. Zu lange ist ihnen entgangen, daß keine Kommunikation stattgefunden hat, weil man sich dank liebgewonnener Sprachformeln in Sicherheit glaubte, das Richtige zu sagen. Erst jetzt, wo die Selbstverständlichkeiten christlichen Denkens wegbrechen und andere religiöse Angebote werbewirksam und erfolgreich auf dem Markt der Möglichkeiten feilgeboten werden, wird die hier konstatierte Sprachlosigkeit offenkundig. Zu nahezu allen großen Religionen gibt es Einführungsliteratur, die beim Kenntnisstand Null ansetzt und in kurzen Einleitungen die Basis schafft, zu vertiefenden Studien voranzuschreiten, so daß man nie allein gelassen wird, sondern graduell aufsteigend vom Basiswissen bis zum feinsten Detailwissen voranschreiten kann. Nicht so beim Christentum. Nahezu alles, was als Einführung ins Christentum angeboten wird, ist von Theologen geschrieben und setzt auf einem Wissensstand ein, der genau denen den Zugang verunmöglicht, die man mit diesen Büchern erreichen will: den Anfängern ohne christlich-kulturelle Sozialisation.

Seit Jahren habe ich dieses Wissensdefizit konkret an Schulen und Hochschulen erfahren und mich darum bemüht, darauf positiv zu antworten. Ich weiß daher sehr wohl um die Sprachlosigkeit, die sich einstellt, wenn man elementarisieren muß. Noch immer sind viele Hürden zu nehmen, wenn die Kommunikation gelingen soll. Immer neue Formulierungen müssen dabei ausprobiert werden, die einem doppelten Testverfahren unterworfen werden müssen: Zum einen müssen nämlich die Insider sagen, ob sie sich darin noch wiederfinden und ausgesprochen fühlen; zum anderen müssen die Außenstehenden sagen, ob sie mit dem Gesagten inhaltlich etwas anfangen können. Kommunikation heißt in diesem Zusammenhang Verstehen, nicht Zustimmung. Es geht dabei ausschließlich darum, fremdes Denken nachzuvollziehen und sich in es hineinzudenken, ungeachtet dessen, ob man es am Ende teilt oder ablehnt. Zu einer solchen Kommunikation beizutragen ist eine der wichtigsten Aufgaben der Religionswissenschaft, die wie eine Art Simultandolmetscherin in Sachen Kulturen und Religionen Wege zum gegenseitigen Verstehen, zur Kommunikation unter Andersdenkenden eröffnet. Es ist von daher nur folgerichtig, daß nach dem Wegfall der christlich kulturellen Sozialisation die Religionswissenschaft ihre Dolmetscherfunktion auch auf das Christentum hin ausweitet und danach sucht, dieses ebenso den Menschen von heute nahezubringen wie bisher Buddhismus, Hinduismus oder Islam.

Die Parallele mit der Einführung in die großen Weltreligionen hilft auch, methodisch das Problem einigermaßen in den Griff zu bekommen. Das Vorgehen darf Anleihen bei den Einführungen in andere Religionen machen. Es kann daher getrost die Präsentation so gestalten, wie dies in vergleichbaren Fällen geschieht. Es muß sich dabei auf die großen Linien beschränken und Grundkenntnisse vermitteln. Von daher wird es manche Spezialisten enttäuschen, weil die ihnen wichtigen Feinunterschiede entweder gar nicht oder nur grob zur Sprache kommen. Zudem werden Lehrkräfte, die in der Oberstufe der Gymnasien Religion unterrichten, sicherlich wieder einmal feststellen, daß die im Folgenden gebotenen Inhalte für ihren Unterricht nicht ausreichen. Unerklärlich bleibt dann nur, weshalb die, die diese Kurse durchlaufen haben, noch nicht einmal das wissen, was hier behandelt wird, geschweige denn mehr. Ist es vielleicht deshalb, weil zuviel angestrebt und deshalb nichts erreicht wurde? Wer Schneisen ins Dickicht der Verästelungen schlagen will und muß, kann nicht zu behutsam auf jeden Zweig achten. Dennoch dürfen schiefe Darstellungen nicht erfolgen. Hier muß Kritik einsetzen und ist willkommen. Wünschenswert ist dann nur, daß sie sich der Schwierigkeit des Unterfangens insgesamt bewußt bleibt und auch im Ton so vorgetragen wird, daß das redliche Bemühen um eine adäquate Darstellung Priorität hat und nicht kleinliche Auseinandersetzungen das Anliegen im Kern zerstören. Gleiches gilt für die Adressaten, also die ohne Sachkenntnis. Sie sind ebenfalls aufgerufen, die Verständlichkeit des Textes und seiner Aussagen zu testen und Vorschläge zu einer immer besseren Kommunikation zu machen. Pauschalablehnungen helfen hier nicht weiter und sollten deshalb unterbleiben. Jegliche Form der Kritik sollte vom Ringen um

Kommunikation getragen sein. In der Tat nämlich ist die Situation des Christentums heute in Deutschland mit der des frühen Christentums vor Kaiser Konstantin (gest. 337[1]) vergleichbar, als es darum ging, Menschen, die noch nie etwas vom christlichen Gedankengut erfahren hatten, mit diesem vertraut zu machen. Zu lange haben sich die christlichen Kirchen auf Nachlaßverwaltung eingestellt, indem sie die, die ihnen durch die Taufe als Kleinkinder zugeführt worden waren, im christlichen Glauben unterwiesen und erzogen haben. Das ist heute weitestgehend vorbei. In zunehmendem Maße geht es darum, das Christentum als eine unter vielen Religionen auf dem Markt der Möglichkeiten zu sehen und zu fragen, was es mit ihm auf sich hat und worin seine Botschaft besteht. Das hier vorgelegte Buch will diese Fragen beantworten und in diesem Sinne einen Beitrag zur Kommunikation leisten, damit Richard Schroeders Vision nicht wahr wird, daß das Reden über Christen in unserem Lande mit einem Zoobesuch zu vergleichen ist, bei dem uns alles exotisch vorkommt, weil kein Zugang zum Fremden mehr gegeben ist. Dem Verlag Patmos danke ich, daß dieses Buch in die „Reihe Weltreligionen" aufgenommen wurde, wo es wirklich seinen Ort hat.

Schließlich sei noch gesagt, daß auf Anmerkungen weitestgehend verzichtet worden ist. Das sollte nicht gegen den Wissenschaftscharakter dieses Buches ins Feld geführt werden. Die Fülle der Einzeluntersuchungen, die nahezu zu jedem Satz, wenn nicht sogar zu jeder Teilaussage im Satz vorliegen, würde die Lesbarkeit des Buches erheblich beeinträchtigen und niemandem letztlich nützen. Nur dort, wo zitiert wird, ist die Belegstelle angegeben, um das Auffinden der Stelle zu erleichtern. Die Literaturhinweise am

1 Da es sich bei der Geschichte des Christentums ausschließlich um unsere Zeitrechnung (u. Z.) handelt, wird dieser Zusatz überall dort weggelassen, wo diese Zeitrechnung eindeutig ist. In Einzelfällen (z. B. Zerstörung des Tempels von Jerusalem im Jahre 70 u. Z.) wird zur Verdeutlichung diese Präzisierung hinzugefügt. Bei Zeitangaben vor unserer Zeitrechnung (v. u. Z.) wird dagegen stets die vollständige Zeitangabe verwendet.

Ende des Buches mögen helfen, weiter voranzuschreiten und dabei das hier erworbene Grundwissen gewinnbringend einzusetzen, um besser zu verstehen, wovon dort die Rede ist. Wenn dies erreicht wird, hat das vorliegende Buch seinen Sinn erfüllt.

Hannover, im April 1999 *Peter Antes*

Einführung

Zeitungen verdanken ihren Erfolg griffigen Schlagzeilen. Die Werbung sucht nach eingängigen Slogans, um ihre Produkte erfolgreich zu verkaufen. Auch von den Religionen erwartet man Statements, die aufs kürzeste zusammenfassen, was die jeweilige Religion zu bieten hat. Solche Kurzformeln sind in der Geschichte des Christentums keine Erfindung von modernen Werbeagenturen, sie haben eine lange Geschichte, die bereits in der frühesten, uns faßbaren Zeit des Christentums, nämlich in einigen Schriften des Neuen Testamentes, einem wichtigen Teil der Heiligen Schrift der Christen (Bibel), beginnt.

Schon die ersten Anhänger Christi haben einige Zeit nach dem Tode Jesu in den dreißiger und vierziger Jahren des ersten Jahrhunderts unserer Zeitrechnung den Juden in Jerusalem und Umgebung gesagt, daß Jesus, der am Kreuz gestorben ist, nicht mehr tot ist, sondern lebt und die Hoffnung der Juden ist, weil er der Gesalbte (hebräisch: Messias; griechisch: Christos, latinisiert: Christus) ist, auf den die Juden warten. Jesus Christus als Kurzformel besagt folglich: Jesus ist der Messias und damit die Erfüllung der jüdischen Erwartung. In anderen Texten des Neuen Testamentes heißt die Kurzformel: Jesus ist der Knecht Gottes und knüpft damit an eine andere jüdische Tradition aus dem Prophetenbuch des Jesaja aus der Hebräischen Bibel an, also aus jenem Teil der Bibel, den die Christen mit den Juden gemeinsam als Heilige Schrift ansehen und im Unterschied zum Neuen Testament das Alte Testament nennen. Wieder andere Texte sprechen von Jesus als dem Erlöser (griechisch: sôtêr) und Herrn (griechisch: kyrios). Diese Texte richten sich vornehmlich an Menschen außerhalb des jüdischen Milieus, an Menschen in der griechisch-hellenistischen Welt. Sie greifen

Erwartungen aus diesem Milieu auf und erklären, daß Jesus diese alle erfüllt.

Die wenigen Beispiele von Kurzformeln aus dem frühesten uns bekannten Christentum zeigen, daß diese Kurzformeln offenbar adressatenbezogen sind. Den Juden wird gesagt, daß ihr Warten auf den Messias oder ihre Vorstellung vom Knecht Gottes, wie sie der Prophet Jesaja Jahrhunderte vor Jesus verkündet hat, erfüllt ist. Den Menschen aus dem griechisch-hellenistischen Milieu, denen das jüdische Gedankengut gar nichts sagt, wird Jesus als Erlöser und Herr verkündet, womit sie sehr konkret etwas anfangen können, denn die damalige Zeit war reich an solchen Angeboten. Offenbar bestand hier eine große Nachfrage, und die christliche Botschaft stand dabei nicht abseits, sondern reihte sich mit ihrem Jesus unter die Heilands- und Kyriosangebote ein.

Die Adressatenbezogenheit der Kurzformeln setzt sich auch in den späteren Jahrhunderten fort. Hunderte von Aussagen und Titeln werden im Laufe der Zeit formuliert, um das Wesen des christlichen Glaubens auf eine Kernaussage zu bringen. Es kann hier nicht darum gehen, die lange Liste dieser Aussagen zusammenzustellen, einige davon werden noch zur Sprache kommen, wenn Glaubenssätze erläutert werden müssen. Wichtig in diesem Zusammenhang ist zu sehen, daß der Versuch, die Grundaussage der christlichen Botschaft durch eine Kurzformel zum Ausdruck zu bringen, nicht erst in der Moderne eingesetzt hat. Wenn also dieses Buch einen ähnlichen Weg beschreitet, so kann es sich auf eine lange Tradition berufen. Die Fülle der Kurzformeln besagt aber auch, daß keine als allein gültige angesehen werden kann. Jede einzelne kann viele weitere zur Erklärung und als Erläuterung heranziehen. Die Unterschiede im einzelnen stehen zugleich für Akzentsetzungen, die je nach Zeit und Ort, aber auch nach persönlichen Vorlieben der Interpreten variieren. Ihre Beurteilung sollte daher nicht isoliert betrachtet werden, sondern im Kontext des gesamten Lehrgebäudes geschehen. Dann werden manche Gegensätze in den Aussagen sich als letztlich doch nicht so relevant herausstellen, wie dies beim formalen Vergleich der Einzelsätze den Anschein haben mag.

Die Kurzformel, die dieses Buch als Leitlinie gewählt hat, lautet: „*Mach's wie Gott, werde Mensch!*" Das 1. Kapitel, das vom christlichen Glauben handelt, wird diese Aussage mit Blick auf die Lehre, den Gottesdienst und das Handeln näher erläutern und dadurch den Blick auf die Glaubensgeschichte öffnen, die mit ihren vielfältigen Facetten die geschichtliche Entwicklung des Christentums (2. Kapitel) geprägt hat. Das 3. Kapitel wird dann das Verhältnis von Christentum und Kultur ansprechen: Das Ganze wird schließlich durch ein kurzes Fazit mit Ausblick abgerundet. Mit nahezu zwei Milliarden Gläubigen, d. h. gut einem Drittel der Menschheit, ist das Christentum heute zahlenmäßig die größte Weltreligion und zudem in der ganzen Welt verbreitet. Prozentual gesehen, gibt es die wenigsten Christen in Asien, erheblich mehr in Afrika, während in Nord-, Mittel- und Südamerika, in Australien und Europa die Christen eindeutig die Mehrheit der Bevölkerung ausmachen, auch wenn das Wissen um christliche Inhalte in West- und Mitteleuropa im Schwinden begriffen ist. Das heutige Erscheinungsbild einer weltweit verbreiteten christlichen Religion und die Herkunft des Christentums aus Palästina im Vorderen Orient widerlegen die weitverbreitete Meinung, das Christentum sei eine europäische Religion, obwohl dies für bestimmte Zeiten so gilt und nicht selten von den Christen selbst propagiert wurde.

Der Blick auf die Welt als ganze und das religiös vielfältige Angebot in Europa legen ab und zu einen Vergleich mit Grundaussagen anderer Weltreligionen nahe. Dies geschieht nicht in apologetischer oder missionarischer Absicht, sondern ausschließlich zum Zwecke der Präzisierung der Aussagen, damit deutlich wird, was das Grundanliegen des Christentums im Unterschied zu dem anderer Religionen ist. Entgegen der landläufigen Meinung, alle Religionen sagten im Kern dasselbe, zeigt die Beschäftigung mit den Religionen, daß dies nicht so ist, sondern daß die Religionen sich deshalb voneinander unterscheiden, weil sie Unterschiedliches lehren und wollen. So ist bisweilen die Abgrenzung von anderen religiösen Lehren ein hilfreicher Weg, das zu Vermittelnde besonders deutlich hervortreten zu lassen.

1. Christentum – programmatisch

„*Mach's wie Gott, werde Mensch!*" heißt die Kurzformel, die für dieses Einführungsbuch gewählt worden ist. Sie deutet an, daß im Zentrum des christlichen Glaubens Gott und Mensch stehen. Die Lehre von Gott (griechisch: Theologie) und die Lehre vom Menschen (griechisch: Anthropologie) sind im Christentum aufs engste miteinander verknüpft. Diese christliche Besonderheit wird vor allem deutlich, wenn man den Islam damit vergleicht. Dort befaßt sich die Theologie nur mit Gott, die Anthropologie gehört in den Bereich der Ethik und des Rechts; zentral für den Islam ist der Gedanke, daß der Mensch an der Einmaligkeit Gottes in keiner Weise teilhat. Im Diesseits (d. h. auf der Erde) wie im Jenseits (d. h. im Paradies) ist Gott transzendent, denn die Welt Gottes hat mit der des Menschen nichts zu tun, jegliche Teilhaberschaft des Menschen an der göttlichen Einmaligkeit wird im Islam aus dem Bewußtsein der Gläubigen verdrängt. Ganz anders im Christentum. Hier wird eine enge Beziehung zwischen Gott und Mensch gelehrt (bis in die Personalunion in Jesus Christus hinein). Sobald es jedoch darum geht, diese Beziehung näher zu beschreiben, wird es schwierig. Die alltägliche Sprache versagt, höchst komplizierte philosophische Gedankengänge werden bemüht, um anzudeuten, was gemeint ist. Aus diesem Grunde ist die Lehre des Christentums an zahlreiche Schlüsselbegriffe gebunden, die sich oft nur historisch erklären lassen und viel Anstrengung erfordern, wenn man die damit verbundenen Grundaussagen erfassen möchte. Die Glaubenslehre, die sogenannte Dogmatik, entfaltet dieses historische Erbe systematisch und wird deshalb im Folgenden ausführlicher dargestellt. Die Basis dafür ist dagegen viel einfacher: Sie stammt aus dem christlichen Gottesdienst, wo das festlich präsentiert wird, was dogmatisch nur mit großen

Schwierigkeiten angedeutet werden kann. Auch das christliche Handeln ist demgegenüber recht einfach, leitet es doch seine Prinzipien aus den Lehren und dem Vorbild Jesu ab. Daß dies zulässig und berechtigt ist, hat seinen Grund in der Aussage, daß in Jesus Christus zwischen Gott und Mensch eine enge Beziehung besteht, die durch die Lehre (Dogmatik) des Christentums erläutert wird.

1.1 Was Christen glauben

Die christliche Lehre (Dogmatik) ist im Laufe der Jahrhunderte weitgefächert entwickelt worden. Sie bezieht sich vor allem auf die Schlüsselbegriffe: Inkarnation, Trinität und Soteriologie, um es mit klassischer Terminologie zu sagen. Was sich dahinter verbirgt, soll nun näher erläutert werden.

1.1.1 Gott wird Mensch: Inkarnation

Inkarnation als Begriff erinnert an den Beginn des Evangeliums nach Johannes im Neuen Testament. Dort heißt es im ersten Kapitel: „Im Anfang war das Wort (griechisch: Logos), und das Wort war bei Gott, und das Wort war Gott. [. . .] Und das Wort ist Fleisch geworden und hat unter uns gewohnt, und wir haben seine Herrlichkeit gesehen, die Herrlichkeit des einzigen Sohnes vom Vater, voll Gnade und Wahrheit." Diese Fleischwerdung (lateinisch: Inkarnation) des Wortes wird im Evangelium nach Johannes auf den historischen Jesus von Nazaret bezogen, an den die Christen als ihren Herrn und Erlöser glauben und der, nachdem er von den Juden zum Tode am Kreuz, dem Galgen der damaligen Zeit, verurteilt und hingerichtet worden war, nach dem Glauben der Jünger Jesu von Gott zu neuem Leben auferweckt und als der Auferstandene gepredigt worden ist. In diesem Jesus ist den Menschen, so glauben die Christen von Anfang an, Gott unendlich nahegekommen. Wer folglich Jesus sieht, so heißt es im

Evangelium nach Johannes (14, 9 f), sieht auch den Vater, d. h. Gott, der ihn gesandt hat.

Das Neue Testament und die frühchristlichen Autoren haben auf vielfältige Weise versucht, diese Inkarnationsvorstellung zum Ausdruck zu bringen. Wie immer man die Lehre begrifflich zu fassen versuchte, zwei Grundschwierigkeiten taten sich auf: Es galt, das Verhältnis Jesu zum Vater (Gott) näher zu bestimmen und Jesu Menschsein im Vergleich mit allen anderen Menschen herauszuarbeiten. Beides zusammengenommen deutet an, daß Jesus gewissermaßen die Nahtstelle zwischen Gottheit und Menschheit ist.

Die Welt, in die sich das frühe Christentum hinein ausgebreitet hat, fand es normal, daß Götter in Menschengestalt auf Erden erschienen. Sie fand es ebenso selbstverständlich, daß Menschen nach ihrem Tode in die himmlischen Sphären der Götter aufgenommen wurden. Menschliche Götter und vergöttlichte Menschen gehörten zu den damals üblichen Erwartungen und Vorstellungen der Menschen, und niemand wunderte sich, wenn als besondere Merkmale von diesen erzählt wurde, daß sie von einer Jungfrau geboren wurden und zu ihren Lebzeiten Wunder wirkten. So gesehen, sind die diesbezüglichen Berichte über das Leben Jesu sicher für die Menschen der damaligen Zeit weniger verwunderlich als für uns heute. Was nicht in die Zeitvorstellungen paßte und somit Aufsehen erregte – und dies vor allem unter den Juden der damaligen Zeit –, war die Tatsache, daß Jesus von Nazaret, auf den sich die frühen Christen als ihren Herrn beriefen, eines unehrbaren Todes gestorben war. Dies widersprach allen frommen Erwartungen des Judentums. Man konnte und wollte nicht glauben, daß ein von Gott Auserwählter am Galgen enden sollte, daß – um es in einem biblischen Bild zu sagen – „der Stein, den die Bauleute verworfen haben, zum Eckstein geworden ist" (vgl. im Neuen Testament das Evangelium nach Matthäus 21, 43). Das Ungeheuerliche dieser Botschaft hat der Apostel Paulus auf den Punkt gebracht, wenn er im ersten Brief an die Gemeinde von Korinth, der im Neuen Testament überliefert wird, schreibt: „Wir verkündigen Christus als den Gekreuzigten: für Juden ein empörendes Ärgernis, für Heiden eine Torheit, für die Berufenen aber, Juden wie Griechen, Christus, Gottes Kraft und Gottes Weisheit." (1 Korinther 1, 23 f)

Diese Aussagen lassen das Bemühen des frühen Christentums erkennen, zu erklären, wer eigentlich dieser Jesus von Nazaret gewesen ist und in welchem Verhältnis er zu Gott und zu den Menschen gestanden hat. Die Palette der Vorschläge reichte weit: Manche sagten, er sei gar kein richtiger Mensch gewesen, sondern seinen Zeitgenossen nur wie ein Mensch erschienen – man nennt diese deshalb Doketisten, abgeleitet vom griechischen Verbum „dokein" = „scheinen, den Anschein haben"; andere glaubten im Gegensatz dazu, daß nur der Mensch Jesus den Tod erlitten habe, indem sie annahmen, daß der Logos (= das Wort Gottes) erst während der Taufe Jesu durch Johannes den Täufer im Jordan auf Jesus herabgestiegen sei, dann in ihm gewohnt habe wie in einem Tempel und sich schließlich wieder in der Nacht vor der Hinrichtung von ihm zurückgezogen habe. Wieder andere sahen in Jesus ein von Gott besonders bevorzugtes Wesen, das jedoch keineswegs auf eine Stufe mit Gott gestellt werden könne.

Der Streit um die richtige Auslegung war schließlich so groß geworden, daß eine Entscheidung gefällt werden mußte. Dabei setzten sich die durch, die sagten, daß Jesus das menschgewordene Wort Gottes ist und deshalb auf einer Stufe mit Gott steht. Ihre Position wird in einem alten Lied aus dem frühen Christentum, das im Neuen Testament im Brief an die Philipper enthalten ist, folgendermaßen formuliert:

> *Er (d. h. Jesus) war Gott gleich, hielt aber nicht daran fest, wie Gott zu sein,*
> *sondern entäußerte sich und wurde wie ein Sklave und den Menschen gleich. Sein Leben war das eines Menschen;*
> *er erniedrigte sich und war gehorsam bis zum Tod, bis zum Tod am Kreuz.*
> *Darum hat ihn Gott über alle erhöht und ihm den Namen verliehen, der größer ist als alle Namen,*

damit alle im Himmel, auf der Erde und unter der Erde ihre Knie beugen vor dem Namen Jesu
und jeder Mund bekennt: Jesus Christus ist der Herr – zur Ehre Gottes des Vaters. *(Philipper 2, 6–11)*

Die Entscheidung, Jesus mit Gott auf eine Stufe zu stellen, hat unmittelbare Folgen für die Lehre vom einen Gott, zu dem sich die Christen von Anfang an bekennen. Sie führt zur Trinitätslehre, die im nächsten Unterkapitel behandelt werden wird. Bevor dies aber geschieht, muß noch ein Wort zum Menschsein Jesu gesagt werden.

Die Entscheidung, Jesus mit Gott auf eine Stufe zu stellen, ordnet Jesus dem Bereich Gottes zu, sie birgt die Gefahr in sich, Jesus als Mensch nicht ganz ernst zu nehmen, wie es die Doketisten wollten. Andere erklärten, Jesus habe nur eine einzige Natur (griechisch: monê physis) gehabt, nämlich die göttliche, in der seine menschliche Natur vollständig aufgegangen sei wie der Tropfen Wasser im Wein. Man nennt die Vertreter dieser Meinung daher Monophysiten. Andere waren weniger radikal und erklärten, Jesus habe nur einen einzigen Willen (griechisch: monon thelêma), nämlich den göttlichen, gehabt, in dem der menschliche vollständig aufgegangen sei. Diese nennt man Monotheletisten. Sie alle stehen für weit zahlreichere Richtungen, die dies eine gemeinsam hatten: Sie wollten die Gottheit Jesu Christi auf Kosten seines Menschseins betonen. Wieder kam es zu Grundsatzentscheidungen in dieser Glaubensfrage. Das Ergebnis war, daß sich die Mehrheit dafür ausgesprochen hat, Jesus als wahren Menschen und wahren Gott zu bekennen. Die kompliziert subtile fachsprachliche Definition dieser Glaubensentscheidung, die auf einer Bischofsversammlung (Konzil) in Chalkedon (im asiatischen Teil des heutigen Istanbul gelegen) 451 als Formel angenommen wurde, lautete: „Wir lehren, daß ein und derselbe Christus, der Sohn, der Herr, der Eingeborene, in zwei Naturen unvermischt, unverwandelt, ungeteilt, ungetrennt anzuerkennen ist, wobei der Unterschied der Naturen infolge der Einigung niemals aufgehoben wurde, son-

INRI

dern die Eigentümlichkeit einer jeden der beiden Naturen erhalten blieb." Die Einigung der beiden Naturen, in der Fachsprache: die „hypostatische Union", besagt vor allem dies: Eine Vermischung oder Auflösung von Menschheit und Gottheit in Jesus Christus findet nicht statt, jede der beiden Naturen bleibt in ihrer Eigentümlichkeit erhalten, eine Auflösung wird ebenfalls für immer ausgeschlossen. Letzteres bedeutet, daß die hypostatische Union mit der Menschwerdung des Logos in Jesus Christus beginnt und ab dann für alle Ewigkeit fortbesteht. Damit wird jedem Gedanken an eine Trennung der beiden vor dem Tode Jesu oder irgendwann danach eine eindeutige Absage erteilt. Gott und Mensch bleiben in Jesus Christus für immer miteinander verbunden. Neuere Interpretationen umschreiben diese Glaubensaussage so: Jesus ist das inkarnierte Jawort Gottes zum Menschen, das endgültig ist und nie mehr zurückgenommen wird, was immer Menschen als Einzelne oder die Menschheit als ganze tun werden. Die Brücke zwischen Gott und Mensch bleibt somit in Jesus Christus unwiderruflich erhalten. Daraus leitet das Christentum seine Heilsbotschaft her und begründet damit seine Erlösungslehre (Soteriologie).

Der Glaube an die Inkarnation eröffnet daher, wie es symbolisch im Kreuz zum Ausdruck gebracht wird, eine doppelte Perspektive: eine vertikale, die nach oben, auf Gott hin verweist, und eine horizontale, die die Gemeinschaft und Solidarität mit allen Menschen unterstreicht. Die vertikale findet in der theologischen Entwicklung ihren gedanklichen Ausdruck in der Trinität, die horizontale in der christlichen Soteriologie.

1.1.2 Gott – drei in eins: Trinität

Die Vorstellung, daß Jesus Christus aufs engste mit Gott verbunden ist, hat im Christentum von Anfang an bestanden und ist nicht erst das Ergebnis philosophischer Spekulation. Als ein sehr alter Beleg kann dafür das bereits zitierte Lied aus dem Philipperbrief des Neuen Testaments gelten. Ein weiterer Beleg ist der Beginn des Evangeliums nach Johannes, aus dem die Inkarnation hergeleitet ist. Ein dritter Beleg ist der Auftrag des auferstandenen Jesus am Ende des Evangeliums nach Matthäus: „Geht zu allen Völkern und macht alle Menschen zu meinen Jüngern; tauft sie auf den Namen des Vaters und des Sohnes und des Heiligen Geistes und lehrt sie, alles zu befolgen, was ich euch geboten habe. Seid gewiß: Ich bin bei euch alle Tage bis zum Ende der Welt." (28, 19 f)

Wie lassen sich all diese Aussagen mit dem jüdischen Glauben an die Existenz eines einzigen Gottes verbinden? Die Antwort der Juden ist klar, wenn sie nach dem Evangelium des Johannes Jesus der Gotteslästerung bezichtigen und zu ihm sagen: „Du bist nur ein Mensch und machst dich selbst zu Gott." (10, 33) Wenn dem so ist, gibt es keine Inkarnation, und das Problem der Bestimmung des Verhältnisses von Jesus zu Gott (Vater) stellt sich nicht. Die christliche Entscheidung hielt aber – wie bereits gesagt – seit frühesten Zeiten an der Inkarnation fest und geriet von daher in einen Erklärungsdruck. Dieser würde gegenstandslos, wenn man in Anlehnung an einen Satz aus dem Evangelium nach Johannes 10, 30 („ich und der Vater sind eins") kurzerhand erklärte, es gäbe eigentlich keinen Unterschied zwischen Gott (Vater) und Jesus Christus. Die Konsequenz ist offensichtlich: Dann hat der Vater am Kreuz gelitten (lateinisch: pater passus), wie es die Patripassianer vertreten haben, oder Vater, Sohn und Heiliger Geist sind nur Erscheinungsweisen (lateinisch: modi) des einen und einzigen Gottes, die je nach Situation anders bezeichnet werden, aber im Grunde ein und derselbe sind, wie es die Modalisten gelehrt haben. Eine andere Möglichkeit wäre, auf den Monotheismus, also den Glauben an die Existenz nur eines einzigen Gottes, zu verzichten und statt dessen drei Götter, d. h. einen Tritheismus, zu predigen, was im hellenistisch geprägten Mittelmeerraum mit seinem Vielgötterglauben (Polytheismus) als Lösung sicherlich akzeptabel gewesen wäre. Die Mehrheit unter den Christen hat sich jedoch für keine dieser Lösungen entschieden. Sie bestand darauf, am Monotheismus festzuhalten, zwischen

Vater, Sohn und Heiligem Geist deutlich zu unterscheiden und all diese drei als drei Personen in einem Gott zu bekennen.

Damit war ein Weg beschritten, der die Gotteslehre (Theologie) vor nahezu unlösbare Schwierigkeiten stellte. Wie sollte und konnte man das Paradox erläutern und auflösen, daß die Drei ebenso ursprünglich sein sollte wie die Eins und beide miteinander deckungsgleich sein sollten? Die alltägliche Logik des Verstehens war damit an ihre Grenze gelangt, man suchte Zuflucht bei den Philosophen, um das logische Paradox, vor dem man stand, irgendwie in den Griff zu bekommen. Vor allem neuplatonisches Gedankengut bot sich dafür an und wurde rasch weiterentwickelt, um den Bedürfnissen dieser schwierigen Aufgabe gerecht zu werden. Ganz gelang dies nie, dennoch ist der damit verbundene Impetus für die Geschichte der abendländischen Philosophie von den ersten christlichen Philosophen bis mindestens zu Hegel (gest. 1831) kaum zu überschätzen und erklärt, weshalb beispielsweise die islamische Philosophie, wo ein solches Paradoxon nicht bestand, keine vergleichbare Entwicklung genommen hat.

Ein Vergleich der mittelalterlich-christlichen Dogmatik mit der islamischen zeigt die Tragweite und Bedeutung des Dreieinigkeitsgrundsatzes für die Philosophie. Man unterschied in der christlichen Gotteslehre zwei Teile: die Lehre vom einen Gott (lateinisch: de Deo Uno) und die Lehre vom dreifaltigen Gott (lateinisch: de Deo Trino).

Der erste Teil über den einen Gott folgt in weiten Teilen islamischen Vorbildern der Philosophie: Avicenna (arabisch: Ibn Sina, gest. 1037 u. Z.), Algazel (arabisch: al-Ghazali, gest. 1111 u. Z.) und Averroes (arabisch: Ibn Rushd, gest. 1198 u. Z.). Sie alle hatten die griechische Philosophie, vor allem die des Aristoteles (gest. 322 v. u. Z.), studiert und in ihren Werken eine Synthese zwischen diesen Gedanken und dem Monotheismus hergestellt, die mühelos ins Christentum übernommen und fortgeführt werden konnte. Danach hatte die Tatsache, daß es überhaupt etwas gibt und nicht nichts,

d. h. daß die Welt existiert, eine Ursache: einen ersten Beweger, der alles in Bewegung setzte. Mit dem „ersten (seinerseits) unbewegten Beweger" war die monotheistische Variante zum „ersten unbewegten Bewegenden" als Prinzip allen Seins bei Aristoteles gefunden. Auf diese Weise wurde der philosophische Ursprung des Seins mit dem Glauben an Gott als Schöpfer und Erstursache der Welt verbunden. Die Welt existiert folglich weder durch Zufall, noch war sie schon immer da, sondern sie ist in guten Händen, geschaffen von einer Macht, die alles leitet und führt, von Gott, der allein über alles entscheidet und über allem waltet. Er hat alles in Gang gesetzt, erhält alles im Dasein und bestimmt auch, wann alles sein Ende haben wird. Während er selbst ohne Anfang und Ende, also einfach da ist und selbst un-bedingt, in klassischer Sprache: absolut (= losgelöst), präsent ist, existieren alle anderen Dinge nur als Sein in Abhängigkeit von ihm und seiner Schöpferkraft, d. h. sie sind kontingent und somit von prinzipiell anderer Art als das absolute Sein. Im Klartext heißt dies: Gott ist auch ohne die Welt da, die Welt aber kann ohne Gott nicht existieren. Der Glaube an Gott den Schöpfer ist Juden, Christen und Muslimen gemeinsam, er wird durch die Bibel wie durch den Koran vielfach bezeugt. Gleiches gilt für die Vorstellung, daß Gott alles Existierende permanent im Dasein erhält und daß er dereinst der Welt ein Ende setzen wird. Dann wird ein letztes Gericht folgen, in dem von allen Menschen Rechenschaft für ihre Taten verlangt wird. Dazu werden die Toten zu neuem Leben erweckt werden und mit den noch Lebenden vor ihm zum Gericht erscheinen. Die Bösen werden bestraft, die Guten belohnt, doch kann Gott auch Gnade vor Recht ergehen lassen und Barmherzigkeit üben. Durch den Glauben an Gott den Schöpfer wird eine Art Urvertrauen ins Dasein vermittelt: Alles hat einen Sinn, es liegt in guten Händen, nichts ist zufällig oder von ewiger Wiederkehr. Alles Dasein kommt von Gott und wird dereinst auch von ihm wieder zurückgenommen. Dann wird es so etwas wie eine ausgleichende Gerechtigkeit geben, weil Böses nicht ungesühnt und Gutes nicht ohne Anerkennung und Lohn bleibt. Dies ist die Basis des biblischen wie des koranischen Gottesglaubens, das gemeinsame Glaubensgut von Juden, Christen und Muslimen. Bei alledem steht der eine und einzige Gott im Vordergrund, seine Wirkweise nach außen ist ausschließlich monotheistisch. Das damit verbundene Verlaufsmodell der Geschichte ist linear: Es beginnt mit der Schöpfung und läuft auf ein Ende zu.

Der zweite Teil über den dreifaltigen Gott verläßt die Gemeinsamkeiten mit Juden und Muslimen und wendet sich den Besonderheiten des christlichen Gottesglaubens zu, also der Tatsache, daß Jesus Christus auf eine Stufe mit Gott gestellt ist und dennoch am monotheistischen Gottesglauben festgehalten wird. Während der erste Teil die Wirkweise Gottes nach außen betrachtet und diese monotheistisch faßt, versucht der zweite Teil das bestehende logische Paradoxon durch die Wirkweise Gottes nach innen aufzulösen und somit Aussagen über das innergöttliche Leben zu machen, das nach jüdischer wie islamischer Überzeugung ein absolutes Geheimnis ist. Genau dieses Geheimnis wurde nach christlicher Überzeugung durch die Offenbarung Gottes in Jesus Christus gelüftet. Jesus zeigt den Menschen Gott und bringt Kunde vom innergöttlichen Leben, indem er offenbart: „Gott ist die Liebe", wie es im Neuen Testament im 1. Johannesbrief (4, 8.16b) steht. Gott als die Liebe aber ist nicht nur ein Vorgang nach außen, sondern das Eigentliche, was Gott nach innen kennzeichnet. Der für die Liebe charakteristische Austausch von Geben und Empfangen vollzieht sich in Gott selbst. Vater, Sohn und Heiliger Geist sind demnach personifizierte Benennungen für die Bezugspunkte im innergöttlichen Austausch von Geben und Empfangen. Es geschieht vollkommen, ohne daß Gott zu seiner Verwirklichung der Welt oder des Menschen als Gegenüber bedarf. Jede weitere Präzisierung dieser Grundaussage führt schnell zu einer prinzipiellen Sprachlosigkeit, weil die Ausdrucksmittel versagen und die gedanklichen Modelle überfordert sind, zu beschreiben, was sich in Gott selbst vollzieht. Lediglich Annäherungen lassen

sich nach klassischer Vorstellung versuchen, um im denkerischen Bemühen nachzuvollziehen, was in Gott selbst geschieht.

Die wenigen Aussagen zur christlichen Lehre von der Dreieinigkeit/Dreifaltigkeit (lateinisch: Trinität) Gottes zeigen, welch kühner Weg hier beschritten wird. Viele Muslime und andere Nichtchristen sehen darin den Ausdruck einer Hybris, die dem Menschen nicht zusteht, weil sie ihn glauben macht, über das hinausgehen zu können, was ihm als Grenze gesetzt ist. Auch innerhalb des Christentums der Neuzeit ist Kritik an der Trinitätslehre laut geworden, und manche Richtung, wie etwa die Unitarier, möchte sich ganz vom trinitarischen Gottesbild verabschieden und zu einem Monotheismus jüdisch-islamischen Typs übergehen. In jedem Fall gilt mit Blick auf die angesprochene Glaubensgeschichte, daß nicht der Mensch sich Gott nach seinem Bilde erschaffen hat, sondern daß die durch die Taufformel und andere Texte gegebene Paradoxon-Situation zur Entwicklung der Trinitätslehre geführt hat. Sie hat immer die menschlichen Denkvorstellungen überstiegen und die brillantesten Geister zu Lösungsversuchen herausgefordert. Wie immer die Lösungsvorschläge im einzelnen ausgesehen haben, klar blieb stets, daß die Trinität die Kernaussage des eigentlich christlichen Gottesbildes betraf, den Glauben nämlich, daß sich Gott selbst auf diese Weise für die Menschen geöffnet und ihnen den Weg zu ihm und der Teilnahme an seinem innergöttlichen Leben gewiesen hat.

Eine andere Form moderner Kritik am überkommenen Gottesbild berührt die männliche Ausdrucksweise. Die Rede von Vater, Sohn und Heiligem Geist bezieht sich auf männlich vorgestellte Personen, von denen sich Frauen immer weniger angesprochen fühlen. Man verweist darauf, daß das hebräische Wort für „Geist“ (ruach) weiblich gebraucht wird, und sieht hierin ein wichtiges Indiz für eine feministischen Forderungen entgegenkommende Theologie. Aus diesem Grunde verwenden manche Feministinnen in der Theologie den Ausdruck „Heilige Geistin“ statt der bislang gebräuchlichen Rede vom „Heiligen Geist“. Andere, weit radikalere ersetzen die männlich gebrauchten Begriffe im Wort „Theologie“ (also theos = Gott und Logos = Lehre) durch entsprechend weibliche Formen, sie nennen ihre Gotteslehre „Theasophie“. Zur Stärkung der feministischen Argumentation wird häufig auch auf weibliche Elemente im biblischen Gottesbild verwiesen, wenn etwa Gott im Jesajabuch der Hebräischen Bibel (= Altes Testament) mit einer Mutter verglichen wird (Jesaja 49, 14f).

Obwohl derartige Aussagen selten sind, gilt es zu beachten, daß sie überhaupt in der Bibel vorkommen und somit eine Möglichkeit bieten, feministische Wünsche zu erfüllen. Eindeutig ist, daß das Erbarmen Gottes sprachlich im Hebräischen mit dem Mutterschoß in Verbindung gebracht wird und folglich eine Eigenschaft andeutet, die eher Frauen als Männer kennzeichnet.

Muslime stört im Gespräch mit Christen gerade diese gefühlvolle Seite im christlichen Gottesbild. Das gesamte Vokabular scheint ihnen viel zu emotional beladen und zu wenig präzise zu sein, weil die persönlichen Assoziationen bei Wörtern wie Vater und Liebe recht unterschiedlich aussehen können, während Begrifflichkeiten wie Herr und Knecht/Diener, die im Islam zur Kennzeichnung des Verhältnisses von Gott und Mensch vorkommen, sehr viel präziser sind und weniger offen für individuelle Auslegungen. Zudem fürchten sich die Muslime oft davor, einfach von Gott zu reden, und verwenden lieber das Wort Allah, das im Grunde auch nichts anderes meint. Ihre Angst vor einer deutschen Entsprechung beruht meist auf der Sorge, Gott könne Jesus Christus oder alle drei Personen der Trinität meinen, während sie bei der Verwendung des Wortes Allah sicher sein wollen, sich damit nur auf den einen und einzigen Gott zu beziehen.

Die Angst, Jesus Christus mit Gott in Verbindung zu bringen, ist für Muslime kennzeichnend. Nach ihrem Glauben ist Jesus nur ein Prophet und ein Warner für die Menschen, mit Gott hat er von seinem Wesen her nichts gemein. Die christliche Lehre vom dreifaltigen Gott sieht dies anders. Danach ist in Jesus Christus Gott den Menschen nahegekommen und hat seine Liebe geoffenbart. Ganz wörtlich gilt daher für die Nachfolge Jesu: *„Mach's wie Gott, werde Mensch!“*

1.1.3 Der Mensch in Gemeinschaft mit Gott: Soteriologie

Gott und Mensch stehen nach christlicher Lehre in engster Beziehung zueinander. Von Anfang an, so glauben die Christen, hat Gott dem Menschen, Mann und Frau, ein Bündnis angeboten, Gott zu Gefallen und den Menschen zum Heil. Von Anfang an aber regten sich Zweifel auf seiten der Menschen, ob es Gott damit wirklich ernst meint. Bereits in der frühesten Phase, als der Mensch noch in der heilen Welt (d. h. im Paradies) lebte, stellten sich andere Wünsche als die Gottes bei den Menschen ein. Das erste Buch Mose, die Genesis in der Hebräischen Bibel, beschreibt dies so: Die Versuchung, nach den verbotenen Früchten zu greifen, wurde so stark, daß sie schließlich die Oberhand gewann, weil die Menschen fürchteten, Gott wolle ihnen etwas vorenthalten. Die Glaubwürdigkeit Gottes stand also auf dem Spiel und konnte vor den Zweiflern nicht bestehen. Was folgte, war zwar einerseits der Verweis aus der heilen Welt, irgendetwas war damit nach christlicher Auffassung generell zerbrochen. Die Welt war nicht mehr heil, sie konnte folglich auch nicht mehr von alleine heilgemacht werden. Andererseits zog sich Gott nicht vollkommen zurück, sondern war bereit zu verzeihen und es aufs neue mit den Menschen zu probieren. Die Ablehnung der göttlichen Gebote und der Zweifel an Gottes Glaubwürdigkeit führten die Menschen immer wieder zu unerlaubtem Verhalten, in der Fachsprache: zu Sünden, weshalb es Gott irgendwann reute, die Menschen erschaffen zu haben (vgl. Genesis 6, 6), und er beschloß, die Menschen bis auf einige wenige (Noah und seine Familie) zu vernichten. Diese Vernichtung: die große Flut (Sintflut), bisweilen auch als Sündflut bezeichnet, hatte ein doppeltes Ergebnis: Von seiten Gottes das Versprechen, nie wieder die Menschheit zu vernichten, sondern ewig zu seinem Bund mit den Menschen zu stehen; von seiten der Menschen der nicht auszurottende Zweifel, daß sich Gott doch eines Tages endgültig zurückziehen könnte. Die immer wieder neu eintretenden Vergehen der Menschen waren jeweils erneute Testfälle für das göttliche Versprechen. Kein Verzeihen und Vergeben aber reichte aus, den Grundzweifel, daß irgendwann Gottes Geduld erschöpft sein könne, völlig zu beseitigen. Zwar führte die Schuld der Menschen zu je neuen Offenbarungen von Gottes Liebe und Vergebung, weshalb Augustinus (gest. 430) von einer „felix culpa", einer

„glücklichen Schuld" spricht, dennoch blieb ein Restzweifel bestehen, am Ende sei doch alles anders.

Die Lösung, die das Christentum dafür bereithält, ist definitiv, sie lautet: Gott ist Mensch geworden (Inkarnation) und hat auf diese Weise seine eigene Existenz in alle Ewigkeit mit der des Menschen verknüpft. Wenn dem so ist, sind alle Zweifel unbegründet, denn Gottes Jawort zum Menschen ist dann endgültig und unwiderruflich. Wollte er den Menschen verwerfen, so müßte er von nun an sich selbst verwerfen. Dies ist die „frohe Botschaft" (griechisch: euangelion, lateinisch: Evangelium) des Christentums: Gott sagt Ja zum Menschen, komme, was wolle, was der Einzelne individuell oder die Menschheit als ganze auch tun werden. An dieser Zusage Gottes wird sich nichts mehr ändern. Der Mensch ist und bleibt eingeladen zur Gemeinschaft mit Gott. Folglich liegt es nur noch an den Menschen selbst, ob sie darauf eingehen und die Einladung annehmen oder nicht. Keine andere Religion hat eine derart unbedingte Heilszusage formuliert und jedes Zurück von seiten Gottes definitiv ausgeschlossen. Gott und Mensch bleiben in Jesus Christus auf ewig verbunden und sind somit für immer Verbündete, wie sich auch Menschen als Einzelne oder in Gemeinschaft dazu verhalten mögen.

Inkarnation und Trinität haben somit unmittelbare Folgen für die Lehre vom Heil des Menschen, die Soteriologie. Obwohl die unterschiedlichen Frömmigkeitstraditionen innerhalb der Christentumsgeschichte die Akzente verschieden setzen, bleibt in jedem Falle klar, daß sie alle darin übereinstimmen zu sagen, daß die Botschaft des Christentums diese ist: Gott will das Heil des Menschen. In keiner Tradition ist das jedoch zum Nulltarif erhältlich. Nach Martin Luther (gest. 1546) ist allein der Glaube des Menschen ausschlaggebend, ob sich Gott seiner erbarmt und ihm das ewige Heil schenkt. Nach katholischer Lehre ist der Glaube ohne Werke tot, wie es im Neuen Testament im Jakobusbrief (2, 26) heißt. Demnach kommt es vor allem auf das richtige Tun an, das mit in die Waagschale geworfen wird, auch wenn dann Gott immer noch Gnade vor Recht ergehen lassen kann. Für Außenstehende mögen derartige Unterschiede wie Haarspaltereien aussehen. Sie akzentuieren in jedem Falle unterschiedliche Blickrichtungen und Interessenschwerpunkte und haben im Laufe der Geschichte zu großen Auseinandersetzungen zwischen den einzelnen Konfessionen und Richtungen geführt. Nicht selten spielten dabei Verabsolutierungen von Einzelsätzen eine Rolle, so daß mehr das Unterscheidende als das Gemeinsame in den Vordergrund gestellt wurde.

Unterschiedliche Akzentuierungen und Frömmigkeitstraditionen spielen auch beim Blick auf die Inkarnation eine Rolle. Während die katholische Kirche und die protestantischen Kirchen die Inkarnation als Herabsteigen Gottes in die Welt des Menschen betonen und damit das Kommen Gottes in menschliche Misere und Not in den Vordergrund stellen, unterstreichen die Ostkirchen die Himmelfahrt Jesu Christi, die Rückkehr des Auferstandenen zum Vater in Herrlichkeit, als den Aufstieg des Menschen zu Gott. Herabsteigen und Aufsteigen sind die zwei Eckpunkte des Erlösungsgeschehens, das als ganzes gesehen und interpretiert werden muß.

Geburt, Leben, Leiden, Sterben, Auferstehung und Himmelfahrt Jesu legen nach christlicher Überzeugung offen, daß und wie Gottes endgültiges Jawort zum Menschen realisiert worden ist. Von Anfang an ist Gott in Jesus gegenwärtig. Bereits die Geburt Jesu steht unter diesem einmaligen Stern. Gottheit und Menschheit finden sich in einem, „geboren von der Jungfrau Maria". So sagt es das Glaubensbekenntnis der Christen in Anlehnung an die Kindheitsgeschichten in den Evangelien nach Matthäus und Lukas im Neuen Testament, so steht es über Jesus im Koran. Deshalb treten Christen wie Muslime entschieden für die Jungfrauengeburt Jesu ein und verteidigen sie bis heute. Sie verstehen sie beide gewöhnlich biologisch, obwohl sie anfangs vermutlich eher mythologisch gemeint war. Dafür spricht jedenfalls die Tatsache, daß von vielen großen Gestalten der Antike – einschließlich Alexanders des Großen, dessen Vater bekannt ist – in hellenistischer Zeit gesagt wurde, sie seien von einer „parthenos" (Jungfrau?) geboren. Es liegt daher nahe, in dieser Aussage eine mythologische Umschreibung für das Kommen des göttlichen Wirkens in die Welt der Menschen zu sehen. Die Christen zögerten nicht, diese Vorstellung aufzugreifen und zu konkretisieren, denn sie waren davon überzeugt, daß, wenn je das göttliche Wirken in der Welt der Menschen Gestalt angenommen hat, dies in Jesus Christus geschehen ist. So sagen es im Evangelium nach Lukas bereits in der Nacht der Geburt Jesu die Engel den Hirten im Feld: „Heute ist euch in der Stadt Davids der Retter (sôtêr) geboren; er ist der Messias, der Herr." (2, 11)

Das Leben Jesu wird in der christlichen Tradition weitestgehend als Offenbarung Gottes durch Jesu Wort und Tun interpretiert, gemäß der Aussage im Evangelium nach Johannes: „Wer mich gesehen hat, hat den Vater gesehen." (14, 9) In all dem wird deutlich, daß Gottes Ja zum Menschen bedingungslos feststeht. Anhand von Beispielerzählungen (Gleichnissen) zeigt Jesus, wie Gott zum Menschen steht: Er ist wie einer, der dem verlorenen Schaf nachgeht und die (meckernde) Herde allein läßt (Evangelium nach Lukas 15, 3 ff), wie eine, die unablässig ein verlorenes Geldstück sucht (15, 8 ff), wie einer, der dem in der letzten Stunde Gekommenen ebensoviel gibt wie denen, die den ganzen Tag über da waren (Evangelium nach Matthäus 20, 1 ff), wie einer, der Hochzeit mit einfachen Leuten feiert, weil die geladenen Vornehmen nicht gekommen sind (22, 1 ff), wie einer, der seinen Sohn voll Freude aufnimmt, obwohl er das ganze Vermögen in der Fremde verpraßt hat (Evangelium nach Lukas 15, 11 ff). So wird deutlich, daß „im Himmel mehr Freude herrschen wird über einen einzigen Sünder, der umkehrt, als über neunundneunzig Gerechte, die es nicht nötig haben umzukehren." (15, 7) Daß eine solche Botschaft bei den „Sündern" wie etwa den zur Zeit Jesu von der jüdischen Gesellschaft verachteten „Zöllnern und Dirnen" gut ankam, bei den Frommen dagegen Anstoß erregte, ist leicht einzusehen. Diese Botschaft läßt die Sünder hoffen und enthält als Trost, daß Umkehr jederzeit möglich ist, da Gott stets bereit ist zu verzeihen. Mit dieser Botschaft gerät Jesus ins gesellschaftliche Abseits. Er wird, ob allein aus diesen Gründen, wissen wir nicht, vom religiös-politischen Establishment abgelehnt, verfolgt und schließlich verhaftet.

Das Neue Testament berichtet recht Unterschiedliches über die Gründe des Prozesses, den man Jesus gemacht hat. Übereinstimmung aber herrscht im Ergebnis: Jesus wird zum Tode verurteilt und wie ein Verbrecher am Kreuz, dem schändlichsten Galgen der damaligen Zeit, hingerichtet. Alle – bis auf einige Frauen – lassen Jesus im Stich. Er geht den Kreuzweg alleine, nichts an Verspottung, Folter und Qual bleibt ihm erspart, bis zum bitteren Ende. Das Gefühl, von Gott und den Menschen verlassen zu sein, durchzieht die neutestamentlichen Berichte über Jesu Leiden und Tod. Dieser Eindruck wird auch durch das Bibelzitat aus der Hebräischen Bibel nicht abgemildert, das der sterbende Jesus dem

Evangelium nach Markus zufolge als letztes Wort gesprochen haben soll: „Mein Gott, mein Gott, warum hast du mich verlassen?" (15, 34 bzw. aus der Hebräischen Bibel Psalm 22, 2) Nach dem Evangelium nach Matthäus zitierte Jesus zwar diesen Psalmvers, starb dann aber mit einem lauten Aufschrei (vgl. 27, 46–50). Die christliche Tradition sieht in alledem, daß Jesus die Gottesferne und Einsamkeit – also die letzten Konsequenzen von Sünde – in allen Phasen durchlebt und selbst in dieser Extremsituation Gottes Erbarmen und Nähe verkündet hat, als er Gott um Verzeihung für seine Verfolger bittet (vgl. Evangelium nach Lukas 23, 34) und einem mit ihm gekreuzigten Verbrecher sagt, daß es für ihn noch nicht zu spät ist, weil Gott selbst in dieser Situation noch Gnade vor Recht ergehen lassen kann, wenn der Mensch Einsicht und Reue zeigt (vgl. Evangelium nach Lukas 23, 42 f).

Der Tod Jesu stürzte seine Anhänger und Jünger in eine tiefe Krise, die bald durch ein besonderes Ereignis überwunden wurde: Die Sache Jesu geht weiter, Gott – so glauben die Christen – hat den tot im Grab liegenden Jesus von Nazaret zu neuem Leben erweckt, er lebt und ist erhöht in alle Ewigkeit. Dieses Ereignis, das als Osterereignis bezeichnet und als Auferstehung von den Christen am Ostersonntag gefeiert wird, ist Inbegriff der Aussage, daß Gott den am Kreuz Gestorbenen nicht alleine gelassen, sondern ihn zum ewigen Leben mit ihm berufen hat. Die Vollendung dieser Berufung geschieht durch die Himmelfahrt, die Rückkehr des ewigen Sohnes zum Vater und den Aufstieg des Menschen in die ewige Gemeinschaft mit Gott. Oder wie es Paulus im 1. Brief an die Korinther ausdrückt: „Wir verkündigen das Geheimnis der verborgenen Weisheit Gottes, die Gott vor allen Zeiten vorausbestimmt hat zu unserer Verherrlichung. Keiner der Machthaber dieser Welt hat sie je erkannt; denn hätten sie die Weisheit Gottes erkannt, so hätten sie den Herrn der Herrlichkeit nicht gekreuzigt. Nein, wir verkündigen, wie es in der Schrift heißt, was kein Auge gesehen und kein Ohr gehört hat, was keinem Menschen in den Sinn gekommen ist: das Große, das Gott denen bereitet hat, die ihn lieben." (2, 7–9)

Was in Jesus Christus als Rettung geschehen ist, kann sich bei jedem Menschen wiederholen. Durch Jesus Christus ist der Weg für den Menschen vorgezeichnet, er ist den Menschen vorangegangen, um für sie einen Platz bei Gott vorzubereiten (vgl. Evangelium nach Johannes 14, 2f). Auf die Frage des Thomas, wo dieser Weg hinführt und wie er aussieht, antwortet Jesus im Evangelium nach Johannes: „Ich bin der Weg und die Wahrheit und das Leben; niemand kommt zum Vater außer durch mich. Wenn ihr mich erkannt habt, werdet ihr auch meinen Vater erkennen." (14, 6f) Daher gibt es nach christlicher Überzeugung keinen anderen Weg zum Heil als Jesus Christus. In ihm ist alles erfüllt, was Gott für die Menschen vorgesehen hat. Inkarnation und Auferstehung mit Himmelfahrt zeigen, daß Gottes Menschwerdung absolute Gültigkeit hat und nie wieder zurückgenommen werden wird. Wer darauf baut, weiß mit Gewißheit, daß der Weg zur Rettung, zum Heil (sôtêría), offen ist und Gottes Heilszusage ohne Einschränkungen für alle Ewigkeit bestehen bleibt.

An den Menschen liegt es nun, dieses Heilsangebot anzunehmen und den durch Jesus gewiesenen Weg auch tatsächlich zu gehen. Dabei sollte das Beispiel Jesu in allem Vorbildcharakter haben. Wie er sollten es alle machen, und da er Gott ist und in allem zum Ideal des Menschen wurde, gilt als Prinzip: *„Mach's wie Gott, werde Mensch!"* In Jesus Christus ist nämlich „die Güte und Menschenliebe Gottes, unseres Retters, erschienen" (vgl. im Neuen Testament den Brief an Titus 3, 4). Jesus setzt daher den Maßstab für ideales Menschsein. Er ist die Verkörperung der Liebe zu den Menschen, wie sie im Neuen Testament in der Szene vom Letzten Gericht am Ende der Zeiten beschrieben wird. Danach werden alle Menschen vor Gott treten und Rechenschaft über ihr Tun ablegen müssen, die noch Lebenden direkt, die bereits Verstorbenen erweckt zu neuem Leben. Als Beurteilungskriterium gilt die tätige Nächstenliebe, denn der Herr wird zu ihnen sagen: „Was ihr für einen meiner geringsten Brüder getan habt, das habt ihr mir getan", nämlich Hungrigen zu essen und Dürstenden zu trinken gegeben, Nackte mit Kleidung versorgt,

Kranke und Gefangene besucht zu haben (vgl. das Evangelium nach Matthäus 25, 34 ff). An diesem Verhalten zeigt sich, wer wahrhaft Mensch ist. Für solche Menschen ist die Gemeinschaft mit Gott. Dort hingegen, wo die Liebe erkaltet ist (vgl. das Evangelium nach Matthäus 24, 12), herrschen Hartherzigkeit und Gefühlskälte, eine eisige Atmosphäre, die Dante (gest. 1321) treffend in seiner „Göttlichen Komödie" als Hölle des Eisregens beschrieben hat (vgl. 1. Teil: Die Hölle, 6. Gesang), kurz die Abwesenheit Gottes, Finsternis, Heulen und Zähneknirschen sagt die Bibel dazu und umschreibt damit die tödliche Alternative: die Hölle, das Reich des Bösen, wo es keine Rettung mehr gibt, weil alle Angebote zur Gemeinschaft mit Gott ausgeschlagen wurden. Himmel und Hölle sind somit die beiden Möglichkeiten endgültigen Daseins für die Menschen. Der Himmel steht dabei für die Welt Gottes und meint ein Sein bei und mit Gott, während die Hölle den Ort der Verdammnis bezeichnet, das Reich des Bösen, des Satans. Beide Bereiche sind im Laufe der Jahrhunderte vielfältig beschrieben und bildlich dargestellt worden, die Phantasien der Menschen haben sich auch die Helfer und Helfershelfer in beiden Welten ausgemalt: Engel und Heilige für die Welt Gottes, Teufel und Dämonen im Reich des Satans. Wie im Diesseits die Welt hierarchisch gegliedert war, so stellte man sie sich auch im Jenseits vor, mit einer Fülle von Rangordnungen auf beiden Seiten. Bekannt in diesem Zusammenhang sind die verschiedenen Ränge der Engel: Seraphim, Cherubim, Throne und Mächte, Erzengel und Engel, um nur einige davon zu erwähnen. Gleiches gilt für die Rangstufen unter den Heiligen und schließlich die unter den Teufeln. Die große Fülle der Erscheinungsformen darf dabei nicht den Blick auf das Wesentliche verstellen: Gottes Ja zum Menschen ist unwiderruflich, seine Liebe zum Menschen end-gültig, und die Liebe ist es, durch die die Menschen gerettet werden, weil sie den Menschen gottähnlich werden läßt, denn für immer gilt: *„Mach's wie Gott, werde Mensch!"*

1.2 Was Christen feiern

Der christliche Gottesdienst bringt den Gedanken, daß Jesus Christus der Maßstab und das Vorbild für alle Christen ist, auf doppelte Weise zum Ausdruck: im Wortgottesdienst und durch die Abendmahlsfeier. Ursprünglich waren beide getrennt, in manchen Traditionen des Christentums (z. B. in der evangelischen Kirche) sind sie dies vielfach noch bis heute, in anderen Traditionen (z. B. in der katholischen und orthodoxen) sind sie später zu einem einheitlichen Gottesdienst (Messe) verschmolzen worden. Dennoch sind sie auch da deutlich voneinander unterschieden, weshalb sie hier gesondert behandelt werden können.

1.2.1 Das Andenken an Gottes Handeln: Wortgottesdienst

Die ersten Christen waren Juden, die sich zu Jesus als dem Christus bekannten und daher auch nach ihrer Bekehrung zum Christentum am jüdischen Synagogengottesdienst teilgenommen haben. Dort lobten sie Gott und lasen aus der Heiligen Schrift, der Hebräischen Bibel, also dem Teil der Bibel, den die Christen heute das Alte Testament nennen. Aus dieser hebräischen Tradition stammen bis heute die religiösen Formeln: „Amen" – es ist wahr, und „Halleluja" – Preiset Gott. Interne Spannungen zwischen Juden und Judenchristen, die Zerstörung des jüdischen Tempels von Jerusalem durch die Römer (70 u. Z.) und die römische Vertreibungspolitik der Juden aus Palästina sowie die Zunahme von sogenannten „Heidenchristen" unter den Anhängern Jesu führten zum Bruch zwischen Juden und Christen. Eine Folge davon war, daß die Christen seit dem Ende des 1. Jahrhunderts nicht mehr am jüdischen Synagogengottesdienst teilnahmen, sondern eigene Wortgottesdienste veranstalteten, in denen sie – wie es am Ende des 1. Jahrhunderts der römische Schriftsteller Plinius der Jüngere in einem Brief festhielt – Christus wie „einem Gott" Gesänge widmeten. Obwohl vieles von dieser Entwick-

lung noch im Dunkeln liegt, darf man sagen, daß der jüdische Aufbau des Gottesdienstes weitgehend aufrechterhalten blieb, daneben aber auch griechische Elemente – wie die Lobpreisformel für den römischen Kaiser: „Kyrie, eleison" – „Herr, erbarme dich" – in den Gottesdienst Eingang fanden und später sogar römisch-lateinische Stilelemente für die Formulierung von Gebeten im Gottesdienst ausschlaggebend geworden sind. Hinzu kommt, daß neben Lesungen aus der Hebräischen Bibel auch Texte typisch christlicher Art verlesen wurden, die heute gesammelt im Neuen Testament der Christen vorliegen und zusammen mit dem Alten Testament die christliche Bibel darstellen. Allmählich wird der besonderen Ereignisse im Leben Jesu durch Gedenktage gedacht, so daß ein Festtagskalender entsteht, der bis heute das Kirchenjahr in drei große Zyklen einteilt: den Weihnachts-, den Oster- und den Pfingstfestkreis.

Im 4. Jahrhundert schließlich, nachdem das Christentum durch die römischen Kaiser Konstantin und später Theodosius offiziell als Religion im Römischen Reich anerkannt und zugelassen worden war, trat das Christentum mit seinem Gottesdienst öffentlich auf: Kirchen wurden gebaut, Priester und Bischöfe trugen eine Amtstracht, die weitestgehend an römische Vorbilder angelehnt war.

Die regelmäßige Feier der Festtagszyklen und die damit verbundenen Predigten an die Gemeinden führten zu einer gedanklichen Durchdringung der christlichen Botschaft, die die Basis für die darauf folgende dogmatische Entwicklung im Christentum gelegt hat. Im Vordergrund des Weihnachtsfestkreises stand die Aussage, daß Gott Mensch geworden ist, so wie es einer der wohl ältesten Christushymnen zum Ausdruck gebracht hat:

Er war Gott gleich, hielt aber nicht daran fest,
wie Gott zu sein,
sondern entäußerte sich und wurde wie ein Sklave und den
Menschen gleich. Sein Leben war das eines Menschen;
er erniedrigte sich und war gehorsam bis zum Tod,
bis zum Tod am Kreuz.

(Im Neuen Testament Brief an die Philipper 2, 6–8)

Damit war im Kern das ausgedrückt, was später in der dogmatischen Tradition „Inkarnation", „Fleischwerdung" des Wortes Gottes, also das Herabsteigen Gottes in die Welt des Menschen, genannt wurde. Gefeiert wurde dieses Fest nicht ohne Bezug zur hellenistischen Umwelt in der Nacht des 5./6. Januar. Der erste nachweisbare Ort für dieses Fest ist Alexandria in Ägypten, wo just in derselben Nacht seit jeher die „Erscheinung" (griechisch: Epiphanía) des Gottes Aion gefeiert worden ist, eines Gottes, der, von einer Jungfrau geboren, unter den Menschen erschienen ist. Bis in die Formulierungen hinein fallen die Parallelen zwischen dem christlichen Epiphaniefest und dem Aionsfest auf. Dies ist sicherlich kein Zufall, denn das frühe Christentum war eifrig bemüht, kulturell die vorchristlichen Vorstellungen einzubeziehen und mit christlichem Gedankengut zu verknüpfen. Bis heute ist das Epiphaniefest das eigentliche Geburtsfest Jesu in den orthodoxen Kirchen, die Einführung des Weihnachtsfestes vom 25. Dezember haben die orthodoxen Kirchen nie mitgemacht. Sie entspricht allein der Westtradition des Römischen Reiches und ist zum ersten Mal im Rom des 4. Jahrhunderts belegt. Sie ist auch hier kein Zufall, sondern fällt mit dem römischen Fest der Geburt des unbesiegten Sonnengottes (Natalis Solis Invicti) zusammen. Wieder sind die Parallelen mit dem vorchristlichen Vorbild offensichtlich. Die Einführung dieses Festes in den Festkalender der christlichen Westkirche hat dann dazu geführt, daß man dieses als das eigentliche Geburtsfest Jesu feierte und im Epiphaniefest vom 6. Januar aufgrund des dort verlesenen Textes aus dem Matthäusevangelium die Ankunft der Weisen aus dem Morgenland (Dreikönigsfest) feierlich beging und auf solche Weise vermied, zwei Geburtsfeste Jesu zu haben. In den Weihnachtsfestkreis fallen noch die Erinnerung an Jesu Darstellung im Tempel von Jerusalem sowie die an den zwölfjährigen Jesus im Tempel, kurz alles, was vor dem öffentlichen Auftreten Jesu lag.

Der Osterfestkreis umfaßt die Erinnerung an Jesu öffentliches Auftreten, sein Leiden (Passion) und Sterben sowie seine Auferstehung und Himmelfahrt, kurz all das, was neben der Menschwerdung für die Erlösung der Menschen von Bedeutung und von Jesus vollbracht worden ist.

Der Pfingstfestkreis legt den Akzent auf das Tun der Menschen. Er entfaltet durch das Verlesen der Gleichnisse und Taten Jesu, wie Gott ist und was die Menschen zu ihrer Rettung selbst beitragen können. Er endet mit der Vision des Letzten Gerichtes, so wie sie im Evangelium nach Matthäus (25, 34 ff) beschrieben ist, nämlich als „Gleichnis von den Atheisten" – wie es einmal der spanische Theologe José María González Ruiz[1] umschrieben hat. Danach ist die tätige Nächstenliebe das eigentliche Kriterium der Zugehörigkeit zur Welt Gottes. Wie Jesus soll auch sein Jünger sich hingeben für die anderen, auf sie zugehen und ihnen Stütze und Hilfe sein. Auch hier gilt mit Blick auf Jesus und Gott: „Wer mich sieht, sieht den, der mich gesandt hat." (Evangelium nach Johannes 12, 45) Traditionell ist dabei offen, ob dieses Letzte Gericht, das mit dem Wiedererscheinen (griechisch: Parusie) Jesu Christi in Verbindung gebracht wird, vollkommen jenseitig gedacht ist oder ob ihm eine Friedensherrschaft Jesu auf Erden voraufgeht bzw. mit ihm anbricht, an die sich dann erst das Ende der Welt anschließen würde.

Jesu liebevolle Zuwendung zu den Menschen ist somit Vorbild für alle Menschen in seiner Nachfolge und zugleich die Offenbarung der bedingungslosen Liebe Gottes zu allen Menschen. „Wenn jemand sagt: Ich liebe Gott!, aber seinen Bruder haßt, ist er ein Lügner. Denn wer seinen Bruder nicht liebt, den er sieht, kann Gott nicht lieben, den er nicht sieht. Und dieses Gebot haben wir von ihm: Wer Gott liebt, soll auch seinen Bruder lieben." (Im Neuen Testament 1. Johannesbrief 4, 20 f)

Christsein heißt folglich, sich Jesus zum Vorbild nehmen und an ihm lernen, wie Gott es macht und wie Gott ist, um nach dem Beispiel Jesu und in seiner Nachfolge genauso zu verfahren. Für die, die dies anstreben, gilt nach christlicher Überzeugung das Wort Jesu: „Wo zwei oder drei in meinem

1 Creer es comprometerse, Barcelona: Fontanella[5] 1979, 44 f.

Namen versammelt sind, da bin ich mitten unter ihnen." (Evangelium nach Matthäus 18, 20) Dies gilt für den Wortgottesdienst wie für alle Aktionen in der Gemeinde und der Welt, es gilt aber noch viel mehr für die Abendmahlsfeier.

1.2.2 Hingabe aus Liebe: Abendmahlsfeier

Der eigentlich christliche Gottesdienst war von Anfang an die Abendmahlsfeier. Dazu kamen die zum Christentum übergetretenen Juden in Privathäusern bereits zusammen, als sie noch regelmäßig am Synagogengottesdienst teilnahmen, um Gott zu preisen und sein Wort durch die Lesung der biblischen Texte zuvernehmen. Sie taten dies, um Mahl zu halten und des letzten Mahles Jesu mit seinen Jüngern in der Nacht vor seiner Gefangennahme zu gedenken, als Jesus Brot nahm und es ihnen zu essen gab mit den Worten: „Nehmt und eßt; das ist mein Leib. Dann nahm er den Kelch, sprach das Dankgebet und reichte ihn den Jüngern mit den Worten: Trinkt alle daraus; das ist mein Blut, das Blut des Bundes, das für viele vergossen wird zur Vergebung der Sünden." (Evangelium nach Matthäus 26, 26–28) Und wie damals Jesus selbst, so nahmen auch die Christen nachher in ihren Zusammenkünften jeweils Brot und Wein, sagten Dank (griechisch: eucharistein, daher: Eucharistie), segneten diese Gaben und nahmen sie zu sich in der Überzeugung, in der Gestalt von Brot und Wein Jesus ganz konkret, in Fleisch und Blut, zu empfangen.

Rasch stellten sich offenbar Mißbräuche im Zusammenhang mit diesen Zusammenkünften ein. Paulus tadelte sie im 1. Brief an die Korinther, wenn er schreibt: „Was ihr bei euren Zusammenkünften tut, ist keine Feier des Herrenmahls mehr; denn jeder verzehrt sogleich seine eigenen Speisen, und dann hungert der eine, während der andere schon betrunken ist. Könnt ihr denn nicht zu Hause essen und trinken? Oder verachtet ihr die Kirche Gottes? Wollt ihr jene demütigen, die nichts haben? Was soll ich dazu sagen? Soll ich euch etwa loben? In diesem Fall kann ich euch nicht loben." (11, 20–22) Die Folge war, daß man bald dazu überging, eine Trennung

zwischen dem normalen Essen und dem Mahl zum Gedenken an das Letzte Abendmahl Jesu durchzuführen. Später wurde letzteres sogar vom Abend auf den Morgen verlegt und wurde die Trennung vom normalen Essen durch Nüchternheitsvorschriften zusätzlich unterstrichen, so daß die Feier des Herrenmahles eine Feier eigener Art geworden ist.

Dogmatisch wurde die Präzisierung dessen zum Problem, was es hieß: Dies ist mein Fleisch; dies ist mein Blut. Oder wie ist Jesu Predigt in der Synagoge von Kafarnaum zu verstehen, wenn er sagt: „Ich bin das lebendige Brot, das vom Himmel herabgekommen ist. Wer von diesem Brot ißt, wird in Ewigkeit leben" (Evangelium nach Johannes 6, 51)? Manchen Auslegern im Christentum ging es dabei so wie den Juden in Kafarnaum, die sich, als sie diese Worte hörten, stritten und sagten: „Wie kann er uns sein Fleisch zu essen geben? Jesus sagte zu ihnen: Amen, amen, das sage ich euch: Wenn ihr das Fleisch des Menschensohnes nicht eßt und sein Blut nicht trinkt, habt ihr das Leben nicht in euch. Wer mein Fleisch ißt und mein Blut trinkt, hat das ewige Leben, und ich werde ihn auferwecken am Letzten Tag. Denn mein Fleisch ist wirklich eine Speise, und mein Blut ist wirklich ein Trank. Wer mein Fleisch ißt und mein Blut trinkt, der bleibt in mir, und ich bleibe in ihm. Wie mich der lebendige Vater gesandt hat und wie ich durch den Vater lebe, so wird jeder, der mich ißt, durch mich leben." (6, 52–57) Die Reformatoren schlagen dafür unterschiedliche Lösungen vor: Luther (gest. 1546) hält an der realen Präsenz Jesu unter beiderlei Gestalten (Brot, Wein) fest, denn seiner Meinung nach sind die Aussagen eindeutig: Dies *ist* mein Fleisch, dies *ist* mein Blut, und gilt daher so für die Zeit der Abendmahlsfeier; nach dem Gottesdienst dürfen Brot und Wein wie normale Nahrungsmittel weiterverwendet werden. Zwingli (gest. 1531) erklärt Brot und Wein zu Symbolen für den Leib und das Blut Christi im Sinne einer Erinnerung an die Erlösung der Menschen durch Jesu Tod und einer Erneuerung des christlichen Bekenntnisses durch die Gemeinde, eine reale Präsenz Jesu in Brot und Wein lehnt Zwingli ab. Calvin (gest. 1564) lehrte, daß durch den Empfang des Brotes und Weines den Auserwählten eine Kraft zuteil wird, die als besondere Gnadengabe wirksam ist, eine Realpräsenz Jesu in Brot und Wein aber lehnt auch er ab. Demgegenüber hält die katholische Kirche im Konzil von Trient (1545–1563) gegen alle Reformatoren an der im Mittelalter entwickelten Lehre der Realpräsenz fest und vertritt, daß durch die Worte des Priesters bei der Messe („das ist mein Leib", „das ist mein Blut"), mit denen er des Letzten Abendmahles Jesu gedenkt, Brot und Wein in ihrer Substanz verändert werden und von nun an für immer den nach wie vor wie Brot und Wein aussehenden Gestalten real und wahrhaftig das Fleisch und Blut Christi unterlegt ist, so daß die bei der Verteilung der Gaben (Kommunion) nicht aufgebrauchten Reste entweder verzehrt (im Falle des Weines) oder eigens aufbewahrt werden müssen (vgl. die Tabernakel in katholischen Kirchen). Die hier beschriebene Wandlung der Substanz, der Übergang von einer Substanz (Brot, Wein) in eine andere (Fleisch Christi, Blut Christi), wird in der Fachsprache der katholischen Theologie als Transsubstantiationslehre bezeichnet.

Ungeachtet all dieser feinen Unterschiede besteht Einigkeit unter allen Christen darin, daß das Gedächtnis Jesu Leiden und Tod die höchste Form der Hingabe und Liebe darstellt, die für Christen als Vorbild gilt gemäß dem Worte Jesu aus dem Evangelium nach Johannes: „Es gibt keine größere Liebe, als wenn einer sein Leben für seine Freunde hingibt." (15, 13) Auf diese Weise wird die Abendmahlsfeier zum exemplarischen Ausdruck der im Wortgottesdienst gelehrten und verkündeten Liebe.

Für die ersten Christen war diese Teilhabe am Göttlichen bei den Zusammenkünften auch formal spürbar. Sie alle, Juden wie Griechen, waren gewohnt, daß die Tempel dem gläubigen Volk unzugänglich waren. Lediglich bis in die großen Vorhöfe der Tempel wurden die Menschen vorgelassen, bereits das Innere durften nur noch besonders geweihte Priester betreten, während das Allerheiligste einigen wenigen und diesen auch nur zu besonderen Anlässen vorbehalten gewesen ist. Demgegenüber kennt die Abendmahlsfeier für die Mitglieder der Gemeinde keine Zugangsbeschränkungen. Alle durften teilnehmen und dabei sein, Männer wie Frauen, Freie wie Sklaven. Was dies an Neuheit bedeutete, können wir heute kaum noch ermessen. Es muß höchst attraktiv gewesen sein, weshalb öffentliche Sünder, die zeitweise davon ausgeschlossen waren, sehr darunter litten und sich nach ihrer Wiederzulassung ebenso sehnten wie die Katechumenen, die um die Aufnahme ins Christentum baten und voller Ungeduld dem Tag entgegensahen, an dem sie ganz bei der Abendmahlsfeier dabei sein durften.

Die Taufe bedeutete den Eintritt ins Christentum und wurde vollzogen „im Namen des Vaters, des Sohnes und des Heiligen Geistes". Sie beinhaltete, Jesus als Vorbild und Heiland/Erlöser anzuerkennen. Als Devise galt: „Liebe Brüder, wir wollen einander lieben; denn die Liebe ist aus Gott, und jeder, der liebt, stammt von Gott und erkennt Gott. Wer nicht liebt, hat Gott nicht erkannt; denn Gott ist die Liebe. Die Liebe Gottes wurde unter uns dadurch offenbart, daß Gott seinen einzigen Sohn in die Welt gesandt hat, damit wir durch ihn leben. Nicht darin besteht die Liebe, daß wir Gott geliebt haben, sondern daß er uns geliebt und seinen Sohn als Sühne für unsere Sünden gesandt hat. Liebe Brüder, wenn Gott uns so geliebt hat, müssen auch wir einander lieben. Niemand hat Gott je geschaut; wenn wir einander lieben, bleibt Gott in uns, und seine Liebe ist in uns vollendet." (Im Neuen Testament der 1. Johannesbrief 4, 7–12) Diese Verkündigung, die im Wortgottesdienst wie in der Abendmahlsfeier ihren Ausdruck findet, drängt nach Umsetzung und Konkretisierung im christlichen Handeln.

1.3 Was Christen tun

Die Anweisungen zum christlichen Handeln, wie sie uns durch die lange Geschichte des Christentums hindurch überliefert werden, dienen zwei unterschiedlichen Zielsetzungen, die im Folgenden getrennt behandelt werden: Sie wollen das Ideal der christlichen Nächstenliebe konkret in Handlungsanweisungen umsetzen, und sie wollen ein idealtypisches Verhalten in der menschlichen Gemeinschaft bzw. für die christliche Gesellschaft entwerfen.

1.3.1 Was ihr dem Geringsten meiner Brüder getan habt: Prinzip Nächstenliebe

Das Ideal der christlichen Nächstenliebe wird beispielhaft in einem Text aus dem Evangelium nach Matthäus ausformuliert, der erläutert, weshalb Menschen im Letzten Gericht aufgrund ihrer Taten positiv beurteilt werden. Dort sagt der

Menschensohn (d. h. nach der üblichen Auslegung: Christus) zu den auserwählten Gerechten:

> *Kommt her, die ihr von meinem Vater gesegnet seid, nehmt das Reich in Besitz, das seit der Erschaffung der Welt für euch bestimmt ist. Denn ich war hungrig, und ihr habt mir zu essen gegeben; ich war durstig, und ihr habt mir zu trinken gegeben; ich war fremd und obdachlos, und ihr habt mich aufgenommen; ich war nackt, und ihr habt mir Kleidung gegeben; ich war krank, und ihr habt mich besucht; ich war im Gefängnis, und ihr seid zu mir gekommen. Dann werden ihm die Gerechten antworten: Herr, wann haben wir dich hungrig gesehen und dir zu essen gegeben, oder durstig und dir zu trinken gegeben? Und wann haben wir dich krank oder im Gefängnis gesehen und sind zu dir gekommen? Darauf wird der König ihnen antworten: Amen, ich sage euch: Was ihr für einen meiner geringsten Brüder getan habt, das habt ihr mir getan.*
> *(Im Neuen Testament Evangelium nach Matthäus 25, 36–40)*

Dieser Text, in dem keine einzige Frage nach dem Glauben oder der Teilnahme an den klassischen Ausdrucksformen der Religion (z. B. Gottesdienst, Abendmahl) gestellt wird und den deshalb der spanische Theologe José Maria González Ruiz „das Gleichnis von den Atheisten" nennt, enthält die wesentlichen Elemente der christlichen Caritas (lateinisches Wort für Nächstenliebe), wie sie sich im Laufe der Jahrhunderte im Christentum entfaltet hat als Hilfe für Hungernde und Dürstende, für Arme und Obdachlose, für Kranke und Gefangene. Bei aller Kritik am Machtmißbrauch innerhalb des Christentums und durch seine Institutionen ist stets auch diese Form der Caritas präsent und wirksam gewesen und darf daher nicht übersehen werden. Solche Caritas kann institutionalisierte Formen (Orden, Vereine) annehmen, sie kann aber auch als besonderer Impetus für engagierte Kirchengemeinden wie für einzelne Gemeindemitglieder wirken. Sie war bisweilen derart motivierend und hatte einen so verpflichtenden Charakter, daß einzelne Christinnen und Christen die Caritas gegen den Geist ihrer Zeit im Namen ihres Gewissens umgesetzt und dafür sogar persönliche Nachteile in Kauf genommen haben, um Gottes Weisung zu entsprechen.

Mehr als in vielen anderen Religionen wurde aufgrund der gelehrten Nächstenliebe der Gedanke bestimmend, zu prüfen, was der andere Mensch (der Nächste) empfindet und fühlt, so daß die im Evangelium nach Matthäus formulierte „goldene Regel" wie eine Art Zusammenfassung aller biblischen Einzelvorschriften und -anweisungen galt: „Alles, was ihr also von anderen erwartet, das tut auch ihnen! Darin besteht das Gesetz und die Propheten." (Im Neuen Testament Evangelium nach Matthäus 7, 13 f)

In den letzten Jahrzehnten des 20. Jahrhunderts hat der Gedanke der Nächstenliebe insofern eine neue Dimension bekommen, als der Nächste, um den es hier geht, der Arme und Notleidende schlechthin geworden ist, wo immer er auf der Erde lebt. Deutsche Hilfsorganisationen wie „Misereor", „Adveniat" und „Brot für die Welt" sehen die Verpflichtung zur Hilfe bei Armut und Not weltweit und bitten die Christen in Deutschland und Europa um Unterstützung für ihre notleidenden Brüder und Schwestern in der ganzen Welt. Ein solch globales Verständnis von Nächstenliebe birgt selbstverständlich die Gefahr in sich, die eingeleiteten Hilfsmaßnahmen als immer zu gering, nur als Tropfen auf den heißen Stein zu sehen und von daher dauernd frustriert zu werden, weil dadurch die Armut und Not in der Welt nur in Einzelfällen etwas abgemildert, aber nicht grundsätzlich beseitigt wird.

Die globale Wirklichkeit von Armut und Not macht klar, daß einzelne Hilfsaktionen zur Linderung akuter Notfälle weiterhin sinnvoll und nützlich sind, daß darüber hinaus aber auch nach den strukturellen Ursachen von Armut und Not gefragt werden muß, wenn man langfristig nicht nur die Ergebnisse abmildern, sondern die Gründe zu deren Entstehen beseitigen will. Deshalb häufen sich die kirchlichen Stellungnahmen, die sich strukturellen Fragen widmen und dabei bislang individuell ausgelegte Bibelstellen mit strukturell relevanten Deutungen verbinden. Als Beispiel hierfür sei der oben zitierte Text aus der Szene vom Letzten Gericht nun erneut in struktureller Deutung zitiert, wie sie, als Protest aus Liebe, gegen die konkrete Armut in Lateinamerika von der lateinamerikanischen katholischen Bischofskonferenz von Puebla (1979) in der von Papst Johannes Paul II. gebilligten Fassung formuliert worden ist:

Diese äußerste allgemeine Armut nimmt im täglichen Leben sehr konkrete Züge an, in denen wir das Leidensantlitz Christi, unseres Herrn, erkennen sollten, der uns fragend und fordernd anspricht in

- *den Gesichtern der Kinder, die schon vor ihrer Geburt mit Armut geschlagen sind, die in den Möglichkeiten ihrer Selbstverwirklichung durch irreparable geistige und körperliche Schäden behindert werden und die in unseren Städten, oftmals ausgebeutet, als Produkt der Armut und des moralischen Zerfalls der Familie ein Vagabundendasein fristen;*
- *den Gesichtern der jungen Menschen ohne Orientierung, da sie keinen Platz in der Gesellschaft finden und frustriert sind, insbesondere in ländlichen Gebieten und den Randzonen der Städte, da sie weder Ausbildung noch Beschäftigung finden;*
- *den Gesichtern der Indios und häufig auch der Afroamerikaner, die am Rande der Gesellschaft in unmenschlichen Situationen leben und somit als die Ärmsten unter den Armen betrachtet werden;*
- *den Gesichtern der Landbevölkerung, die als gesellschaftliche Gruppe fast auf dem ganzen Kontinent in der Verbannung lebt, die manchmal des Grund und Bodens beraubt ist, sich in innerer und äußerer Abhängigkeit befindet und Vermarktungssystemen unterworfen ist, die sie ausbeuten;*
- *den Gesichtern der Arbeiter, die häufig schlecht bezahlt sind und Schwierigkeiten haben, sich zu organisieren und ihre Rechte zu verteidigen;*
- *den Gesichtern der Unterbeschäftigten und Arbeitslosen, die aufgrund der harten Bedingungen von Wirtschaftskrisen und Entwicklungsmodellen entlassen wurden, welche die Arbeiter und ihre Familien von kaltem wirtschaftlichem Kalkül abhängig machen;*
- *den Gesichtern der Randgruppen der Gesellschaft und derer, die auf viel zu engem Raum leben, die unter dem doppelten Druck des Mangels an materiellen Gütern und dem sichtbaren Reichtum anderer Gesellschaftsschichten leiden;*

- *den Gesichtern der Alten, deren Zahl ständig zunimmt, und die oft von der Fortschrittsgesellschaft ausgeschlossen werden, da man unproduktive Individuen nicht brauchen kann.*[2]

Es versteht sich von selbst, daß neben dem Bezug auf die zitierte Szene aus dem Letzten Gericht noch andere Texte aus der christlichen Überlieferung eine Rolle spielen, wenn es darum geht, eine brüderliche Gemeinschaft der Liebe zu konkretisieren. Lediglich zwei Aussagen seien in diesem Zusammenhang noch genannt: Der Hinweis auf das 1. Buch Mose (Genesis) aus der Hebräischen Bibel, dem Alten Testament, wo es bezüglich der Erschaffung des Menschen heißt: „Gott schuf also den Menschen als sein Abbild, als Abbild Gottes schuf er ihn. Als Mann und Frau schuf er sie." (Genesis 1, 27) Dieser Gedanke der Gottebenbildlichkeit des Menschen hat das christliche Menschenbild sehr geprägt. Hinzu kommt ein zweiter Gedanke, nämlich daß die Menschen „Kinder Gottes" sind. Aus beidem werden heute konkrete Forderungen für die irdische Gesellschaft und die Behandlung der Menschen in ihr abgeleitet. Noch einmal sei dazu das von der lateinamerikanischen Bischofskonferenz von Puebla (1979) in der von Papst Johannes Paul II. gebilligten Fassung formulierte Schlußdokument zitiert, wo es diesbezüglich heißt:

> *Wir teilen mit unserem Volk andere Ängste, die aus dem Mangel an Achtung vor der Würde des Menschen herrühren, der doch das Ebenbild des Schöpfers ist und als Kind Gottes über unveräußerliche Rechte verfügt. [. . .] Die Kirche nimmt die Verteidigung der Menschenrechte auf sich und erklärt sich solidarisch mit denen, die für sie eintreten.*[3]

2 Die Evangelisierung Lateinamerikas in Gegenwart und Zukunft. Arbeitsdokument der III. Vollversammlung des lateinamerikanischen Episkopats in Puebla, deutsche Übersetzung der durch den hl. Vater am 23. 3. 1979 approbierten Fassung, hrsg. vom Sekretariat der Deutschen Bischofskonferenz, Bonn 1979, Nr. 31–39 (Reihe: Stimmen der Weltkirche, Nr. 8).

3 Ebd. Nr. 40 und 145.

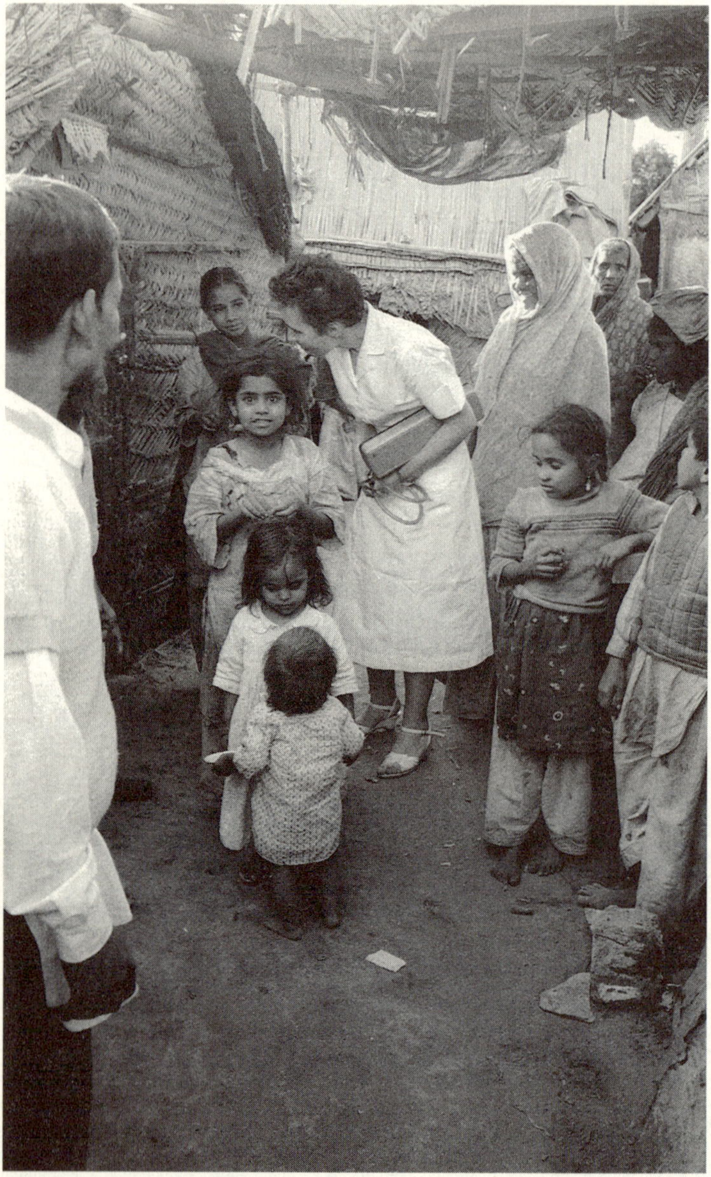

Die strukturelle Auslegung der zitierten biblischen Aussagen ist allerdings erst neueren Datums. Sie wird daher auch nicht von allen kirchlichen Traditionen gebilligt bzw. geteilt. In vielen herrscht nach wie vor das klassische Verständnis einer auf die Hilfe für den Einzelnen ausgerichteten Nächstenliebe vor. Nicht ungewöhnlich ist sogar die Vorstellung, daß weitere idealtypische Bilder der Bibel, vor allem in der sogenannten Bergpredigt (z. B. „Selig, die keine Gewalt anwenden, denn sie werden das Land erben. [. . .] Selig, die Frieden stiften, denn sie werden Söhne Gottes genannt werden." [Evangelium nach Matthäus 5, 5.9]), auf das endzeitliche Friedensreich nach dem Wiedererscheinen (Parusie) Jesu Christi als des Messias in Herrlichkeit zu beziehen und damit in keiner Weise als typisch christlich anzusehen sind, wenn es darum geht, die Richtlinien für die christliche Politik bis zur Parusie festzulegen.

1.3.2 Liebe deinen Nächsten wie dich selbst: Idealtypisches Verhalten

Richtlinien für das idealtypische christliche Verhalten der Gemeinschaft festzulegen, bestand in den ersten Jahrhunderten der christlichen Kirche kein Bedarf. Das Christentum wurde damals als Erlösungsreligion für die einzelnen Mitglieder gesehen und prägte deren individuelles Verhalten. Dies wurde anders, als das Christentum Ende des 4. Jahrhunderts zur Staatsreligion wurde und damit die Notwendigkeit entstand, über die gesellschaftspolitischen Verpflichtungen der Christen und des christlichen Staates nachzudenken.

Ein zentrales Problem war in diesem Zusammenhang der Militärdienst. Bekanntlich hatten es die ersten Christen abgelehnt, auf den Kaiser den Fahneneid abzulegen, weil sie nur einem Herrn, nämlich Jesus Christus, treu sein wollten. Nun sah die Situation anders aus. Man sah zwar ein, daß die Rahmenbedingungen durch die Anerkennung des Christentums als Staatsreligion andere geworden waren, dennoch waren die

Meinungen nicht einstimmig, und es gab nach wie vor Reserven gegenüber einem christlich legitimierten Heer. Umgekehrt war das Reich von außen real bedroht, so daß die Verteidigung des Landes nicht nur ein theoretisches Problem gewesen ist, sondern nach einer konkreten Lösung verlangte. Wie nach außen, mußten auch Regelungen nach innen gefunden werden. Wie sollte man mit Verbrechern und Übeltätern umgehen? Welche Sanktionen sollte und durfte es im christlichen Staat geben?

Die Antwort auf alle diese Fragen war klar: Man orientierte sich am Alten Testament und an den Moralvorstellungen des Römischen Reiches und hatte somit eine ausreichend breite Basis, um auf alle entscheidenden Fragen der Moral für den Einzelnen wie den Staat eine Lösung anbieten zu können. So kam es, daß die Verteidigung des Staates erlaubt wurde und dabei auch Waffen zum Einsatz kommen durften, wenn die Sicherung des Staates anders nicht erreichbar gewesen ist. Auf dieser Grundlage wurde später die Theorie vom „gerechten Krieg" entwickelt, in der die Bedingungen festgelegt wurden, unter denen militärische Aktionen des Staates als zulässig, ja sogar geboten erschienen. Ein Gleiches galt für die innere Sicherheit sowie die Sicherung des privaten Eigentums. Besonders streng waren die Regelungen im Ehe- und Sexualrecht.

Im Zuge all dieser Reglementierungen und Vorschriften ist ein weit verzweigtes Netz von Fällen (lateinisch: casus, daher Kasuistik) mit zahlreichen Verboten und Strafmaßnahmen bei Mißachtung entstanden, das es fast unmöglich machte, darin noch das ursprüngliche Anliegen einer Konkretisierung und Umsetzung der christlichen Nächstenliebe wiederzuerkennen. Die neutestamentliche Forderung, nicht nur das Gute zu tun, sondern auch das Denken entsprechend auszurichten (vgl. das Evangelium nach Matthäus 5, 21ff), führte in der Praxis nicht selten zu einer Gesinnungsschnüffelei, die die Freiheit des Einzelnen sehr eingeschränkt und kaum noch Raum für eigenes Denken, geschweige denn für eine weitherzige Umsetzung der Nächstenliebe gelassen hat.

Passend zu dieser Entwicklung verdunkelte sich allmählich das Gottesbild. Aus einem rettenden Gott wurde der strenge, richtende Herr des Gerichts, eine Art himmlischer Buchhalter, der jegliche Missetat notierte und am Tage des Gerichts die Abrechnung präsentierte. Unerbittliche Strenge wurde so zum wichtigsten Charakterzug des gerechten Richters und prägte auch das Bild von der idealen Erziehung auf Erden, getreu dem Motto: streng, aber gerecht. Das „Mach's wie Gott" war deshalb bei weitem nicht immer eine frohe oder beglükkende Botschaft, es konnte auch zur Belastung, ja zur Qual werden, weil die meisten glaubten, in diesem Schlußtest nicht bestehen zu können. Die Angst vor der ewigen Verdammnis hat ganze Generationen beschäftigt und gequält. Sie hat auch nicht immer zu einem barmherzigen Verhalten gegenüber den Mitmenschen geführt, im Gegenteil: Man verlangte von allen, was man sich selbst unerbittlich abverlangte.

Diese Entwicklungen zeigen, daß das Christentum nicht zu allen Zeiten dieselben Schwerpunkte gesetzt oder gar die gleichen Erscheinungsformen gehabt hat. Es haben sich in ihm geschichtliche, geistesgeschichtliche und kulturelle Entwicklungen niedergeschlagen, die von außen kamen und die innere Entwicklung mit beeinflußt haben. Es ist von daher notwendig, das Christentum nicht ahistorisch als unwandelbare Botschaft zu sehen, sondern durchaus die geschichtliche Entwicklung mitzubedenken und daran zu lernen, wie sehr auch die Ausdrucksformen des Glaubens selbst in Zeit und Raum eingebunden, oder theologisch gesagt: inkarniert gewesen sind, um den Werdegang des Christentums durch die Jahrtausende etwas in den Blick zu bekommen und an ihm zu lernen, wie Kontinuität und Wandel miteinander koexistieren und sich gegenseitig beeinflussen.

2. Christentum – geschichtlich

Von den Anfängen des Christentums im jüdischen Palästina des Vorderen Orients bis zu seiner vorherrschenden Stellung in Europa und seiner weltweiten Verbreitung heute in Form von zahllosen Kirchen, Sekten und Gruppierungen ist es ein weiter Weg gewesen, der nicht immer eine geradlinige, durchgängige Entwicklung erkennen läßt. Es ist daher in der wissenschaftlichen Fachliteratur von Brüchen, Paradigmenwechseln und verschiedenen Epochen die Rede, um die geschichtlich gewordene Vielgestaltigkeit des Christentums einigermaßen plausibel zu machen. Auch im Folgenden werden ein solches Ordnungssystem gewählt und die geschichtliche Entwicklung anhand von sechs Phasen beschrieben: die Zeit Jesu, Judenchristen und Heidenchristen, Christentum als Staatsreligion und das erste Schisma, der lateinische Westen und der orthodoxe Osten (d. h. das zweite Schisma), innerhalb Westeuropas der protestantische Norden und der katholische Süden als das dritte Schisma, das Christentum heute.

2.1 Die Zeit Jesu

Palästina, die Heimat Jesu, war ab 63 v. u. Z. immer stärker unter römischen Einfluß geraten und sukzessive ins Römische Reich eingegliedert worden, so daß zu Beginn unserer Zeitrechnung das gesamte Mittelmeergebiet im Norden, Osten, Süden und Westen von Rom aus regiert wurde. Es ist daher wichtig, die geschichtlichen Rahmenbedingungen zu kennen, die das Leben Jesu bestimmt haben, wenn man sich dem historischen Jesus von Nazaret sowie den Grundaussagen der Lehre Jesu zuwenden will.

2.1.1 Geschichtliche Rahmenbedingungen

Die römische Oberherrschaft seit 63 v. u. Z. bedeutete nicht, daß die Zentralregierung von Rom aus den Juden Palästinas von Anfang an die Einhaltung der römischen Gesetze in vollem Umfang auferlegt hat. Sie gestand ihnen vielmehr eine gewisse Autonomie zu, die den Besonderheiten des jüdischen Glaubens, vor allem der Respektierung des Tempels und der Einhaltung der jüdischen Speisevorschriften, Rechnung trug. Dennoch regten sich in den Reihen der gesetzestreuen Juden Gegenkräfte, die sich mit der römischen Vorherrschaft nicht abfinden wollten und mehr oder weniger offen zum Widerstand aufriefen. Deshalb entsprach wohl Rom nach dem Tode von König Herodes dem Großen, der von 37–4 v. u. Z. das jüdische Volk regiert hatte, den Testamentswünschen des Königs und teilte das Herrschaftsgebiet unter drei von Herodes' Söhnen auf, von denen keiner den Titel „König" führen durfte und ein jeder der syrischen Provinzverwaltung unterstellt wurde. Damit waren ein Stück Autonomie aufgekündigt und der römische Einfluß auf die jüdischen Provinzen vergrößert worden. Zur Beruhigung oder gar Befriedung dieser Gebiete trug dies nicht bei, im Gegenteil, der Widerstand wuchs, und im Jahre 66 u. Z. kam es zum jüdisch-römischen Krieg, der im Jahre 70 u. Z. durch den Sieg der Römer unter Titus und die Zerstörung des Tempels von Jerusalem beendet wurde. Der Tempel ist seither nie wieder aufgebaut worden. Die Niederlage der Juden aber führte zu weiteren späteren Aufständen, unter denen der unter Bar Kochba 132–135 wie ein letztes gewaltiges Aufbäumen der Juden gegen die römische Herrschaft erscheint. Folge davon war die radikale Vertreibung der Juden aus Palästina durch die Römer. Eine massive Rückkehr von Juden nach Palästina setzte erst Ende des 19. und im 20. Jahrhundert ein und führte 1948 zur Gründung des Staates Israel und damit zu den noch heute bestehenden Problemen des jüdischen Staates mit der ortsansässigen arabischen Bevölkerung der Palästinenser.

Wie dieser kurze geschichtliche Überblick unschwer erkennen läßt, war das jüdische Palästina eingebettet ins Römische Reich, dessen hellenistische, d. h. nachklassisch-spätgriechische Denkweisen und Vorstellungen das Lebensgefühl der Menschen in vielerlei Hinsicht prägten und sich deutlich vom jüdischen Denken der damaligen Zeit unterschieden. Das Vordringen hellenistischen Gedankengutes ins jüdisch-palästinensische Gebiet löste unter den Juden heftige Gegenreaktionen aus und trug mit zur inneren Aufspaltung des Judentums in eine Reihe von Gruppierungen mit unterschiedlicher Zielsetzung bei. Die Forschung hat heute dank zahlreicher Texte und Ausgrabungen ein differenziertes Bild vom Judentum der Zeit Jesu. Insgesamt sieht dieses weit weniger dramatisch aus, als es die Sensationsberichte der Medien und Populärliteratur glauben machen, wenn sie immer wieder mit Verdächtigungen aufwarten, die suggerieren, daß vieles ganz anders gewesen sei, als es von den Religionen Judentum und Christentum behauptet wird. Religionspolitisch spielten damals vor allem vier Gruppierungen eine Rolle: die Sadduzäer, die Pharisäer, die Essener und die Zeloten.

Die *Sadduzäer* waren spätestens ab 140 v. u. Z., als die Hasmonäer eine erbliche Dynastie im jüdischen Gebiet einführten, ein politisch wichtiger Machtfaktor und haben diese Rolle auch noch beibehalten, als die Römer 63 v. u. Z. Palästina ins Römische Reich eingegliedert und die Herrschaft von König Herodes dem Großen im Lande der Juden unterstützt haben. Ihr Einfluß blieb stark bis zur Zerstörung des Tempels im Jahre 70 u. Z. Zu ihnen gehörten vor allem die Priester und Aristokraten, ihr Name war vermutlich vom Priestergeschlecht des Zadok abgeleitet. Auch Schriftgelehrte scheint es unter ihnen gegeben zu haben. Theologisch waren sie insofern konservativ, als sie nur die Aussagen der Tora, d. h. der fünf Bücher Mose in der Hebräischen Bibel (dem Alten Testament) gelten ließen und deshalb wie in der Anfangszeit der jüdisch-biblischen Religion an kein Weiterleben der Seele nach dem Tode glaubten. Des weiteren hatten sie die mündliche Tora abgelehnt und auch nicht an Engel geglaubt. Politisch waren sie konservativ und darum bemüht, die bestehende Gesellschaftsordnung zu bewahren und jeden Angriff auf die herrschenden Verhältnisse abzuwehren. Die Orientierung am Tempel als dem eigentlichen Zentrum des Judentums hatte für sie höchste Priorität. Deshalb war es nicht verwunderlich, daß sie nach der Zerstörung des Tempels im Jahre 70 u. Z. ebenso untergingen wie das von ihnen vertretene Konzept des Judentums.

Die *Pharisäer* spielten geschichtlich zuerst als Gegenspieler der sadduzäischen Tempelaristokratie und des hasmonäischen Herrscherhauses eine Rolle. Im Gegensatz zu den Sadduzäern glaubten sie an die Unsterblichkeit der Seele, an Engel, an die Auferstehung der Toten und an die Vergeltung für die menschlichen Taten im Jenseits. Anders als die Sadduzäer bestanden sie auch nach der Zerstörung des Tempels im Jahre 70 u. Z. als Gruppe fort und trugen maßgeblich zur Neustrukturierung des Judentums in der Zeit danach bei. Ihre Mitglieder kamen weniger aus Priesterkreisen, sondern waren vorwiegend Händler, Kaufleute und Bauern, die sich in ihrer Freizeit dem Bibelstudium hingaben und um eine strikte Einhaltung aller Regeln des jüdischen Religionsgesetzes bemüht waren. Kultische Reinheit war für sie von besonderer Wichtigkeit, deshalb hüteten sie sich vor jeder Form von Verunreinigung, sei es im Umgang mit Menschen oder Sachen.

Die *Essener* waren eine religiöse Gruppierung, die vom jüdischen Geschichtsschreiber Josephus erwähnt wird und von der man heute glaubt, daß sie mit der Gemeinde von Qumran in Verbindung gebracht werden darf. Daß dies nur eine Vermutung ist, hat seinen Grund darin, daß die erst seit 1947 in Höhlen am Toten Meer gefundenen Texte einer religiösen jüdischen Gemeinschaft aus der Zeit Jesu nirgends „Essener" als Selbstbezeichnung verwendet haben, von ihren Lehren her aber dem sehr nahe gekommen sind, was Josephus über die Essener gesagt hat. Bei beiden handelte es sich um eine streng ritualistisch ausgerichtete Gruppierung, die sich als einzig legitime Vertretung Israels verstanden hat und davon überzeugt war, daß allein ihre Mitglieder am Tage des Gottesgerichtes gerettet werden würden. Die Essener vertrauten darauf, durch strenge Einhaltung aller Regeln von Gott dafür als würdig angesehen zu werden.

Die *Zeloten* waren schließlich jene gesetzestreuen „Eiferer", die zum bewaffneten Aufstand gegen die Fremdherrschaft aufriefen und sich in diesem Sinne engagierten. Sie schreckten vor Kampfeshandlungen nicht zurück und übten sich auch in Guerillakämpfen, um ihre politischen Ziele zu erreichen. Ihr Ziel war es, die politische Selbständigkeit Israels zu erlangen und im Vertrauen auf Gott die Herrschaft der jüdischen Religion im Lande durchzusetzen. Sie konnten deshalb immer wieder Anhänger unter der Bevölkerung finden, weil der religiöse Nährboden für solche Ideen günstig gewesen ist.

Ideengeschichtlich prägten zwei Vorstellungen das jüdische Denken der Zeit Jesu in besonderer Weise: die Apokalyptik und die Messiaserwartung. Unter *Apokalyptik* versteht man jene Grundüberzeugung der jüdischen Religion, daß Gott kommen und seine Herrschaft aufrichten wird. Dies wird in Form eines Gerichtes über sein Volk wie über die gesamte Menschheit/Welt geschehen, so daß der Tag des Gerichtes für die Getreuen ein Tag der Freude und der Erlösung, für die Sünder ein Tag der Abrechnung und der Bestrafung sein wird. Ein solcher Gedanke findet sich bereits in den prophetischen Schriften der Hebräischen Bibel (Altes Testament) und wird in den Zeiten der Fremdherrschaft im jüdischen Volk immer stärker und konkreter ausformuliert. Nach allem, was wir heute über die Zeit Jesu in Palästina sagen können, scheinen damals die Erwartungen dieses Endzustandes besonders intensiv und in vielen Kreisen vertreten worden zu sein. Alles spricht dafür, daß die Mehrzahl der jüdischen Zeitgenossen Jesu davon überzeugt gewesen ist, daß es – um eine moderne Formulierung zu gebrauchen – „fünf vor zwölf" war, daß also nicht mehr viel Zeit blieb, bis dieses Endgericht Gottes hereinbrechen würde.

Angesichts dieser Situation waren die Reaktionen der Menschen unterschiedlich. Die Pharisäer waren wohl davon überzeugt, daß nur das strikte Einhalten des jüdischen Religionsgesetzes eine Chance für dieses Endgericht bietet. Die Essener glaubten, daß nur die Mitglieder ihrer Gemeinschaft gerettet werden würden.

So unterschiedlich wie die Reaktionen waren auch die Erwartungen bezüglich des Bevorstehenden. Die Zeloten gingen von einer politischen Lösung aus, die aktiv herbeigeführt werden müsse. Andere erwarteten den *Messias*, von dem es ebenfalls verschiedene Vorstellungen gab. Diese reichten von der eines irdischen Königs über die eines himmlischen Herrschers bis zu der eines priesterlichen Retters. Nie aber wurde der Messias von seiten der Juden in vorchristlicher Zeit als Wundertäter oder Gottessohn bezeichnet.

All dies gehörte in die jüdische Welt, in der um das Jahr 27/28 u. Z. ein Bußprediger namens Johannes auftrat, die Menschen zur Umkehr aufrief und ihre Bereitschaft zum Umdenken durch ein Untertauchen (eine Taufe) im Fluß Jordan besiegelte. Von ihm ließ sich auch Jesus von Nazaret taufen, der kurze Zeit danach selbst als Mahner zur Umkehr öffentlich aufgetreten ist. Dem Evangelium nach Lukas im Neuen Testament zufolge war Jesus damals etwa dreißig Jahre alt (vgl. Lukas 3, 23), während er nach dem Evangelium nach Johannes im Neuen Testament ungefähr fünfzig Jahre alt gewesen sein soll (vgl. Johannes 8, 57). Wer war dieser Jesus, woher kam er, und was wissen wir über ihn?

2.1.2 Der historische Jesus

Die Umstände, die das Neue Testament über die Geburt Jesu berichtet, sind sehr unterschiedlich. Die Berichte in den Evangelien nach Matthäus und Lukas, die als einzige etwas über die Geburt Jesu sagen, divergieren in nahezu allen wichtigen Details. So berichtet das Evangelium nach Matthäus, daß König Herodes der Große noch am Leben war, als Jesus geboren wurde, so daß dies vor 4 v. u. Z. gewesen sein muß, während das Evangelium nach Lukas die Geburt zeitlich mit einer Volkszählung in Verbindung bringt, die als historisches Ereignis im Jahre 6 u. Z. stattgefunden hat. Beide Evangelien nennen als Geburtsort Betlehem in Judäa, begründen dies aber unterschiedlich. In der Version des Matthäus waren Maria, die Mutter Jesu, und ihr Verlobter Josef wohl in Betlehem wohnhaft, verließen dann aber den Ort, weil sie um das Leben des Kindes fürchteten (Stichwort: Betlehemitischer Kindermord) und zogen nach längerem Zwischenaufenthalt in Ägypten nach Nazaret in Galiläa; nach dem Bericht des Evangeliums nach Lukas wohnten Maria und Josef in Nazaret und gingen nur vorübergehend wegen der Volkszählung nach Betlehem, wo Maria Jesus zur Welt brachte und danach mit Josef und dem Kind wieder nach Nazaret zurückkehrte. Alle übrigen Texte des Neuen Testamentes und der frühchristlichen Überlieferung sprechen nur von Jesus aus Nazaret und erwähnen Betlehem an keiner Stelle. Viele Forschende glauben daher heute, daß Betlehem vielleicht wegen einer biblischen Überlieferung als Geburtsort Jesu genannt wird, die besagt, daß von dort der Messias kommen wird. Sie glauben also nicht daran, daß Jesus tatsächlich in Betlehem geboren wurde. Andere Forschende dagegen vertrauen auf die Tradition und bleiben bei Betlehem als Geburtsort Jesu. Zudem hält die Mehrheit der Gelehrten als Zeitpunkt für die Geburt Jesu das Ende der Regierungszeit von König Herodes dem Großen fest und geht daher nicht davon aus, daß Jesus zur Zeit der Volkszählung um das Jahr 6 u. Z. geboren wurde.

So unterschiedlich wie die Gründe für Betlehem als Ort der Geburt und die nicht harmonisierbaren Zeitangaben waren auch die weiteren Begleitumstände der Geburt. Nach dem Bericht des Evangeliums nach Matthäus kamen weise Sterndeuter (Magier) aus dem Morgenland (Orient), fragten in Jerusalem König Herodes nach dem Neugeborenen und zogen dann – durch einen Stern geleitet – nach Betlehem, wo sie in das Haus gingen, das Kind mit Maria, seiner Mutter, sahen und ihm ihre Gaben: Gold, Weihrauch und Myrrhe, schenkten. Die Dreizahl der Gaben ist der Grund für die Annahme, es habe sich um drei Personen gehandelt, die in der späteren Tradition als „Könige" tituliert wurden. Da diese Männer nicht, wie Herodes es von ihnen erbeten hatte, zu ihm nach Jerusalem zurückkehrten, um Bericht zu erstatten, war Herodes sehr beunruhigt und ordnete an, daß in Betlehem alle Knaben bis zum Alter von zwei Jahren getötet werden sollten (Betlehemitischer Kindermord), um jegliche Konkurrenz zu seiner eigenen Herrschaft auszuschließen. Daß Jesus nicht unter den Ermordeten gewesen ist, hat seinen Grund in einem Traum des Josef, in dem ihn ein Engel aufforderte, mit Maria und dem Kind nach Ägypten zu fliehen, so daß die Soldaten des Königs nicht seiner habhaft werden konnten. Nach dem Bericht des Evangeliums nach Lukas verlief alles viel weniger dramatisch. Auf Geheiß von Engeln kamen Hirten zum Jesuskind und fanden es in einem Stall in einer Krippe liegend, weil in der Herberge kein Platz für sie war. Acht Tage nach der Geburt wurde das Kind beschnitten, danach gingen die Eltern über Jerusalem in ihren Wohnort Nazaret zurück.

Die Unterschiedlichkeit der beiden Berichte über die Geburt Jesu deutet etwas von der Aussageabsicht der beiden Evangelien an: Das nach Matthäus zeigt Jesus als den neuen Moses und zieht die Parallelen bis in die Geburtsgeschichte hinein, wo dann die Flucht nach Ägypten den unmittelbaren Bezug zur Heimat des Moses herstellt. Das Evangelium nach Lukas zeigt Jesus als den Heiland der Armen und deutet dies schon in der Geburtsgeschichte durch das Kommen der Hirten und die Unterkunft in einem Stall an.

Der Hinweis auf die Aussageabsichten der Evangelien läßt erkennen, daß Evangelien keine Verlaufsbiographien zum Leben Jesu sind, sondern Predigtschriften, die ganz bestimmte Glaubensbotschaften verkünden. Ein jedes der vier im Neuen Testament enthaltenen Evangelien zeichnet daher sein jeweils eigenes Jesusbild und berichtet die einzelnen Ereignisse so, wie sie in diese Konzeption hineinpassen. Der genaue Vergleich dieser Kompositionsversatzstücke führt zu dem Schluß, daß zwar historische Fakten vorgelegt, aber so sehr in Deutungen eingebunden sind, daß die Rekonstruktion des historischen Jesus nicht mehr gelingt. Hinzu kommt, daß auch die anderen Schriften des Neuen Testamentes und der frühchristlichen Überlieferung wenig Klärendes hierzu beitragen. Schließlich ist noch auf das weitgehende Fehlen außerchristlicher Zeugnisse für die Existenz Jesu zu verweisen, denn es gibt lediglich einige kleine Hinweise bei den lateinischen Schriftstellern Sueton, Plinius dem Jüngeren und Tacitus sowie bei dem Griechisch schreibenden Josephus Flavius, die alle auf Jesus Bezug nehmen, um zu erklären, weshalb die durch sie erwähnten Christen so genannt werden. Ganz skeptisch eingestellte Forschende bezweifeln deshalb, daß es Jesus überhaupt gegeben habe. So einleuchtend diese Position ist, so schwierig wird es dann zu sagen, wie es ohne ihn zum Christentum gekommen ist. Einfacher ist es daher, an der historischen Existenz Jesu festzuhalten, wofür sich die überwiegende Mehrheit in der Wissenschaft entschieden hat. Damit bleiben die Einzelheiten seines Lebens nach wie vor ungeklärt, seine Existenz als solche wird aber heute kaum noch bezweifelt.

Sicher scheint – sofern man von Jesu historischer Existenz ausgeht –, daß er in Galiläa, einer Art Randzone der damaligen jüdischen Welt, aufgewachsen ist. Sein Hauptinteresse gilt dort den jüdischen Siedlungen, hellenistische Orte wie Sapphoris oder Tiberias scheint er nicht besucht zu haben. Außer dem Faktum seiner Geburt ist über die Zeit vor seinem öffentlichen Auftreten nichts Gesichertes zu sagen. Der einzige Bericht über seine Jugend ist ein Bericht über den zwölfjährigen Jesus im Tempel von Jerusalem, der sich im Evangelium nach Lukas findet (2, 41 ff), in der geschilderten Form aber wenig historisch Verwertbares enthält. Vieles spricht dafür, daß er Zimmermann gelernt hat genauso wie Josef, als dessen Sohn Jesus an mehreren Stellen des Neuen Testamentes (vgl. Lukas 4, 22; Johannes 1, 45; 6, 42) bezeichnet wird, wohingegen die Kindheitsgeschichten in den Evangelien nach Matthäus und Lukas sagen, er sei von einer Jungfrau geboren und somit nicht das Kind des Josef (vgl. Matthäus 1, 18–24; Lukas 1, 26–38). Unbestritten ist, daß sich Jesus zu Beginn seines öffentlichen Wirkens von Johannes dem Täufer hat taufen lassen. Dieses Ereignis spielt im frühen Christentum insofern eine Rolle, als die bis ins 4. Jahrhundert nachweisbaren Jünger des Johannes daraus eine Vorrangstellung des Johannes gegenüber Jesus ableiteten, was den Christen offenbar solche Schwierigkeiten bereitete, daß dieser Vorwurf nur noch mit Hilfe eines himmlischen Szenarios (vgl. Matthäus 3, 13–17; Markus 1, 9–11; Lukas 3, 21f; Johannes 1, 29–34), einer entsprechenden Erklärung über die Vorläuferrolle von seiten des Johannes des Täufers (vgl. Johannes 3, 29–36) sowie über verwandtschaftliche Beziehungen zwischen den beiden (vgl. Lukas 1, 36) entkräftet werden konnte. Daraus folgt, daß die Tatsache als solche wohl so gravierend war, daß sie nicht geleugnet werden konnte und deshalb als authentisch gelten muß.

Das öffentliche Auftreten Jesu wirft eine Fülle neuer Fragen auf. Die diesbezüglichen Berichte sind ungenau und widersprüchlich. Je nach Evangelium erstreckt sich sein Wirken auf ein, zwei oder drei Jahre. Übereinstimmend berichten alle von Wundern (z. B. Heilung von Kranken, Wandeln auf dem See, Vermehrung von Broten), die Jesus gewirkt hat, doch stimmen die Detailangaben in den Berichten der einzelnen Evangelien beim Vergleich untereinander selten überein. Sicher scheint zu sein, daß Jesus in dieser Zeit Anhänger gefunden hat, unter denen die Zwölf (Apostel) eine besonders herausragende Stellung einnahmen. Auch viele Frauen finden sich in seiner Gefolgschaft.

Das öffentliche Wirken Jesu fand ein gewaltsames Ende. Jesus wurde verhaftet, angeklagt und zum Tode am Kreuz, dem Galgen der damaligen Zeit, verurteilt. Das Urteil wurde vollstreckt, Jesus starb qualvoll am Kreuz. Die Berichte darüber sind wieder recht unterschiedlich. Den Evangelien nach Matthäus, Markus und Lukas zufolge ist der Todestag Jesu der 15. Nisan, nach dem Evangelium nach Johannes dagegen der 14. Nisan. Hinsichtlich des Todesjahres gehen die meisten Forschenden heute vom Jahre 30 u. Z. aus, der Text selbst nennt keine konkreten Daten, die die Berechnung stützen. Unklar sind schließlich auch der Grund der Anklage und der Prozeßverlauf. Beides hängt eng miteinander zusammen, weil alle Berichte der Evangelien einen Grundkonflikt zwischen Jesus und den Pharisäern suggerieren, im Entscheidungsgremium (dem Hohen Rat) aber die Sadduzäer den Ton angegeben haben. Sie müssen folglich die Verurteilung durchgesetzt und Jesus vor den römischen Statthalter Pilatus gebracht haben, damit er die Kreuzigung Jesu anordnet und durchführen ließ, weil es dem jüdischen Gericht nicht gestattet war, Todesurteile ohne Genehmigung durch die römische Obrigkeit vollstrecken zu lassen.

Die Berichte der Evangelien überfrachten die letzten Stunden im Leben Jesu mit Zitaten aus den Psalmen der Hebräischen Bibel (Altes Testament) und mit einer Reihe von Anspielungen auf das Weltende (z. B. Sonnenfinsternis, Auferstehung von den Toten), so daß es schwer ist, daraus geschichtlich Relevantes abzuleiten. Am wahrscheinlichsten ist, daß Jesu Leben mit einem lauten Schrei endete (vgl. Markus 15, 37). Der Leichnam wurde daraufhin vom Kreuz abgenommen und in einer Gruft beigesetzt, die nach dem Ausweis aller Evangelien Josef von Arimatäa gehörte, der ansonsten keine Rolle im Leben Jesu spielte. Die Jünger und Anhänger Jesu dagegen waren geflohen, sie hatten offenbar Angst, selbst vor Gericht gestellt zu werden, und fürchteten sich sehr. Einige Frauen, die Jesus gefolgt waren, blieben offenbar in seiner Nähe und verfolgten aus einer gewissen Distanz heraus das Leiden (oder aus dem Lateinischen hergeleitet: die Passion) und den Tod Jesu.

Das eigentlich Merkwürdige und für die Folge Entscheidende war, daß damit die Sache nicht erledigt gewesen ist. Im Gegenteil: Die Sache Jesu ging weiter. Kurze Zeit nach dem Tod Jesu – er starb an einem Freitagnachmittag, und bereits am Sonntagfrüh geschah das Neue – waren einige Jünger und Frauen davon überzeugt, daß dieser Jesus, der am Kreuz gestorben war, von Gott zu neuem Leben erweckt worden ist und lebt. Alle Zweifel an dieser Version wurden nach dem Ausweis des Neuen Testamentes rasch beseitigt, so daß feststand: Jesus lebt. Damit war nicht gemeint, daß er wieder aufgewacht sei und vielleicht – wie es eine viel spätere Tradition behauptete – nach Indien ausgewandert sei. Mit der Aussage „Jesus lebt" war das gemeint, was man heute in der Fachsprache das „Osterereignis" oder die „Auferstehung" nennt. Mit der Aussage „Jesus lebt" traten die Apostel dann auch an die Öffentlichkeit und standen für diesen Glauben ein. Einige nahmen dafür sogar Verfolgungen und letztlich den Tod in Kauf. Die Botschaft über Jesus lautete ab diesem Zeitpunkt an die Juden: „Gott hat ihn zum Herrn und Messias gemacht, diesen Jesus, den ihr gekreuzigt habt." (Im Neuen Testament Apostelgeschichte 2, 36) Dies war die Geburtsstunde des Christentums. Aus dem jüdischen Volksprediger Jesus von Nazaret ist der Messias (griechisch: Christos, lateinisch: Christus) geworden. „Jesus ist der Christus", so lautete das Urbekenntnis der ersten Christengemeinde von Jerusalem. Sie glaubte an seine Erweckung von den Toten durch Gott (Osterereignis), an seine Aufnahme in den Himmel (Himmelfahrt) und an das Herabkommen des Geistes Gottes auf die Apostel (Pfingstereignis).

2.1.3 Die Lehre Jesu

Durch die Bekenntnisformel „Jesus ist der Christus" war Jesus selbst zum Inhalt und Gegenstand der christlichen Verkündigung geworden. Der historische Jesus von Nazaret dagegen hat sich selbst vermutlich nicht verkündet. Wo er vom „Menschensohn" sprach, tat er dies distanziert. Seine Botschaft war die vom unmittelbar bevorstehenden Anbrechen des Reiches Gottes. Trotz aller noch offenen Fragen hinsichtlich der Lehre Jesu lautete seine Botschaft wohl kurz und bündig: „Kehrt um! Denn das Himmelreich ist nahe." (Matthäus 4, 17) Das „Umkehren" bedeutete – dem griechischen Wortsinn von „metanoein" folgend – ein „Umdenken", sich auf Gottes Heilsangebot – gewissermaßen in letzter Minute – einzulassen. Denn wie die meisten seiner Zeitgenossen hat wohl auch Jesus die Vorstellung gehabt, daß Gottes Endgericht über die Menschheit unmittelbar bevorstehe. Anders als seine Zeitgenossen aber dachte Jesus offenbar nicht, daß die Menschen in diesem Gericht schlecht dastünden, wenn sie sich nicht ein Leben lang an alle Ge- und Verbote des jüdischen Religionsgesetzes gehalten haben, sondern Jesus verkündete, daß Gott Gnade vor Recht ergehen lassen wird.

Durch Gleichnisse, eine spezielle Erzählform, die für viele Auslegungen offen ist, deutet Jesus an, wie Gott ist. Umkehren heißt den Willen Gottes tun, d.h. so handeln wie er: dem anderen verzeihen, wie Gott einem selbst Unrecht verzeiht (vgl. Matthäus 18, 23 ff; Lukas 11, 4); sich den Armen und Verachteten zuwenden, weil die uns bekannte Ordnung im Reiche Gottes nicht mehr gilt, denn „wer bei euch groß sein will, der soll euer Diener sein, und wer bei euch der Erste sein will, soll der Sklave aller sein". (Markus 10, 43 f) Dementsprechend werden die Armen, die Hungernden, die Weinenden und Verachteten gepriesen (Lukas 6, 20 ff), weil der Anbruch der Gottesherrschaft ihr Leid in Freude verwandeln und alles neu machen wird.

Das Neue Testament sagt, daß dieses Bild vom barmherzigen und verzeihenden Gott bei jüdischen Schriftgelehrten zur Zeit Jesu wenig Zustimmung gefunden hat, obwohl es sich bereits bei den Propheten der Hebräischen Bibel (Altes Testament) findet (vgl. z.B. Hosea 11, 9; Jesaja 55, 7 f). Die jüdischen Schriftgelehrten dagegen beharrten auf strikter Einhaltung des jüdischen Religionsgesetzes als Voraussetzung für die Rettung und gingen mit Abweichlern hart ins Gericht, wie die Szene von der Ehebrecherin zeigt, die auf der Stelle gesteinigt worden wäre, hätte Jesus nicht zu ihren Gunsten eingegriffen (Johannes 8, 3 ff). Die Begebenheit macht außerdem verständlich, daß Jesu Botschaft gerade bei Sündern sehr positiv aufgenommen worden ist. Es ist daher sicher zutreffend, wenn die Berichte der Evangelien Jesus vor allem „in schlechter Gesellschaft" (A. Holl) zeigen und sagen, daß seine Botschaft insbesondere bei „Zöllnern und Dirnen" – für die damalige Zeit beides unehrenhafte Formen des Gelderwerbes – gut ankam, beim religiösen Establishment aber anstößig wirkte und auf Ablehnung stieß.

Die Ablehnung Jesu durch das religiöse Establishment wird in den Evangelien damit begründet, daß Jesus gegen die Selbstgerechtigkeit dieses Religionsverständnisses aufgetreten ist und erklärt hat, daß Gott die liebt, die um ihre Schwächen wissen und auf Gottes Erbarmen bauen (vgl. Lukas 18, 9 ff). Dennoch reicht dieser Gegensatz wohl kaum aus, um zu erklären, weshalb die Führungsspitze des Volkes so sehr gegen Jesus eingestellt war und wie es ihr gelingen konnte, große Volksmassen zu mobilisieren, um eine Verurteilung Jesu als Volksverführer oder Volksaufwiegler zu erreichen, und dies innerhalb einer doch recht kurzen öffentlichen Wirksamkeit von wenigstens einem Jahr, höchstens aber drei Jahren. Viele Forschende nehmen deshalb heute an, daß der eigentliche Grund für den Konflikt zwischen dem religiösen Establishment und Jesus vielleicht das Vertreiben der Händler aus dem Tempel (Matthäus 21, 12 ff; Markus 11, 15 ff.; Lukas 19, 45 ff; Johannes 2, 13 ff) gewesen war, weil dadurch das religiöse Versorgungssystem als solches tangiert worden ist. Sicher ist, daß die wahren Gründe für den Konflikt im Neuen Testament eher im Dunkeln bleiben, weil sich der dort beschriebene Konflikt zwischen den Pharisäern und Jesus abspielt.

Umstritten ist in der Forschung heute auch, was sich über das Selbstverständnis Jesu sicher sagen läßt. Glaubte Jesus von sich selbst, der von Johannes dem Täufer Vorhergesagte zu sein? Dachte Jesus von sich selbst, der Messias zu sein? Wußte er von Anfang an darum, daß seine Mission scheitern mußte und daß er von Gott von den Toten erweckt werden sollte? Die nüchterne Analyse der Aussagen Jesu in den Evangelien legt demgegenüber nahe, daß Jesus den Anbruch der Gottesherrschaft verkündet, nicht aber sich selbst verkündet hat. Der verkündigende Jesus von Nazaret erscheint uns demnach anders als der verkündigte Christus der Urgemeinde, die sich zu ihm als dem Gekreuzigten und Auferstandenen bekannt und somit Jesus selbst zum Gegenstand ihrer Verkündigung gemacht hat. Es scheint, daß der historische Jesus mit seiner Botschaft ganz innerhalb des Judentums seiner Zeit verankert gewesen ist und sein Streben darauf gerichtet hat, möglichst vielen Menschen die frohe Botschaft von der Barmherzigkeit Gottes unmittelbar vor dem Anbruch der Gottesherrschaft zu verkünden. Erst durch das Scheitern Jesu bei dieser Mission bekam alles eine andere Wendung. Leiden und Tod Jesu erwiesen sich als unausweichliches Schicksal. Durch die Auferstehung versahen die Jünger Jesu das Leben und die Lehre Jesu mit einer neuen Deutung. Jesus war für sie der von den Juden erwartete Messias geworden und hatte folglich nicht nur durch seine Worte, sondern auch durch sein Tun Gott geoffenbart. In ihm und durch ihn war für sie Gott selbst wirksam und für die Menschen sichtbar geworden. Sich zu ihm bekennen, das bedeutete, in seine Nachfolge zu treten, es zu machen wie er, seine Mit-Menschlichkeit zum Ideal wahren Menschseins zu machen und darin die Nähe Gottes zu sehen, so daß von nun an galt: *„Mach's wie Gott, werde Mensch!“*

2.2 Judenchristen und Heidenchristen

Die Verkündigung von Jesus dem Gekreuzigten und Auferstandenen ist die Geburtsstunde des Christentums als eigenständige Religion. Sie leitet in der judenchristlichen Urgemeinde die langsame, aber deutliche Abkoppelung vom Judentum ein. Sie ist zugleich offen für nichtjüdische Deutungen, weshalb spätgriechisch-hellenistische Vorstellungen als Deutungsmuster mit herangezogen werden, um die christliche Botschaft den Nichtjuden der hellenistischen Welt, den sogenannten Heidenchristen, zu verkündigen. Es ist der Beginn der Kirche als Institution und der Anfang ihrer verschiedenen Ausprägungen.

2.2.1 Die judenchristliche Urgemeinde

Die Botschaft von Jesus als dem Christus war innerhalb des jüdischen Milieus (in Palästina wie in anderen Regionen des

Römischen Reiches) unmittelbar verständlich gewesen. Sie wurde zum Prüfstein des Glaubens. Wer sie annahm, hatte sie im ursprünglichen Wortsinn des griechischen Begriffes als „Euangelion" (latinisiert: Evangelium), als „frohe Botschaft" bzw. „gute Nachricht" begriffen; viele von denen, die sie ablehnten, hatten die Christusanhänger zumindest bekämpft, wenn nicht sogar verfolgt. Zu den Verfolgern zählte auch Saulus, der sich eines Tages auf dem Weg nach Damaskus zu Jesus bekehrt hat und dann als Missionar Paulus für das Christentum tätig geworden ist. Die christliche Tradition hat ihm aufgrund seiner Missionserfolge sogar den Ehrentitel „Apostel" verliehen. Der Fall des Saulus/Paulus zeigt, in welch interne Auseinandersetzungen die jüdischen Gemeinden durch die Christusanhänger gekommen sind, da letztere noch immer am Synagogengottesdienst teilgenommen haben und damit weiterhin in den Gemeinden präsent gewesen sind. Mit immer neuen Belegstellen aus der Hebräischen Bibel (Altes Testament) haben sie vermutlich nachzuweisen versucht, daß durch Jesus Christus die jüdische Messiaserwartung erfüllt worden ist. Andererseits sparte auch die Gegenseite nicht mit Argumenten, um zu zeigen, daß durch Jesus Christus diese Erwartungen nicht erfüllt worden sind. Ein Beispiel aus späterer Zeit, nämlich aus der Auseinandersetzung zwischen Juden und syrischen Christen, soll dies konkret zeigen: Die Auferstehung am dritten Tage, so sagten die Juden, ist nicht erfüllt worden, da die Vorhersage lautete: „Denn wie Jona drei Tage und drei Nächte im Bauch des Fisches war, so wird auch der Menschensohn drei Tage und drei Nächte im Innern der Erde sein." (Evangelium nach Matthäus 12, 40) Wie immer man rechnet, von Freitagnachmittag bis Sonntagfrüh sind es aber keine drei Tage und drei Nächte. Darauf antworteten die Christen mit einem Zitat aus dem Evangelium nach Matthäus, das da lautet: „Wenn jene Zeit nicht abgekürzt würde, dann würde kein Mensch gerettet; doch um der Auserwählten willen wird jene Zeit verkürzt werden." (24, 22) Man rechnete die Finsternis beim Tode Jesu am Kreuz als erste, verkürzte Nacht, die wenigen

Stunden Helligkeit danach bis zum Abend als verkürzten Tag und glich damit die Fehlbeträge in der Rechnung der jüdischen Gegner aus. Auseinandersetzungen wie diese führten wohl schon recht früh in den jüdischen Gemeinden zu Spannungen zwischen Christusanhängern und Christusgegnern und damit zu einer immer größeren Distanzierung voneinander bis hin zum endgültigen Bruch zwischen Christentum und Judentum, der nach der Zerstörung des Tempels von Jerusalem im Jahre 70 eingesetzt hat.

Streit gab es nicht nur zwischen Christusanhängern und Christusgegnern, sondern auch innerhalb der Christusanhänger selbst. Ein solcher Streitpunkt etwa war die Frage, ob Nichtjuden, die sich zu Jesus bekannten, zugelassen und, wenn ja, ob sie dann zur Einhaltung der jüdischen Gesetzesvorschriften (konkret: Beschneidung, Speisevorschriften) verpflichtet werden sollten. Die grundsätzliche Frage der Aufnahme von Nichtjuden unter die Christusanhänger wurde schnell positiv entschieden, anders war die Situation hinsichtlich der Frage, ob für sie die Einhaltung des jüdischen Gesetzes gelten sollte oder nicht. Zwei Fraktionen bildeten sich: eine judaistische unter der Führung des Jakobus und eine liberale unter der Führung des Paulus. Zum offenen Streit und zur endgültigen Entscheidung kam es beim sogenannten Apostelkonzil gegen 50 (vgl. dazu im Neuen Testament Apostelgeschichte 15, 1–29). Die Richtung des Paulus setzte sich nach heftigen Debatten schließlich durch. Damit war der Schritt zu einer eigenen Religion vollzogen, das Christentum hörte dadurch auf, eine jüdische Sekte zu sein. Die Folge war, daß immer mehr Nichtjuden zu Christusjüngern wurden, so daß sich im Laufe der Zeit die Mehrheitsverhältnisse merklich veränderten und die Judenchristen im Vergleich zu den sogenannten Heidenchristen deutlich in die Minderheit gerieten. Mit ihnen hielt auch das spätgriechisch-hellenistische Gedankengut in die christliche Gemeinde Einzug. Deshalb ist ein kurzer Blick auf die hellenistischen Vorstellungen notwendig, um sie als Deutungsmuster für die heidenchristliche Mission erfassen zu können.

2.2.2 Griechisch-hellenistische Vorstellungen

Die Zeit des Hellenismus – ca. 300 v. u. Z. bis 300 u. Z. – ist von einer geistigen Suche und Umorientierung geprägt gewesen, die zu Recht als Umbruchszeit bezeichnet wird. Die traditionellen Formen der griechisch-römischen Religion hatten aus verschiedenen Gründen ausgedient. Zum einen waren die offiziellen Staatskulte stark auf das Wohl der Gemeinschaft ausgerichtet und befriedigten nicht die religiösen Bedürfnisse der Einzelnen. Nun aber wurden religiöse Angebote gesucht, die sich mehr an den Einzelnen und weniger an die Gemeinschaft richteten. Andererseits waren vor allem durch philosophische Religionskritik die klassischen Gottesvorstellungen, die in der Mythologie und den Werken von Homer und Hesiod dargelegt waren, in ihrer Glaubwürdigkeit erschüttert worden, so daß immer weniger Menschen mit der überlieferten Religion etwas anfangen konnten. Die Folge von alledem waren eine gewisse Art von – um eine moderne Begrifflichkeit zu verwenden – „Säkularisierung" sowie zugleich eine Suche nach neuen Formen von Religiosität und praktischer Philosophie, die die neu entstandenen Bedürfnisse befriedigen konnten. Konkret waren dies die Mysterienreligionen mit ihren Heilserwartungen, die Volksreligion, der Kaiserkult, die Popularphilosophie und die Gnosis.

Als *„Mysterienreligionen"* werden Geheimkulte bezeichnet, die im ersten Jahrhundert vor der Zeitenwende sowie in den ersten drei Jahrhunderten unserer Zeitrechnung im Römischen Reich stark Verbreitung fanden und in den meisten Fällen vorderorientalischen oder ägyptischen Ursprungs waren. Über ihre genauen Lehren bestehen noch immer Unklarheiten, weil den Gläubigen die Pflicht zur Geheimhaltung der Lehre (Arkandisziplin) auferlegt war und infolge dessen unsere Kenntnisse darüber vielfach nur lückenhaft sind.

All diesen Kulten scheint der Glaube an einen persönlichen Rettergott (griechisch: sôtêr) gemeinsam zu sein, der den Eingeweihten Teilnahme an der Unsterblichkeit verspricht und ein Heil (griechisch: sôtería) verheißt, das die traditionelle Götterreligion Griechenlands und Roms nicht anzubieten hatte. Vielfach wird der Übergang vom Tod zum Leben, den die Eingeweihten erleben, durch einen Vegetationsmythos beschrieben, in dem das Sterben und Wiederlebendigwerden des Gottes dargestellt wird. So etwa erzählt ein Mythos, daß der phrygische Gott Attis, von der eifersüchtigen Kybele in Raserei versetzt, sich selbst entmannt hat, gestorben und wieder auferstanden ist, was in mythischen Ereignissen im Kult dramatisch nachvollzogen wird. Ähnlich lauten die Beschreibungen über den phönikisch-syrischen Vegetationsgott Adonis, der von einem Eber getötet wurde und auf Bitten der Göttin Aphrodite wieder zu neuem Leben erstanden ist. In diesen Zusammenhang gehören auch die Verehrungen der Göttin Isis aus Ägypten, die den sterbenden Totengott Osiris wieder ins Leben zurückgeführt hat. Von etwas anderer Art, aber doch zu dieser Kategorie von Religionen gehörend, ist der Mithraskult, bei dem Mithras die Tötung des Stieres vorgenommen hat, aus dessen Blut neues Leben hervorgegangen ist, an dem die Männer (es werden keine Frauen in diesen Kult aufgenommen!) durch Blutsweihe und in Form von Mahlfeiern teilhatten.

Die hellenistische *Volksreligion* liebte Wundererzählungen. Diese gehörten für sie ebenso zum Merkmal eines großen spirituellen Führers wie die Geburt von einer „parthenos" (Jungfrau). Nicht ungewöhnlich war auch in diesem Zusammenhang die Idee vom „göttlichen Menschen" (griechisch: theios anêr) sowie die von in Menschengestalt erschienenen Göttern. Zudem gehörten die Kunde von verborgenem Wissen aufgrund des Erscheinens von Sternen oder ungewöhnliche Naturvorkommnisse damals ganz selbstverständlich zu den volksreligiösen Vorstellungen des Hellenismus. Die alte Staatsreligion konnte offenbar die Suche der Menschen nach Neuem und Außergewöhnlichem nicht mehr befriedigen. Es war üblich, alles, was in Sachen Religion angeboten wurde, aufzunehmen und auszuprobieren.

Es war eine Zeit des religiösen Umbruchs, wie es sie in der Geschichte nur selten gibt. Wollte man einen historischen

Vergleich wagen, so liegt der zum New Age heute nahe. Er bietet den Vorteil einer recht bunten religiösen Praxis mit vielerlei Kultformen und dennoch einem recht einheitlichen religiösen Grundmuster, das sich in all diesen Religionsformen wiederfindet.

Was hiermit für die Zeit des Hellenismus im Römischen Reich gemeint ist, beschreibt zu Beginn des 20. Jahrhunderts Franz Cumont in einer Art Zukunftsvision für das christliche Abendland so:

> *Nehmen wir einmal an, das moderne Europa wäre Zeuge davon gewesen, wie die Gläubigen die christlichen Kirchen verließen, um Allah oder Brahma zu verehren, die Gebote des Konfuzius oder des Buddha zu befolgen, die Grundsätze des* shinto *anzunehmen; denken wir uns ein großes Durcheinander von allen Rassen der Welt, in dem arabische Mullahs, chinesische Literaten, japanische Bonzen, tibetische Lamas, hinduistische Pandits zu gleicher Zeit den Fatalismus und die Prädestination, den Ahnenkult und die Anbetung des vergötterten Herrschers, den Pessimismus und die Erlösung durch Selbstvernichtung verkündigten, und daß alle diese Priester in unseren Städten fremdartig stilisierte Tempel erbauten und in diesen ihre verschiedenen Riten zelebrierten – dann würde dieser Traum, den die Zukunft vielleicht einmal verwirklichen wird, uns ein ziemlich genaues Bild von der religiösen Zerrissenheit gewähren, in der die alte Welt vor Konstantin verharrte.*[1]

Der Ehrentitel „kyrios" (Herr) verweist im griechisch-hellenistischen Milieu auf den *Kaiserkult*. Er nimmt seinen Anfang, als Alexander der Große nach seinem Tode (323 v. u. Z.) unter die Götter des Pantheons aufgenommen wird. Im Römischen Reich ist der erste, dem nach seinem Tode eine göttliche Verehrung zuteil wird: Caesar (ermordet 44 v. u. Z.). Unter Kaiser Augustus (31 v. u. Z. – 14 u. Z.) wird diese Vorstellung fortentwickelt und in der Folgezeit vom Kaiser als

1 Franz Cumont, Die orientalischen Religionen im römischen Heidentum, nach der vierten franz. Aufl. unter Zugrundelegung der Übersetzung Gehrichs, bearb. von August Burckhardt-Brandenburg, Stuttgart: Teubner, 4. unveränderte Aufl. 1959, 178 f.

„divus" (göttlich) gesprochen. Zum vollen Kaiserkult für den regierenden Herrscher wird dann die Verehrung unter Domitian (81–96 u. Z.) ausgebaut. Er führt den Titel „Kaiser und Gott". Die Verehrung des Kaisers wird als Ausdruck des Glaubens an den ewigen Fortbestand des Römischen Reiches gewertet.

Als Paulus auf dem Areopag in Athen zu predigen begann, begegneten ihm nach den Worten der Apostelgeschichte epikuräische und stoische Philosophen (im Neuen Testament Apostelgeschichte 17, 18). Damit sind die beiden wichtigsten Richtungen der damaligen *Popularphilosophie* genannt.

Die Epikuräer, die sich auf Epikur (etwa 342–270 v. u. Z.) als Gründer ihrer Schule beriefen, waren in all ihrem Tun auf den Gewinn eines Höchstmaßes an Glück (griechisch: eudaimonía) ausgerichtet, das es im Hier und Jetzt zu verwirklichen galt. Theologische Spekulationen über Gott und die Welt interessierten sie nicht. Ihr Ziel war es, das irdische Glück zu erlangen und in vollen Zügen zu genießen. Mit dieser Zielsetzung fanden sie viele Anhänger und bewirkten, daß sich diese dem Genuß hingaben und vom politischen Alltagsgeschehen Abstand hielten. Zur goldenen Regel dieses Genießens gehörte es, Exzesse zu vermeiden, um nicht durch Übelkeit oder Unwohlsein für ein Übermaß an Genußsucht büßen zu müssen. Deshalb lag es ihnen am Herzen, einen so gut dosierten Glückszustand herzustellen, daß sein möglichst langes Andauern in keiner Weise gefährdet war. Ihre Anweisungen waren folglich aus Nützlichkeitserwägungen erwachsen, ihnen lagen keine metaphysischen Überlegungen oder ethische Anweisungen religiöser Art zugrunde.

Zu den hellenistischen Gegnern dieser diesseitigen Glückssuche der Epikuräer zählten vor allem die Stoiker. Sie lehrten, daß das menschliche Handeln den Gesetzen der Natur entsprechen müsse, und begriffen den ganzen Kosmos als eine große Einheit, dessen Gesetzmäßigkeit durch die Vernunft (griechisch: lógos) erkannt werden konnte und zur Maxime des Handelns gemacht werden mußte. Das stoische Humanitätsideal war kosmopolitisch ausgerichtet und sah alle

Menschen – ungeachtet ihrer Herkunft und ihrer gesellschaftlichen Stellung – als Mit-Menschen an, denen man mit Achtung und Respekt begegnen sollte.

Als philosophische Richtung eigener Art ist die *Gnosis* zu bezeichnen. Ihre Grundpositionen finden sich in christlichen wie in nichtchristlichen Texten, so daß wir von einer weitverbreiteten Geistesströmung ausgehen müssen, die vielfältige Facetten und Erscheinungsformen gefunden und in immer neuen Bewegungen durch die Jahrhunderte ihr Grundanliegen geltend gemacht hat. Dieses kann durch zwei Hauptvorstellungen umschrieben werden: Dualismus und Erkenntnis.

Der Dualismus teilt alles Dasein in zwei große Bereiche ein: die Welt des Guten und die Welt des Bösen, die sich unversöhnlich feindselig gegenüberstehen und bestrebt sind, in einem kosmisch verstandenen Kampf die alleinige Herrschaft der jeweils eigenen Seite zu erringen. Demzufolge gibt es keine Neutralität, alles Dasein gehört entweder zur einen oder zur anderen Seite. Somit sind die uns als Gegensätze bekannten Erscheinungsformen von Licht und Finsternis, Geist und Materie oder Seele und Leib nichts anderes als die konkreten Auswirkungen des kosmischen Konfliktes zwischen Gut und Böse. Gott und Teufel sowie deren Diener (Engel und Teufel) spiegeln auf metaphysischer Ebene diesen Konflikt ebenso wider wie Seele und Leib im menschlichen Bereich. Demnach geht die Trennungslinie zwischen diesen Bereichen durch die Menschen selbst hindurch und bringt sie in eine Entscheidungssituation, von deren Ausgang Heil und Unheil der Menschen abhängen.

Heil und Unheil sind also kein Schicksal, dem die Menschen ausgeliefert sind, sie sind auch nicht durch die Gnade eines Gottes oder die Nachstellungen des Teufels bewirkt, sondern das Heil ist die unmittelbare Folge einer bewußten menschlichen Entscheidung für das Gute. Diese setzt Einsicht in die wahren Daseinszusammenhänge voraus und hilft dadurch vermeiden, daß Menschen gedankenlos ins Unheil hineinschlittern. Gnosis (Erkenntnis) ist deshalb notwendig, damit sich die Menschen ihres göttlich guten Seelenursprungs erinnern und ihre Seele aus dem Kerker des Fleisches, von Leib und Materie befreien. Bildlich wird dies im Lied von der Perle dargestellt, wenn erzählt wird, das vor undenklichen Zeiten eine göttliche Perle vom Himmel herabgefallen und in die Materie eingetaucht ist. Ihr Eingehen in diese materielle Welt war so tiefgründig, daß jegliche Erinnerung an den göttlich lichtvollen Ursprung der Perle verloren ging. Erst als der Sohn des himmlischen Königs aus den lichtvollen Höhen herabgestiegen ist und immer mehr von seiner ursprünglichen Erscheinungsform abgelegt und Irdisches angenommen hat, ist es ihm gelungen, die Perle zu finden und in ihr die Erinnerung an ihren göttlichen Ursprung wachzurufen. Durch diese Erkenntnis wachgerüttelt, versucht sie sich aus der materiellen Bindung wieder zu befreien und zu ihrem himmlischen Ursprung zurückzukehren. Gnostische Gedanken finden sich in der nichtchristlichen wie nichtjüdischen hellenistischen Literatur ebenso wie in jüdischen Texten aus der hellenistischen Zeit und in frühchristlichen Textpassagen.

2.2.3 Verkündigung an Nichtjuden

Die Verkündigung von Jesus als dem Christus war für Nichtjuden keine „frohe Botschaft", da sie einen Messias nicht erwarteten und folglich sich über sein Erscheinen nicht freuen konnten. Die frühchristliche Verkündigung wählte für sie eine andere Akzentsetzung. Sie verkündete Jesus als Heiland/Retter (griechisch: sôtêr) und Herrn (griechisch: kyrios). Diese Begriffe waren der nicht-jüdischen Bevölkerung des Römischen Reiches geläufig und trafen auf deren Erwartungen.

Durch die Botschaft von Jesus als sôtêr trat das Christentum als Mysterienreligion auf, die im Osten des Römischen Reiches auch weitestgehend deren Arkandisziplin übernahm, im Westen dagegen sich viel öffentlicher gab, weil dort eine sektiererische Geheimhaltung aufgrund eines Prozesses gegen die Bacchus-Mysterien den bitteren Beigeschmack gehabt hätte, eine kriminelle Vereinigung zu sein, die staatliche Verfolgung nach sich zog. Zum Typ der Mysterienreligion paßten auch die Verkündigung von Jesu Tod und Auferstehung, die Botschaft von der Taufe als Teilnahme an Jesu Tod und Auferstehung und die Verheißung des ewigen Lebens für alle Gläubigen. Schließlich entsprach das Gedächtnismahl, bei dem die Gläubigen Jesu Todes und der Auferstehung gedachten und seinen Leib und sein Blut in Form von Brot und Wein empfingen, den typischen Ausdrucksformen der Mysterienreligionen. Vor allem die Briefe des Paulus im Neuen Testament enthalten wichtige Elemente zur Charakterisierung des Christentums als Mysterienreligion. In früheren Zeiten hat man sogar vermutet, daß die gesamte Tauf- und Abendmahlslehre des Paulus von den Mysterienreligionen übernommen worden sei. Derart weitreichende Schlüsse werden heute deshalb nicht mehr gezogen, weil die uns überlieferten Texte der Mysterienreligionen meist aus dem zweiten, dritten und vierten Jahrhundert stammen und daher nicht zu sagen ist, ob die Vorstellungen der Mysterienreligionen wirklich für die Paulustexte aus dem 1. Jahrhundert als Vorbilder in Frage kommen können oder nicht. Möglicherweise war es sogar umgekehrt, daß christliche Vorstellungen auch in die Mysterienreligionen hineingewirkt haben. Sicher ist jedenfalls, daß sich ähnliche Formulierungen in den Mysterienreligionen und im frühen Christentum finden, ohne daß Sicheres über eine gegenseitige Beeinflussung oder Abhängigkeit gesagt werden kann. Eine sprachliche Gleichsetzung zwischen dem frühen Christentum und den Mysterienreligionen besteht in der Benennung, weil im 3. Jahrhundert die christliche Religion als „militia Christi" bezeichnet wird und damit jenen Begriff als Selbstbezeichnung verwendet, der auch als Bezeichnung für den Mitras- (militia Mithrae) oder den Isiskult (militia Veneris) überliefert ist.

Volksreligiöse hellenistische Züge trägt das Jesusbild der Evangelien, wenn in den Kindheitsgeschichten der Evangelien nach Matthäus und Lukas von der Geburt von einer Jungfrau und in allen Evangelien von Wundern Jesu die Rede ist. Die Erweckung des toten Jesus durch Gott und seine glorreiche Himmelfahrt suggerieren eine Vergöttlichung (Apotheose), wie sie auch von anderen Heroen der hellenistischen Welt überliefert wird. Der Beginn des Johannesevangeliums dagegen legt nahe, daß es sich bei Jesu Geburt um das Erscheinen Gottes auf Erden handelt. Heutigen Menschen sind all diese Dinge unverständlich und fremd, zumal sie gewöhnlich nur in Verbindung mit Jesus vorkommen und nicht in den zeitgeschichtlichen Kontext eingebettet sind. Vor allem stört viele die Idee, daß Jesus von einer Jungfrau geboren sein soll. Für die damalige Zeit aber wäre es eher unglaubwürdig gewesen, wenn dieses wichtige Charakteristikum auf Jesus keine Anwendung gefunden hätte, wo doch Platon und Alexander der Große, König Demaratos von Sparta, der jüngere Dionysios von Syrakus, die Kaiser Augustus und Nero und viele andere als Söhne von Göttern galten, was ihre besondere Bedeutung hervorhob. Weshalb sollte all dies bei Jesus anders sein? Sollte nicht auch seine Mutter wie die der anderen „parthenos" genannt werden? Dieses Wort ist im Griechischen mindestens ebenso schillernd wie das hebräische „ha-'alma", das bei Jesaja 7, 14 steht und bei Matthäus (1, 23) als Verheißung der jungfräulichen Geburt Jesu zitiert wird. Das hebräische wie das griechische Wort können sowohl die junge Frau als auch die Jungfrau bezeichnen. Hinzu kommt, daß der griechische Begriff noch erheblich mehr Bedeutungsfelder umfaßt, ja sogar unter bestimmten Umständen auf Männer angewandt vorkommt, so daß man diesen Begriff getrost als mythologiegeladen bezeichnen kann, obwohl der Kontext der Kindheitsgeschichten Jesu im Neuen Testament deutlich macht, daß hier nicht an eine junge Frau, sondern an eine „parthenos" im mythologischen Sinne gedacht ist. Wieweit diese biologisch zu verstehen ist, muß noch erforscht werden. Die innerchristliche Diskussion um die biologische Auslegung beginnt de facto erst Jahrhunderte später, in einer Zeit, in der die hellenistische Welt bereits untergegangen ist. Dann wird um das Hymen gestritten, und 649 hebt die Lateransynode unter Papst Martin I. die drei Momente der Jungfräulichkeit Mariens hervor, wenn sie von der „heiligen, immer jungfräulichen und makellosen Maria" lehrt, „sie habe ohne Samen vom Hl. Geist empfangen, ohne Verletzung (ihrer Jungfräulichkeit) geboren, und ihre Jungfräulichkeit habe auch nach der Geburt unversehrt fortbestanden", so daß zur klassischen Formel wird: Maria ist Jungfrau vor, während und nach der Geburt. Daraus folgt, daß Jesus Einzelkind gewesen sein müßte, obwohl im Neuen Testament mehrfach von Brüdern und Schwestern Jesu die Rede ist, und daß Josef nur sein Nährvater, nicht aber sein leiblicher Vater gewesen sei. Moderne Auslegungen gehen damit recht unterschiedlich um: die einen dadurch, daß sie Jesu Herkunft als ganz normal menschlich interpretieren mit Josef als leiblichem Vater Jesu und den Brüdern und Schwestern als tatsächlichen Geschwistern Jesu; andere dadurch, daß sie die Familie Jesu als Prototyp moderner Familien sehen, nämlich eine Mutter, die eine ungeplante Schwangerschaft austrägt, Josef als der, der Frau und Kind, das nicht sein eigenes ist, ernährt und irgendwann wieder sang- und klanglos verschwindet, danach ist nur noch von Maria und Jesus, einer Alleinerziehenden mit vermutlich einem Einzelkind, die Rede.

Das Besondere Jesu erschöpft sich nicht in der Jungfrauengeburt. Es ist auch später noch erkennbar. Jesus wirkt Wunder, heilt Blinde, Lahme und Aussätzige, ernährt durch Vermehrung von Broten und Fischen die Hungrigen, ja er macht sogar Tote wieder lebendig. Auch die Natur ist seinem Willen unterworfen. Er beruhigt den Sturm auf dem Meer und wandelt auf einem See, ohne unterzugehen. All dies deutet für die Juden auf eine spezielle Heilszeit hin, die auf die Endzeit und das Kommen des Messias hinweist. In hellenistischem Milieu werden derartige Wunderheilkräfte von allen Großen erwartet. So etwa berichtet Sueton in seinem Buch „Leben der Caesaren", daß auch Kaiser Vespasian Wunder gewirkt hat. Noch andere große Gestalten der Antike sind auf diese Weise berühmt geworden. Heilstätten und Wallfahrtsorte waren keine Seltenheit, von allen wurden Wundertaten berichtet. Die Christen brauchten sich also nicht zu schämen, wenn sie Gleiches von Jesus zu berichten hatten, sie konnten durchaus mithalten, und sie taten es. Dies wird besonders deutlich, wenn man die Lebensdarstellung des legendären Philosophen Apollonios von Tyana (1. Jahrhundert u. Z.), die uns Philostratos überliefert hat, mit den Jesusbiographien des 3. und 4. Jahrhunderts vergleicht. Die Vergöttlichung des Menschen bzw. das Herabkommen Gottes in die Welt des Menschen sind dabei wichtige Züge, die die weitere Entwicklung prägen und zur Hellenisierung des Christentums wesentlich beitragen.

Auch der Kaiserkult spielte in der Verkündigung des frühen Christentums eine wichtige Rolle. Jesus wurde der wahre „kyrios" genannt und damit von vornherein in Konkurrenz zum Kaiser gestellt. Die Christen nahmen dafür deutlich erkennbare Nachteile in Kauf. Sie lehnten die Verehrung des Kaisers ab und gerieten offen in Konflikt mit der Politik und der Staatsräson. Sie verweigerten den Fahneneid („sacramentum"), lehnten den Militärdienst in großer Zahl ab und sahen ihre Heiligung in ganz anderen Sakramenten: der Taufe und der Eucharistie als dem unbedingten Ja zu Jesus als „kyrios". Nach dem Fall des Römischen Westreiches (430) übernahmen sie immer mehr vom Kaiserkult in ihren Gottesdiensten. Dies galt für die liturgischen Gewänder ebenso wie für die liturgischen Gebärden (z. B. den Kniefall) und die liturgischen Formeln (z. B. den kaiserlichen Huldigungsruf: Kyrie eleison = Herr, erbarme dich).

Bezüglich der hellenistischen Popularphilosophie knüpfte man christlicherseits vor allem an die stoischen Morallehren an, die große Parallelen zur christlichen Vorstellung von der Nächstenliebe aufwiesen und deren praxisorientierte Handlungsanweisungen in Form der stoisch-kynischen Tugend- und Lasterkataloge sich in den Paulusbriefen des Neuen Testamentes wiederfinden. Epikuräisches Gedankengut dagegen findet sich nicht im Neuen Testament oder in den Schriften frühchristlicher Autoren. Nirgends ist von der „eudaimonía" (Glück) als erstrebenswertem Ideal oder versprochenem Ziel die Rede. Daraus folgt, daß das Christentum bei der Hellenisierung seiner Botschaft sehr bewußt selektiv vorgegangen ist und nicht einfach alles und jedes mit aufgenommen hat. Die bisherige Forschung hat diesen Selektionsmechanismus etwas vernachlässigt und zu wenig darauf geachtet, was alles nicht übernommen wurde, um erklären zu können, warum gerade das übernommen wurde, was de facto übernommen worden ist.

Die Übernahme ist am weitesten gediehen im Bereich der Gnosis. Sie ist so vielseitig geschehen, daß manche Autoren den Eindruck vermitteln, als hätte es Gnosis nur innerhalb des Christentums gegeben. Vor allem im Evangelium nach Johannes finden sich vielfältige Anspielungen auf Licht und Finsternis, auch das „Erkennen" spielt dort eine große Rolle. Die christlichen Gnostiker sehen in der Herabkunft des Sohnes im Lied der Perle ihren Herrn Jesus Christus, der die menschliche Seele an ihre wahre Heimat im Himmel bei Gott erinnert und somit dazu aufruft, die Seele aus dem Körper zu befreien. Dementsprechend findet sich in dieser Art von christlicher Gnosisliteratur auch ein gerüttelt Maß an Leibfeindlichkeit, die nicht selten in extrem strenger Askese ihren konkreten Ausdruck findet. Das Beharren auf der Einsicht als Heilsbedingung führt schließlich dazu, daß der Glaube als eine Art Vorstufe für noch nicht zur Einsicht Gelangte abgewertet und das Begreifen von allem als höchste Stufe religiöser Erkenntnis hingestellt werden.

Die verschiedenen christlichen Übernahmen hellenistischen Gedankengutes und die unterschiedlichen Jesusbilder in der judenchristlichen Tradition vermitteln einen Eindruck von der Vielgestaltigkeit des Christusglaubens in der Anfangszeit des Christentums und gewähren uns dadurch einen Blick in den Beginn der Geschichte der Kirche.

2.2.4 Der Beginn der Kirche

Die christliche Religion wird spätestens ab dem Ende des 1. Jahrhunderts in Form der Kirche als Institution für uns greifbar. Ein weiteres Merkmal ist ab der Mitte des 2. Jahrhunderts die philosophische Ausrichtung, die sich stark an antike Vorbilder anlehnt, neuplatonische Strömungen aufgreift, für die Theologie nutzbar macht und damit die Kirche zu einem wichtigen Kulturträger für die europäische Geistesgeschichte werden läßt. Schließlich ist auch die asketische Lebensweise zu erwähnen, die später im Mönchtum eine besondere Betonung erfährt.

Die *Kirche als Institution* ist mit Sicherheit ab dem Ende des 1. Jahrhunderts nachweisbar. Sie ergibt sich aus der Lektüre der erhaltenen Briefe des Ignatius von Antiochien (um 110 als Märtyrer des Glaubens gestorben) und des Polykarp, des Bischofs von Smyrna, der mit 86 Jahren den Märtyrertod stirbt (155/156 oder 167/168). Diese Briefe lassen erkennen, daß die Gemeinden hierarchisch geordnet sind, mit einem Bischof an der Spitze. Für die frühesten Anfänge des Christentums sind die Dinge weit weniger klar. Zwei Tendenzen stehen sich – nach Meinung vieler Forschender heute – gegenüber: das sogenannte petrinische Prinzip, das mit Petrus als dem obersten aller Apostel in Verbindung gebracht wird und eine proto-hierarchische Gemeindestruktur beinhaltet, und das sogenannte paulinische Prinzip, das an manchen Stellen der Paulusbriefe (daher der Name!) durchschimmert und eher eine Art proto-demokratischer Gemeindestruktur darstellt. Letztere nimmt an Bedeutung rasch ab, während die petrinische Struktur sich unbestreitbar durchsetzt. Ob bereits der historische Jesus an die Gründung einer Kirche gedacht hat und, falls dem so ist, welche Struktur er dafür gewollt hat, ist eine bis heute unentschiedene, aber heiß diskutierte Frage, hängt doch von ihrer Antwort die gesamte Legitimationsproblematik für die Kirchen, speziell die römisch-katholische und manche orthodoxe gegenüber einem anders gearteten Kirchenverständnis in den reformatorisch-evangelischen Kirchen, ab. Vieles spricht dafür, daß sich die feste hierarchische Struktur der Ämter erst im Laufe der Zeit entwickelt hat und dann allen Funktionsträgern ihren Ort zugewiesen hat, in hierarchisch aufsteigender Linie: den einfachen Gemeindemitgliedern, den Witwen, den Diakonen, den Priestern und dem Bischof. Alles spricht auch dafür, daß zunächst die Verbindung zwischen den einzelnen Gemeinden recht locker gewesen ist und erst im Laufe der Zeit stärker geworden und dann ihrerseits hierarchisch gegliedert worden ist. Anders wären die großen Unterschiede in den Christusbildern der einzelnen Schriften des Neuen Testamentes nicht erklärbar. Erst allmählich legt sich über alles eine vereinheitlichende Tendenz und Struktur und führt dazu, daß die Bischöfe untereinander in Kirchenprovinzen zusammengefaßt werden, an deren Spitze ein Patriarch steht, dem gegenüber die Bischöfe seiner Provinz weisungsgebunden sind. Das Verhältnis zwischen diesen Patriarchen wird danach zum Problem und uns beim geschichtlichen Überblick noch später beschäftigen, wenn es um die mögliche Vorrangstellung des Bischofs von Rom, des Papstes, gegenüber allen anderen Bischöfen der Christenheit geht.

Mit der zunehmenden Hierarchisierung geht eine wachsende Bedeutung des Amtes einher. Dies wird an dem Konflikt deutlich, der in der frühen Kirche aufgetreten und mit der Frage verknüpft gewesen ist, wem man Folge leisten soll, wenn Amtsträger und Charismatiker (d.h. vom Geist Gottes in besonderer Weise erfüllte Menschen) als Konkurrenten auftreten und um die Gunst der Gemeindemitglieder werben. Die Entscheidung fällt zugunsten der Amtsträger, denen sich die Charismatiker unterordnen müssen, und nicht umgekehrt, woraus eine Stärkung des Amtes gegenüber allen anderen Formen von Charisma abgeleitet werden darf.

Die *philosophische Ausrichtung* des Christentums setzt im 2. Jahrhundert in Anlehnung an die griechische Antike ein und wird dann im 3. und 4. Jahrhundert immer bedeutsamer. Als erster christlicher Philosoph kann der Märtyrer Justinus gelten. Er stammt aus Palästina, war hellenistisch erzogen worden, durchlief mehrere griechische Philosophenschulen stoischer wie pythagoreischer Ausrichtung, ließ sich dann in die Philosophie Platons einführen und kam schließlich unter Anleitung eines nicht näher bekannten Greises zu dem Schluß, daß alle philosophischen Lösungsversuche, die das

Wesen und die Unsterblichkeit der Seele ergründen wollten, unbefriedigend bleiben. Derart von der Philosophie und ihren Leistungen enttäuscht, kam er mit dem Christentum in Berührung, trat über und widmete von da ab sein Leben der Verteidigung des christlichen Glaubens als der allein zuverlässigen und brauchbaren Philosophie. Er gründete in Rom eine Schule. Nach einer alten Überlieferung wurde er mit sechs anderen in Rom um 160 seines christlichen Bekenntnisses wegen enthauptet.

Der folgenreichste philosophische Gedanke im Werk des Justin ist zweifellos seine Theorie vom „logos spermatikos" gewesen, durch die er die Brücke zwischen der alten Philosophie und dem Christentum geschlagen hat. Danach ist in Christus der göttliche Logos in seiner ganzen Fülle erschienen, jeder Mensch aber besitzt in seiner Vernunft einen Keim (griechisch: sperma) dieses Logos. Die Verwendung des Logos-Begriffes in diesem Zusammenhang ist mit Blick auf beide Traditionen gerechtfertigt. In der griechischen Philosophie meint Logos so etwas wie die Weltvernunft, die alles Dasein durchwaltet; in der christlichen Überlieferung bezieht sich der Logos-Begriff auf den Prolog des Johannes-Evangeliums, wo es heißt, daß am Anfang der Logos bei Gott, ja daß er Gott war und daß dieser Logos, das Wort, Fleisch geworden ist (Stichwort: Inkarnation) und in Jesus Christus unter uns gewohnt hat. Während Jesus Christus der Logos ist, haben die übrigen Menschen nur am Logos teil. Bei einigen Menschen, so lehrt Justin weiter, waren der Anteil an diesem – jetzt philosophisch verstandenen – Logos und damit die Befähigung für die Wahrheit besonders groß gewesen, so bei den jüdischen Propheten und unter den Griechen bei Heraklit und Sokrates. Folglich ist es möglich, die Philosophen, sofern sie nach der Vernunft gelehrt und gelebt haben, in einem gewissen Sinne schon als Christen vor Christus anzusehen; die Christen, die nach dem Erscheinen Christi leben, haben im Unterschied dazu die ganze und ungetrübte Wahrheit.

Mit seiner Theorie vom „logos spermatikos" hat Justin allen nachfolgenden christlichen Philosophen für lange Zeit den

Weg gewiesen. Sie konnten und durften ohne Scheu die gesamte griechisch-philosophische Tradition auf ihre Brauchbarkeit für die Erklärung des Glaubens hin durchforsten und großzügig alles übernehmen, was sich dafür eignete. Dies gilt im 3. Jahrhundert in gleicher Weise für die in Griechisch schreibenden gelehrten Theologen wie Klemens von Alexandrien oder Origines, wie es für die in Latein schreibenden westlichen Gelehrten und Theologen wie Minucius Felix, Tertullian oder Cyprian gilt. Durch sie alle wird die griechisch-philosophische Tradition fortgesetzt und innerhalb des Christentums weiterentwickelt. Aus der Religion einfacher Leute – man denke nur an die Zwölf (Apostel), die Jesus für seine Gefolgschaft ausgewählt hat und die in ihrer Mehrzahl, wenn nicht gar ausschließlich Fischer vom See Gennesaret waren – ist ab der Mitte des 2. Jahrhunderts in zunehmendem Maße eine Religion mit vielen Gelehrten und klassisch Gebildeten geworden, die in der geistigen Auseinandersetzung innerhalb des Römischen Reiches keinerlei Minderwertigkeitskomplexe zu haben brauchte. Dies galt sowohl hinsichtlich der Philosophie als auch mit Blick auf die Theologie.

In philosophischer Hinsicht wirkten vor allem die stoischen Lehren wie auch die (neu)platonische Tradition besonders befruchtend. Beide entwarfen Konzepte zum besseren Verstehen der Welt als eines von Vernunft (Logos) gesteuerten Kosmos. Gerade dadurch war die Beziehung zu einem Gott, der als Logos gesehen wird, deutlich und konnte somit unmittelbar theologisch umgesetzt werden. Theologisch wurde zudem ein Lehrsystem entwickelt, das die Bekenntnisformeln und liturgischen Praktiken in einen logischen Erklärungszusammenhang brachte, der einerseits den Systematisierungsanforderungen genügte und andererseits gerade dadurch nicht selten konzeptionelle Unterschiede zwischen den einzelnen Glaubenslehren deutlich werden ließ, die dann teilweise als Argumente bei den Richtungskämpfen innerhalb des Christentums ins Feld geführt wurden und Grundsatzentscheidungen für die einen gegen die anderen notwendig machten. Auf diese Weise kam es, daß das Christentum, noch bevor es im 4. Jahrhundert als Religion im Römischen Reich offiziell zugelassen wurde, bereits innerlich in mehrere Richtungen zerfallen war, die sich offenbar nicht mehr ohne weiteres auf einen Nenner bringen ließen. Aus diesem Grunde hat Kaiser Konstantin, schon kurz nachdem er das Christentum als Religion zugelassen hatte, eine Bischofsversammlung nach Nizäa (Nikaia) einberufen, um Klarheit über die Lehre herzustellen. Das Ziel wurde jedoch nicht erreicht, sondern war der Beginn dessen, was als erstes, morgenländisches Schisma im Folgenden näher thematisiert werden wird.

Justin hatte noch auf eine andere Weise die weitere Geschichte des Christentums nachhaltig beeinflußt. Er hob die *asketische Lebensweise* hervor und orientierte sich dabei an den philosophischen Schulen des Hellenismus.

> *Sie hatten den Begriff Askese aus dem ursprünglichen Bedeutungsgehalt der handwerklichen Fertigkeit und der sportlichen Ertüchtigung auf das Feld der menschlichen Vervollkommnung gezogen. Askese faßt dort alles Bemühen zusammen, das den Menschen zu einem vorgegebenen Ideal hinführen will: Verzichtleistungen und besondere körperliche und geistige Übungen. Die „Übung der Tugend" ist erstes Anliegen solcher Askese. Der Tugendkatalog und das angestrebte Ideal können dabei durchaus verschieden sein. Die asketische Praxis läuft weithin in gleichen Bahnen: Einschränkung der Nahrung, Zurückhaltung in materiellem Besitz, Beherrschung der menschlichen Triebe, besonders des Geschlechtstriebs, bis hin zur völligen geschlechtlichen Enthaltsamkeit.*[2]

Für Justin war es selbstverständlich, daß diese Askese ihrerseits im Christentum ihre Vervollkommnung und Vollendung finden müsse. Es genügte deshalb nicht, mit der Wiederholung der althergebrachten Tugend- und Lasterkataloge des Paulus im Neuen Testament oder einiger diesbezüglicher

2 Karl Suso Frank, Geschichte des christlichen Mönchtums, Darmstadt: Wiss. Buchgesellschaft, 5. verbesserte Aufl. 1993, 3.

Andeutungen bei Jesusworten in den Evangelien fotzufahren. Vollkommenes Christenleben hatte ein asketisch bestimmtes Leben zu sein. Dies zeigte sich einerseits bei den Wanderaposteln, die in Form der asketischen Heimatlosigkeit ihr radikales Christentum lebten. Andererseits förderte auch das Ideal der Ehelosigkeit innerhalb der Gemeinden selbst eine asketische Lebensweise und verstärkte den Eindruck, daß Askese als vorzügliche Äußerung religiöser Intensität eine hochwertige Lebensform ist, die im Diesseits höchsten Respekt verdient und im Jenseits besonders belohnt wird. Es versteht sich daher fast von selbst, daß irgendwann dieses Ideal sich verselbständigen und außerhalb der christlichen Gemeindestruktur eine eigene Existenzform begründen würde, wie wir sie ab dem Ende des 3. Jahrhunderts in Ägypten im aufkommenden Mönchtum finden. Seine erste Form war ein Sich-Zurückziehen (Anachorese). Der Asket zog sich aus der Gemeinde individuell zurück und nahm seinen Wohnsitz in der Wüste. Bald taten sich mehrere Asketen zusammen und bauten Einzelzellen, die innerhalb einer Gemeinschaftsanlage angesiedelt waren, so daß damit die Urform des Klosters vorgezeichnet war. Zum Kloster wurde das Ganze, als strenge Regeln für das Zusammenleben entwickelt wurden und die Abhängigkeit der einzelnen Mitglieder vom Vorsteher des Ganzen definiert war.

Neben dem durch die Philosophieschulen attraktiv gemachten Askese-Ideal war sicher noch ein weiteres Element für die Entstehung des Mönchtums mit ausschlaggebend: Askese als Martyrium-Ersatz. Während in den ersten Jahrhunderten den Christen, die bei einer Glaubensverfolgung gewaltsam umkamen, das ewige Leben bei Gott als sichere Belohnung für ihren Glaubenseinsatz winkte und manche sogar veranlaßte, sich selbst deshalb bei den Behörden anzuzeigen, um in diesen Genuß zu kommen, ist diese Heilsgewißheit durch die Abnahme der Gefahr einer Glaubensverfolgung geschwunden. In dieser Situation wird das Martyrium „spiritualiert" und auf die Verzichtaskese übertragen, weshalb besonders vom 4. Jahrhundert an das Asketenleben als

„herrliches Martyrium" der Friedenszeit gefeiert wird. Bezeichnend dafür ist, daß sich bis heute der Ausdruck „Abtötungsübung" (französisch: mortification) für einzelne Verzichtsaktionen erhalten hat. Das Mönchtum wird somit als lebenslanges Martyrium gedeutet, an dessen Ende die Krone des Lebens im Jenseits stehen soll.

Als Ergebnis kann daher aus der Gesamtentwicklung vom Ende des 1. bis zum Beginn des 4. Jahrhunderts festgehalten werden, daß das Christentum in mancherlei Hinsicht noch vielgestaltiger geworden ist: Da gibt es zum einen das Judenchristentum, das seinem semitischen Ursprung und Denken treu bleibt und an der jüdischen Herkunft (einschließlich der Beachtung der mosaischen Gesetze) festhält. Daneben gibt es das sogenannte Heidenchristentum, das Nichtchristen religiös Heimat bietet und die christliche Botschaft mittels hellenistischer Darstellungsformen und Vorstellungsweisen interpretiert, so daß die christliche Religion als eine Art Mysterienreligion auftritt und wohl auch so wahrgenommen wird. Die Zahl der Anhänger des sogenannten Heidenchristentums wächst beständig und verschiebt dadurch die Mehrheitsverhältnisse innerhalb des Christentums so sehr zu seinen Gunsten, daß bald vom Judenchristentum überhaupt nicht mehr die Rede sein wird, wenn die Entwicklung innerhalb des Christentums beschrieben wird. Des weiteren bilden sich zunehmend hierarchische Gemeindestrukturen heraus, sowohl innerhalb der einzelnen Gemeinden als auch zwischen ihnen im Kleinen (in Form von Kirchenprovinzen) wie im Großen (als Verbund der Kirchenprovinzen untereinander). Die Ämter werden feste Einrichtungen mit eindeutigen Zuständigkeitsbereichen und klar definierter Befehlsgewalt gegenüber anders gearteten Ansprüchen von seiten der Charismatiker. Ab dem 2. Jahrhundert wird das Christentum zudem für Gebildete attraktiv und hört auf, eine Gemeinschaft einfacher Leute zu sein. Die philosophische Ausrichtung geschieht in Konkurrenz zu und Fortführung von der griechischen Philosophie der Antike sowie der Stoa und des Neuplatonismus. Die auf diese Weise entstehende christliche

Philosophie kann sich als eigenständige und ebenbürtige Richtung innerhalb der späthellenistischen Philosophie etablieren und erreicht in ihrer theologischen Systematik ein bedeutendes Niveau, das allerdings auch die Entstehung von dogmatischen Schulrichtungen mit sich bringt, die unterschiedliche Christologien verkünden. Von ganz anderer Art ist schließlich eine interne Differenzierung innerhalb der Christen in solche, die die asketische Lebensweise wählen und sich für eine Art lebenslanges Martyrium auf dem Weg der totalen Hingabe an Jesus entscheiden (Mönchtum), und denen, die ihr Christentum ganz diesseitig in Familie und Beruf leben. All diese Entwicklungen sind nur möglich gewesen, weil sich der christliche Glaube schon vor seiner Zulassung als offiziell anerkannte Religion im Römischen Reich beträchtlich ausbreiten konnte. Dies bedeutet auch, daß seine Anhänger nicht permanent ihres Glaubens wegen verfolgt wurden. Glaubensverfolgungen und Martyrien waren die Ausnahme und nicht die Regel, häufig waren sie ohnehin mehr regionale als reichsweite Aktionen. Erst in der letzten Phase vor der staatlichen Anerkennung, d. h. von 249–311, kam es zu mehreren systematischen Christenverfolgungen. Sie waren Ausdruck eines bereits ideologisch geschwächten Römischen Reiches, das sich auf der Basis seiner herkömmlichen Reichsideologie erneuern wollte und dabei die Christen als Störenfriede und Ideologieverweigerer sah und entsprechend behandelte. Zu starken Auseinandersetzungen kam es damals innerhalb der Christen bezüglich der Frage, ob die, die während der Verfolgung ihren Glauben verleugnet hatten, nachher wieder in die Gemeinde aufgenommen werden sollten, wenn sie dies wollten. Die Amtskirche entschied sich zugunsten der Schwachgewordenen und sah darin einen Ausdruck christlichen Erbarmens und tätiger Nächstenliebe. Sie nahm diese Menschen nach gründlicher Prüfung und Leistung eines Bußaktes wieder in die Kirche auf, so daß die christliche Kirche bereits eine zahlenmäßig wie konzeptionell beachtenswerte Gruppe war, als Kaiser Konstantin die christliche Religion offiziell als Religionsgemeinschaft im Römischen Reich zuließ.

2.3 Christentum als Staatsreligion und das erste Schisma

Die Herrschaft von Kaiser Konstantin (306–337) brachte für die Christen eine wichtige Wende, weil Konstantin dem Christentum im ganzen Reich volle Gleichberechtigung mit den übrigen Religionen zuerkannte. Das dafür entscheidende Toleranzedikt von Mailand (313) wurde später unter Kaiser Julian (361–363) wieder zurückgenommen, weil erneut die römische Religion offiziell reaktiviert wurde. Die folgenden Kaiser waren zwar Christen, zeigten aber gegenüber der alten Religion schonende Zurückhaltung. Erst Kaiser Theodosius I. (379–395) machte das Christentum zur Staatsreligion, als deren Folge die Rechte der anderen Religionen und Kulte sowie deren finanzielle Basis für ihr Wirken sukzessive abgebaut wurden. Der Untergang des Weströmischen Reiches als Ergebnis einer Serie von Einfällen germanischer Stämme an der Wende vom 4. zum 5. Jahrhundert ist das vorläufige Ende dieses Prozesses im Westen. Die gesamte wechselvolle Geschichte, die hier angedeutet wurde, ist geprägt vom Bemühen um die dogmatisch-kirchliche Einheit, von der Schaffung einer christlichen Staatsmoral, vom Verlangen nach öffentlicher Darstellung und von der Mission unter Kelten und Germanen.

2.3.1 Dogmatisch-kirchliche Einheit und morgenländisches Schisma

Mit der Anerkennung des Christentums als offiziell zugelassene Religion im Römischen Reich hatte Kaiser Konstantin sicherlich die Hoffnung verbunden, eine einheitliche Reichsideologie zu haben, die als Basis dienen konnte, um den inneren Zusammenhalt des Reiches zu garantieren. Schnell aber mußte er erkennen, daß dieses nun öffentlich auftretende Christentum alles andere als einheitlich war, im Gegenteil, es stand vor einer Zerreißprobe, weil Gegensätze in Lehrfragen die Christen in unterschiedliche Lager spalteten. Abweichende Positionen gab es in Nordafrika und Ägypten. Zentraler Streitpunkt aber war reichsweit (vor allem im Osten) die Frage, wie das Verhältnis Jesu zu Gott und damit die Lehre über Gott zu formulieren ist. Wenn man den Berichten über diese Zeit Glauben schenken darf, so wurde auf allen Ebenen gestritten. Die Theologen kämpften mit spitzfindiger Argumentation, ob Jesus als Gott untergeordnet angesehen werden sollte (Subordinatianer) und folglich nur als „wesensähnlich" (griechisch: homoiousios) gegenüber Gott galt, wie es Arius und die nach ihm benannten Arianer vertraten, oder ob Jesus als „wesensgleich" (griechisch: homoousios), also auf eine Stufe mit Gott gestellt, verkündet werden sollte, wie es sich schließlich als verbindliche Lehre durchgesetzt hat. Der Streit der Theologen erschütterte auch das einfache Volk. Es kam vor, daß Käufer nur dann ihre Ware auf dem Markt erhielten, wenn sie auf die Frage des Verkäufers, ob sie für „homoiousios" oder „homoousios" seien, so antworteten, wie es der Verkäufer erwartete. Der Streit ging folglich um einen einzigen Buchstaben, um ein Jota, wie der griechische Buchstabe i heißt, er war aber von erschütternder Explosionskraft, wenn Kaiser Konstantin sein Reich auf christliche Grundlage stellen wollte.

Um dem Streit ein Ende zu setzen, lud Kaiser Konstantin 325 die Bischöfe nach Nizäa (Nikaia) in Kleinasien ein, um auf einer Bischofsversammlung (Konzil) eine Entscheidung herbeizuführen und ein einheitliches Bekenntnis durchzusetzen. Über dreihundert Bischöfe nahmen daran teil, nur fünf allerdings waren aus dem Westen des Römischen Reiches gekommen, der Bischof von Rom (Papst) entsandte zwei Priester als Vertretung, weil er sich selbst aufgrund seines fortgeschrittenen Alters diese Reise nicht zumuten wollte.

Das Konzil von Nizäa (Nikaia) endete mit einer Verurteilung der arianischen Lehre und mit dem Sieg der Formel „homoousios" und stellte somit Jesus auf eine Stufe mit Gott. Die unterlegene Partei gab sich damit jedoch nicht zufrieden sondern suchte nach neuen Ausdrucksformen, um beschluß-

konform, in der Sache aber kompromißlos ihre Position zum Ausdruck zu bringen. Die Folge war eine Reihe neuer Formulierungen sowie weiterer Konzilien, von denen die von Konstantinopel (381), Ephesus (431) und Chalzedon (Chalkedon, 451) die wichtigsten gewesen sind und zusammengenommen die Lehre festschrieben, die oben unter den Begriffen Inkarnation, Trinität und Soteriologie dargelegt worden ist.

Angesichts der Fülle von Positionen, die in diesem Zusammenhang vorgetragen und benannt worden sind, reicht es hier aus, zur Kenntnis zu nehmen, daß zahlreiche Modelle entwickelt worden sind, die alles zum Ziel hatten, entweder die Menschheit Jesu oder seine Gottheit einseitig hervorzuheben. Damit standen sie in jedem Fall im Widerspruch zu der durch die Konzilien festgelegten Lehrtradition der Zweinaturenlehre Jesu und des Trinitätsdogmas. Dem Monophysitismus wurde in all seinen Spielarten eine klare Absage erteilt.

Im Zusammenhang mit dieser Entwicklung verändert sich auch der Sprachgebrauch. Die Lehrsätze der genannten Konzilien werden „Dogmen" genannt. Gemeint sind damit Glaubensaussagen, die als „wahr" festgehalten werden. Abweichende Lehrschulen („Häresien") werden dadurch zu Irrlehren deklariert. In der Zeit vor den Konzilien wurden die verschiedenen philosophischen Schulen „Häresien" genannt, deren „Dogmen" (Lehrsätze) in sich stimmig sein mußten. Eine Aussage über die Wahrheit dieser Sätze war damit nicht verbunden. Dies war nach den Konzilien anders.

Politisch waren die bestehenden Glaubensunterschiede höchst brisant. Sicher war es aus der Sicht des Kaisers nicht wichtig, welche Richtung als die vorherrschende galt, was ihn dabei interessierte, war nur, daß eine einzige Lehrmeinung von allen Gläubigen im Reich als verbindlich anerkannt wurde, damit er das Reich darauf aufbauen konnte. Genau dies gelang nicht. Alle Anstrengungen, die Monophysiten zu bekehren, mißlangen. Die Ausbreitung des Islam nach Palästina, Syrien und Ägypten im 7. Jahrhundert verstärkte zudem das Bestreben nach Eigenständigkeit und förderte die Tendenz zur Abspaltung von der Reichskirche des Römischen Reiches, so daß in der Folgezeit aus den Häretikern (Irrlehrer) auch noch Schismatiker (Abgespaltene) wurden. Dies galt vornehmlich für die Monophysiten in Armenien, in Syrien und Mesopotamien, in Ägypten und Abessinien. Überall bildeten sich nationale Kirchen, die armenische, jakobitisch-syrische, koptisch-ägyptische und die abessinische Kirche, die sich auch kulturell immer mehr vom Griechentum trennten und heute noch bestehen. In Ägypten nannten und nennen sich ihre Anhänger Kopten, d.h. altägyptische Christen, während die Orthodoxen (= Rechtgläubigen, gemeint sind die Anhänger der Reichstheologie der Konzilien), meist Griechen, in Ägypten und Syrien als Melkiten, also als Kaiserliche (der Reichskirche Angehörige), bezeichnet wurden. Die auf diese Weise selbständig gewordenen Kirchen, die ihr jeweils eigenes Oberhaupt haben (daher der aus dem Griechischen hergeleitete Ausdruck: autokephale Kirchen), wurden in den folgenden Jahrhunderten von den orthodoxen Kirchen des Abendlandes (Europas) und insbesondere vom Papst in Rom umworben, um die alte Einheit wiederherzustellen. Mit Teilen der orientalischen Kirchen sind solche Vereinigungen auch zustande gekommen. Sofern es sich dabei um Vereinigungen mit der römisch-katholischen Kirche handelte, nannte man und nennt bis heute die mit Rom vereinten orientalischen Kirchen unierte Kirchen. Sie durften ihre Liturgie (einschließlich der Liturgiesprachen, z. B. Armenisch, Syrisch oder Koptisch) beibehalten und demonstrierten auf ihre Weise bis heute, daß die römisch-katholische Kirche mehr umfaßt als nur die lateinische Kirche.

Die konkrete Bilanz aus dem dogmatischen Streit um die richtige Lehre über Christus und Gott ist, daß die bis zu den ersten Konzilien de facto existierende Einheit im Christentum seither nicht mehr gegeben ist. Nationale Kirchen sind im Orient (Morgenland) und in Ägypten entstanden und haben sich von der Reichskirche losgesagt. Der Bruch zwischen Abendland (Europa) und Morgenland war definitiv. Man spricht daher vom morgenländischen Schisma, durch das weite Teile Vorderasiens und Nordafrikas kirchenpolitisch und kulturell sowie schließlich auch politisch eigene Wege gingen. Der Neuausrichtung entsprach auch die Missionsaktivität dieser Kirchen. Die koptische Kirche versuchte immer weiter südlich Fuß zu fassen und missionierte intensiv in Äthiopien, die autokephalen Kirchen Syriens und Mesopotamiens missionierten in Richtung Osten, sie weiteten ihren Einflußbereich nach Zentralasien, Indien (vgl. die syro-malabarische Kirche) und China hin aus und erlebten große Blütezeiten, die erst durch die Ausweitung des Islam nach Zentralasien und Indien zurückgegangen sind, weil der Kontakt mit der westasiatischen Zentrale nicht mehr aufrechterhalten werden konnte.

Jede größere Stadt des Vorderen Orients hat bis heute, wenn sie Bischofsstadt ist, mehrere christliche Bischöfe, so daß dort

– insbesondere in Jerusalem – die ganze Fülle orientalischer Kirchen neben den abendländischen präsent ist und an die hier dargestellte Phase aus der Christentumsgeschichte erinnert. Das morgenländische Schisma ist die erste große Spaltung innerhalb der Christenheit, aus der eine ganze Reihe orientalischer Kirchen hervorgegangen ist.

2.3.2 Schaffung einer christlichen Staatsmoral

Die Erwartungen, die Kaiser Konstantin mit der Anerkennung des Christentums als gleichberechtigter Religion im Römischen Reich verbunden hat, erschöpften sich nicht in der Reichstheologie bzw. -ideologie. Sie waren recht pragmatisch und konkret. Es galt von nun an, dem Christentum eine staatstragende Funktion zu geben. Man nennt diese Neuorientierung die Konstantinische Wende.

Das neue Verhältnis zwischen Staat und Kirche zeigt sich am deutlichsten in der Einstellung zum Staat. War das frühe Christentum aufgrund des Kaiserkultes eher zum Staat negativ und ablehnend eingestellt und hatte den Wehrdienst wegen des auf den Kaiser zu leistenden Treueeides meist abgelehnt, so galt es nun, ein positives Verhältnis zum Staat zu begründen und den Dienst mit der Waffe für erlaubt zu erklären. Unterstützt wurde das Ganze durch die Tatsache, daß Kaiser Konstantin die Bischöfe mit einer Vielzahl von Privilegien und Rechten ausstattete, sie aber wie seine Beamten behandelte und unbedingte Loyalität von ihnen verlangte. Eingriffe in die internen Angelegenheiten der Kirche nahm der Kaiser überall dort vor, wo es ihm notwendig erschien. Die neuen Rechte und Vorrechte der Kirche lockten auch neue Kreise als Bewerber für die Aufnahme ins Christentum an. Aus der Kirche der Elite, zu der vor allem tief gläubige, notfalls sogar zum Martyrium bereite Menschen gehörten, wurde nun eine Kirche der Massen, in der auch religiös weniger Interessierte, auf ihren eigenen Vorteil Bedachte um Aufnahme nachsuchten. Viele dieser Neuhinzugekommenen wollten liebgewonnene Praktiken aus vorchristlicher Zeit nicht aufgeben. So zogen

Verhaltensweisen und Denkvorstellungen mit ihnen ins Christentum ein, die man – wie etwa das Befragen von Horoskopen – zwar als Aberglaube theoretisch ablehnte, in der Praxis aber duldete.

Die nun entwickelten Handlungsanweisungen für idealtypisches christliches Verhalten wurden detaillierter und umfaßten auch das Verhältnis der Christen zum Staat und zu den Möglichkeiten seiner Verteidigung für den Fall eines Angriffes von außen. Aus der Religion, die das Heil des Einzelnen als Erlösung predigte, ist eine religiöse Unterweisung in Staatsmoral geworden. Zur Lösung der anstehenden Probleme wurde auf stoische und jüdische Vorbilder zurückgegriffen, so daß im Laufe der Zeit ein fein verästeltes Netz von Handlungsanweisungen entstand, in dem mehr oder weniger jeder Fall schon vorgesehen war. Diese Kasuistik (von Lateinisch: casus = Fall) prägte die christliche Morallehre bis in die Neuzeit hinein und vermittelte für viele den Eindruck, das Christentum sei mehr eine Morallehre als eine Glaubenslehre. Zudem überwog vielfach der Aspekt der Vorschriften und Verpflichtungen und überdeckte die Nächstenliebe bisweilen bis zur Unkenntlichkeit.

2.3.3 Öffentliche Darstellung

Das Öffentlichwerden des Christentums brachte auch neue Ausdrucksformen mit sich. Der Gottesdienst konnte und sollte nun in öffentlich zugänglichen Räumen abgehalten werden, und der neuen Vorrangstellung angemessen entstanden Prachtbauten, für die es keine Vorbilder gegeben hatte. Rasch nahm man dafür große Hallen, im Westen vorzugsweise Langhallen und im Osten des Reiches vornehmlich Zentralbauten, um die Gottesdienste zu feiern. Der alte Brauch, Gottesdienste über den Gräbern von Märtyrern zu feiern, wurde insofern beibehalten, als man nun dazu überging, wenigstens einige Knochen dieser Märtyrer oder Heiligen zu transferieren und in die Altäre der neuerrichteten Kirchen einzulassen. Damit stieg die

Nachfrage nach derartigen „Überresten" (lateinisch: Reliquien).

Ein reger Reliquienhandel setzte ein und blieb bald nicht nur auf die sterblichen Überreste von Märtyrern und Heiligen beschränkt. Alles, womit diese Helden des Glaubens in Berührung gekommen waren, gewann an Bedeutung und wurde in die Reliquiensammlungen mit aufgenommen. Vor allem das Heilige Land wurde zur Fundstätte ersten Ranges und lieferte in großem Umfang Erinnerungsstücke an Jesus, die Heilige Familie und die Apostel. Als Beispiele hierfür sei die heilige Treppe genannt, über die Jesus zum Verhör geschritten sein soll, die dann nach Rom geschafft wurde und dort bis heute gegenüber der Lateranbasilika in einer kleinen Kapelle zu besichtigen ist. Weitere Beispiele sind der heilige Rock, der heute in Trier zu finden ist, und das Grabtuch Jesu, das in Turin verehrt wird. Ferner lassen sich nennen das Haus der Maria (heute in Loreto), Kleidungsstücke Mariens (heute in Trier), die Gebeine der heiligen drei Könige (heute in Köln) und vieles andere mehr.

Der Reliquienhandel war ein einträgliches Geschäft, das zwischen dem Orient und verschiedenen Ländern Europas blühte. Neben dem Handel gab es den Raub von Reliquien, der die begehrten Objekte an andere Orte brachte, die oft dadurch profitierten, daß dann Wallfahrten einsetzten und regional die Wirtschaft ankurbelten.

Wertvolle Reliquien machten wertvolle Bauten und kostbare Aufbewahrungsschreine erforderlich, so daß auch die Kunst in hohem Maße dadurch gefördert wurde. Bildliche Darstellungen erzählten auf ihre Weise die Geschichte der hier verehrten Objekte.

Die Frage, ob Jesus, Maria oder Gott bildlich dargestellt werden dürften, war ein Streitpunkt innerhalb der christlichen Kirche. Die frühe Kirche hatte sich nämlich an das Bildverbot der Hebräischen Bibel als eines der Zehn Gebote gehalten und in Anlehnung an diese Tradition gegen die bildlichen Darstellungen griechischer Götter polemisiert. Im Zuge der Etablierung des Christentums als Staatsreligion wurde dieses biblische Darstellungsverbot allmählich gelokkert. Die Meinung dazu war jedoch unter den Christen alles andere als einhellig, ja bis heute finden sich neben bilderbefürwortenden Christen auch bilderstürmerische. Der Streit war langwierig und durchlief verschiedene Etappen. Auch auf der Ebene der Verordnungen wurde unterschiedlich entschieden. So verbot ein kaiserliches Edikt von 730 die Verehrung der Bilder (Ikonen), eine Synode in Hiereia am Bosporus unterstützte 754 das Verbot und lieferte die dafür notwendige theologische Argumentation, das Konzil von Nizäa (Nikaia) im Jahre 787 dagegen entkräftete die 754 vorgebrachten Argumente und legte als Glaubenslehre fest: Die bildliche Darstellung Christi, der Mutter Gottes, der Engel und der Heiligen ist erlaubt. Durch das Ansehen der Bilder werden die Beschauenden zum Nachdenken angeregt und zur Nachahmung der dargestellten Urbilder aufgefordert. In Anlehnung an die Lehre Platons wurde als Begründung gesagt, daß hier nicht das Bild als solches verehrt werde, sondern die Verehrung (griechisch: Proskynesis) dem dargestellten Urbild (Prototyp) gälte und dadurch deutlich von der Anbetung (griechisch: latreia), die allein Gott gebühre, zu unterscheiden ist. Ein weiterer Gesichtspunkt kam noch hinzu. Man verwies im Osten des Reiches darauf, daß die bildliche Darstellung mit der Inkarnation ernst mache und Jesus als wirklichen Menschen darstelle. Auf diese Weise unterscheide man sich von den Kirchen, die eine andere Christologie vertreten und wie die Monophysiten die Menschheit Jesu nicht ganz wörtlich nähmen. Die westliche Argumentation zugunsten der bildlichen Darstellungen heiliger Szenen war die, darin eine „Bibel für die Armen" (lateinisch: biblia pauperum) zu sehen, die den des Lesens Unkundigen auf bildliche Weise die Inhalte der Bibel und des Glaubens näherbringen sollte.

Zur öffentlichen Darstellung der Kirche gehörten auch die Gewänder der Würdenträger. Hierfür stand bei den Bischöfen die Amtstracht der römischen Senatoren Pate, wobei der Bischof von Rom (Papst) nach dem Untergang des Weströmischen Reiches dazu überging, die amtliche Kleidung des römischen Kaisers in seiner Funktion als Oberpriester der römischen Religion anzulegen und diese Funktion des „höchsten Brückenbauers" (lateinisch: Pontifex maximus) christlich zu verstehen. Deshalb ist noch heute vom Pontifikat eines Papstes die Rede, wenn seine Regierungszeit gemeint ist. Die Papstmesse, das Pontifikalamt, dessen Bezeichnung erst später auch für feierliche Bischofsmessen verwendet worden ist, spiegelt daher hinsichtlich der Gewänder wie des Ablaufs vieles von den feierlichen Empfängen des römischen Kaisers wider und bietet von daher Einblick in eine längst untergegangene römische Kaiserwelt.

2.3.4 Christliche Mission unter Kelten und Germanen

Nach dem Zerfall des Weströmischen Reiches (476) blickte das Christentum über die bis dahin bestehenden Grenzen hinaus und leitete eine neue Missionswelle ein. Missionare wurden nach Irland, in den nördlichen Teil Großbritanniens und nach Mittel- und Norddeutschland geschickt, um den dort lebenden Menschen die Botschaft Christi zu bringen. Während Südengland und Südwestdeutschland sowie Frankreich bereits durch ihre Zugehörigkeit zum Römischen Reich seit langem christianisiert waren, bezog die nun einsetzende Christianisierung neue Gebiete mit ein. Sie war stark unterstützt durch das Mönchtum, das ab dem 6. Jahrhundert in Europa heimisch geworden war, und hatte von Rom aus den Auftrag, auf die Vorstellungswelt der zu Missionierenden positiv einzugehen. Dies gilt vor allem für die Wirkweise des Bonifatius (gest. 754) unter den Germanen. Das sicher bekannteste Beispiel einer solchen Anpassung ist das in niedersächsischer Sprache abgefaßte Epos „Heliand"(Heiland), das in etwa 6000 Versen das Leben Jesu nach den vier Evangelien erzählt. Der unbekannte geistliche Dichter, vermutlich selbst ein Sachse, sucht auf Veranlassung Ludwigs des Frommen um das Jahr 830 seinen frisch bekehrten Stammesgenossen die christlichen Heilswahrheiten in heimischen Gedankengängen nahezubringen. Er überträgt unbekümmert das Geschehen in deutsches Land und auf deutsche Verhältnisse. Christus erscheint als starker und milder Volkskönig, der mit seinen Recken, den Aposteln, durch die Lande zieht, um sein Volk zu erlösen.

Besonders ausgeprägt sind in der Mission der iro-schottischen Mönche die Betonung der inviduellen Sünde und Schuld und die Notwendigkeit des verzeihenden Erbarmens Gottes. Auf solche Weise kommt ein neuer Akzent in die Auslegung der christlichen Botschaft. Weströmische Vorbilder eines ethischen Rigorismus werden hierbei aufgegriffen und fortgeführt und behalten in Europa ihren Einfluß, bis sie in der Reformationszeit und den reformatorischen Kirchen eine erneute Akzentuierung erfahren.

Die letzten Bemerkungen verengen den Blick auf Westeuropa und greifen voraus auf das dritte große Schisma, das innerhalb Westeuropas. Bevor dies zur Sprache kommt, gilt es jedoch, das Abendland als ganzes zu betrachten und die dortige Entwicklung im Zusammenhang mit dem zweiten großen Schisma zu erwähnen.

2.4 Lateinischer Westen und orthodoxer Osten: das zweite Schisma

Nachdem nach einem halben Jahrtausend Christentum die Einheit langsam zerbrochen und die Kirche durch das morgenländische Schisma in ein abendländisch-reichstreues Christentum und eine Reihe unabhängiger, orientalischer Kirchen zerfallen waren, zeigten sich bald Risse auch innerhalb der abendländisch-reichstreuen Kirche selbst, die am Ende des 1. Jahrtausends zu einer Spaltung innerhalb des abendländischen Christentums führten. Auf diese Weise entstanden zwei unterschiedliche Typen von abendländischem Christentum: das lateinische im Westen und das orthodoxe im Osten. Damit verbunden war eine jeweils andere Sicht des Verhältnisses von Staat und Kirche. Zu Veränderungen kam es im Westen auch in der Konzeption des Mönchtums, in Theologie und Mystik sowie bei der Verteidigung des Glaubens nach außen in Form der Kreuzzüge und nach innen durch die Einrichtung der Inquisition.

2.4.1 Lateinisches und orthodoxes Christentum

Die Wurzeln des Konflikts, der schließlich 1054 zur endgültigen Spaltung (Schisma) geführt hat, liegen in der Zeit Konstantins. Dieser hatte 330 seine Hauptstadt von Rom nach Konstantinopel (das heutige Istanbul) verlegt und damit langfristig eine Entwicklung eingeleitet, bei der Alt-Rom durch Neu-Rom, d. h. Konstantinopel, ersetzt wurde. Infolge dessen verlagerte sich das politische Gewicht im Römischen Reich immer stärker nach Osten. In dem Maße, in dem Neu-Rom an Bedeutung gewann, hat Alt-Rom an Einfluß eingebüßt. So konnte es nicht ausbleiben, daß auch der Bischofssitz der neuen Hauptstadt eine Art Hauptstadtbonus erhielt und unter den Patriarchen des Ostens allmählich eine Ehrenvorrangstellung einnahm. Dies war vor allem dann weiter spürbar, als das Römische Reich im Westen untergegangen war (476) und allein das Römische Reich des Ostens für weitere tausend Jahre bestehen blieb.

Der Untergang des Römischen Reiches im Westen schuf ein Machtvakuum, aus dem der Bischof von Rom (Papst) gestärkt hervorging, hatte er doch – wie oben (2.3.3) beschrieben – in einem gewissen Sinne die Funktion des geistlichen Führers des Westreiches übernommen und sich – wie der römische Kaiser vorher – als „Pontifex Maximus", als Oberpriester des nun politisch verwaisten Reiches, verstanden.

Die Frage, die kirchenpolitisch in der Folgezeit immer stärker zu Auseinandersetzungen geführt hat, war, ob die Sonderrolle des Papstes politisch oder religiös begründet war. Neu-Rom neigte dazu, sie politisch zu begreifen. Demnach ging die Verlegung der Hauptstadt mit einer Schwächung Alt-Roms einher und bewirkte, daß nun der Bischof von Neu-Rom jenen Ehrenplatz einnehmen sollte, der vorher dem Bischof von Alt-Rom eingeräumt war. Man sprach deshalb von Konstantinopel

TV ES PETRVS
MVNDO

als dem „Zweiten Rom", das seinerseits nach dem Untergang des Oströmischen Reiches im Jahre 1453 von Moskau als dem „Dritten Rom" ersetzt werden sollte. Die Sonderstellung des jeweiligen Patriarchen war somit an die politische Führungsrolle der jeweiligen Staatsmacht geknüpft und hatte keine religiösen Gründe. Die Antwort des Bischofs von Rom dagegen fiel religiös aus. Er leitete die von ihm beanspruchte Vorrangstellung aus der Tatsache her, daß er der Nachfolger des Petrus als Bischof von Rom ist. Dies Privileg war von der politischen Entwicklung des Römischen Reiches und seiner Hauptstadt unabhängig und blieb, wenn dem so ist, für alle Zeiten in Rom, welche Rolle auch immer diese Stadt politisch spielen mag.

Als Beleg für die Sonderstellung des Petrus unter den Aposteln wurden vor allem drei Begebenheiten aus dem Neuen Testament herangezogen: Zum einen verwies man auf das Apostelkonzil, wo Petrus durch sein Votum offenbar den Ausschlag gab (vgl. im Neuen Testament Apostelgeschichte 15, 7 und den Brief an die Galater 2, 11). Die zweite Stelle stand im Evangelium nach Lukas, wo Jesus an Simon Petrus gewandt ihm vorhersagte, daß Petrus ihn während des bevorstehenden Prozesses gegen Jesus dreimal verleugnen werde und diese Verheißung mit den Worten einleitet: „Simon, Simon, der Satan hat verlangt, daß er euch wie Weizen sieben darf. Ich aber habe für dich gebetet, daß dein Glaube nicht erlischt. Und wenn du dich wieder bekehrt hast, dann stärke deine Brüder." (22, 31f) Die dritte Stelle schließlich findet sich im Evangelium nach Matthäus, wo Jesus seine Jünger fragt, für wen sie ihn halten, und der Text dann fortfährt: „Simon Petrus antwortete: Du bist der Messias, der Sohn des lebendigen Gottes! Jesus sagte zu ihm: Selig bist du, Simon Barjona; denn nicht Fleisch und Blut haben dir das offenbart, sondern mein Vater im Himmel. Ich aber sage dir: Du bist Petrus (d. i. Felsenmann), und auf diesen Felsen will ich meine Kirche bauen, und die Mächte der Unterwelt werden sie nicht überwältigen. Ich werde dir die Schlüssel des Himmelreiches geben; was du auf Erden binden wirst, das wird auch im Himmel gebunden sein, und was du auf Erden lösen wirst, das wird auch im

Himmel gelöst sein." (16, 16–19) Es ist hier vor allem die Weissagung: „Du bist Petrus (d. i. Felsenmann), und auf diesen Felsen will ich meine Kirche bauen, und die Mächte der Unterwelt werden sie nicht überwältigen" (Matthäus 16, 18), die die Diskussion um das Petrus- und Papstamt bis heute aus katholischer Sicht bestimmt.

Unter Verweis auf Matthäus 16, 18 beansprucht der römische Papst nicht nur, erster unter Gleichen zu sein (lateinisch: „primus inter pares"), d. h. einen Ehrenprimat, sondern er leitet daraus eine besondere Rechtsstellung für sich und sein Amt ab, d. h. einen Jurisdiktionsprimat. Der Anspruch darauf war es, der die ohnehin schon bestehenden Spannungen zwischen Rom und dem Patriarchen von Konstantinopel immer wieder angeheizt hat. Zur Legitimation der Spannungen wurden noch alle möglichen theologischen Spitzfindigkeiten wie etwa die Verurteilung der lateinischen Gebräuche des ungesäuerten Brotes bei der Feier des Meßopfers, der Ehelosigkeit (Zölibat) der Priester oder eine leicht abweichende Formulierung im Glaubensbekenntnis, das sogenannte Filioque, als Kampfmittel herangezogen. Im Kern aber war es ein Streit über die Kirchenstruktur und die Machtbefugnis einzelner Amtsträger.

All dies trat offen zutage, als im Jahre 1054 eine Delegation des Papstes unter Leitung des streitbaren Theologen und Kardinals Humbert von Silva Candida Konstantinopel besuchte, um ein militärisches Bündnis zwischen Kaiser Konstantin IX. Monomachus von Konstantinopel und dem Papst in Rom mit dem Ziel einer einheitlichen Politik gegenüber den Normannen in Süditalien vorzubereiten. Patriarch Cerularius von Konstantinopel sah darin eine Gefahr für seine eigene Rolle als Kirchenführer und befürchtete eine direkte Einflußnahme Roms auf seine Kirchenprovinz. Von daher hetzte er das Volk gegen die Lateiner auf und untersagte den päpstlichen Legaten die Feier der Messe. Diese reagierten ihrerseits mit Ablehnung und Arroganz. Humbert verfaßte daraufhin eine äußerst scharfe Bannbulle gegen den Patriarchen und seine Gesinnungsgenossen. Diese legten die päpstlichen Legaten am 16. Juli 1054 vor versammeltem Klerus und Volk auf den

Hauptaltar der Sophienkirche nieder und reisten ab. Die Reaktion des Patriarchen war heftig. Statt einzulenken, wie es die Delegation des Papstes gehofft hatte, exkommunizierte der Patriarch die Lateiner und vollzog damit den offenen Bruch zwischen der Westkirche und dem orthodoxen Osten. Auch der Kaiser konnte dies nicht mehr rückgängig machen. Als dann noch die Kreuzfahrer, besonders anläßlich des vierten Kreuzzuges (1202–1204), sich recht arrogant und herrschsüchtig gegenüber der griechischen Bevölkerung in Konstantinopel gebärdet hatten, war klar, daß alle Versuche, zu einer Einheit zurückzufinden, erst einmal für lange Zeit zum Scheitern verurteilt waren. Zwei unterschiedliche Typen von abendländischem Christentum hatten sich herausgebildet. Nicht nur sprachlich waren die beiden Hälften Europas verschieden (Lateinisch, Griechisch), auch politisch war das Verhältnis der Kirche zum Staat jeweils ein anderes. Damit einher gingen unterschiedliche Stile von Frömmigkeit, so daß weniger der Glaube in seinen dogmatischen Setzungen als vielmehr die Art, Christ zu sein, den wesentlichen Unterschied zwischen Ost und West ausmachte.

2.4.2 Verhältnis von Staat und Kirche

Der Fortbestand des Römischen Reiches im Osten bedeutete zugleich die Fortführung jenes Typs von Reichskirche, die von Kaiser Konstantin begründet worden war. Der Kaiser wurde als Stellvertreter Gottes auf Erden gefeiert. Er war christusähnlicher, weltlicher Priesterkönig, Träger allen Rechtes und selbst über den kirchlichen Verordnungen (Kanones) stehend. Seine Gewalt in der Kirche, in ihrer Lehrentwicklung, Gesetzgebung und Verwaltung wurde nur durch das göttliche Gesetz begrenzt. Unter diesem nicht ganz zu Recht als Cäsaropapismus bezeichneten theokratischen System waren Volkstum und Kirche sowie Kirche und Staat aufs engste miteinander verbunden. Die Patriarchen standen dabei deutlich unter dem Kaiser und handelten vielfach in seinem Auftrag. Diese Kirchenstruktur setzte sich auch dann noch fort, als das oströmische Reich untergegangen war und an seine Stelle nationale Herrscherhäuser traten wie die Zaren in Rußland oder serbische und rumänische Herrscher. In all diesen Fällen war es zu eigenständigen Patriarchaten unter der politischen Ägide der jeweiligen Herrscher gekommen. Die Ausübung der Religion war weitestgehend auf den kirchlich-liturgischen Raum beschränkt und verharrte über die Jahrhunderte in diesem Zustand. Zu großen Neuerungen kam es nicht, weder im Bereich der Theologie noch auf dem Gebiet der christlichen Philosophie, der Staatslehre oder der Kunst. Auch grundlegende Reformen des Mönchtums blieben aus. Die Kirche lebte weiter, als sei die Zeit stehen geblieben.

Ganz anders verlief die Entwicklung im Westen. Aus all den Untergangswirren des weströmischen Reiches ging der Papst gestärkt und letztlich als einzig intakte Führungsinstanz hervor. Er übernahm in der Folgezeit die geistige Führung in Mittel- und Westeuropa und stellte damit eine Art übernationales Bindeglied zwischen den Kirchenprovinzen dar, von dem sich lokale und regionale Herrscher in ihren Machtansprüchen legitimieren ließen. Während in Osteuropa der Kaiser über dem Patriarchen stand und ihn unter seine Fittiche nahm, erschien das Machtverhältnis im Westen geradezu umgekehrt. Dies war allerdings auch nicht ohne Probleme gewesen. Markantestes Beispiel für einen solchen Problemfall war der Investiturstreit Ende des 11. Jahrhunderts, bei dem es um die Priorität bei der Besetzung von Ämtern ging. Die Frage war, lag sie beim Papst oder beim Kaiser?

Es ist hier nicht der Ort, eine Verlaufsgeschichte des Investiturstreites zu liefern. Von Wichtigkeit in diesem Zusammenhang ist nur, daß sich dadurch zwei Lager bildeten: das kaiserliche und das kirchliche und daß ein jedes seine eigene Rechtsschule vorantrieb, was im Ansatz jene Zweiteilung der Welt begründete in das, was des Kaisers ist, und das, was Gottes ist (vgl. im Neuen Testament das Evangelium nach Matthäus 22, 21), aus der in der Neuzeit die Säkularisierungsvorstellungen im westeuropäischen Christentum entwickelt worden sind. Symbolisch stehen für diese Bipolarität die Entfaltung des Staatsrechts an der Universität Bologna und die Ausformung des Kirchenrechts, des sogenannten kanonischen Rechts in Rom.

In Form der juristischen Fakultät von Bologna war die erste kirchenunabhängige Wissenschaft entstanden, die frei von religiös-dogmatischen Vorgaben argumentierte und Freiräume gegenüber kirchlichen Auslegungsmonopolen beanspruchte. Andere Fakultäten folgten im Laufe der Zeit und legten so den Grundstein für unser heutiges Wissenschaftsverständnis.

Die Bedeutung der Zweiteilung der Bereiche kann für die Entwicklung der abendländischen Geistesgeschichte nicht hoch genug eingeschätzt werden. Weder Osteuropa noch die islamische Welt haben etwas Vergleichbares entwickelt und sind in der Folgezeit deshalb weiterhin auf dem Stand der Entwicklung stehen geblieben, den sie zu Beginn des Mittelalters erreicht hatten. Nur Westeuropa hat diesen Stand verlassen und sich in neue Gefilde vorgewagt, getrieben vom dauernden Konkurrenzkampf zweier recht unterschiedlicher Machtblöcke des kirchlichen und des kaiserlichen.

2.4.3 Veränderungen im Mönchtum der lateinischen Westkirche

Auseinandersetzungen gab es jedoch nicht nur zwischen den Machtblöcken Papst und Kaiser. Auch innerhalb der Domäne des Papstes bzw. der Kirche waren Auseinandersetzungen um den richtigen Kurs an der Tagesordnung. Ein besonders eindrucksvolles Beispiel hierfür waren die Veränderungen im Mönchtum der lateinischen Westkirche. Sie betrafen zum einen die Kritik an den bestehenden Formen des abendländischen Mönchtums und zum anderen die Suche nach neuen Formen zeitgemäßer Verwirklichung der Ideale des Glaubens.

Seit dem 6. Jahrhundert war das Mönchtum in Europa eine feste Institution geworden. Die Regel des Benedikt war für alle Mönche verbindlich und teilte den Tag in Phasen des Gebetes und der Arbeit (lateinisch: „ora et labora" = „bete und arbeite") ein. Ein weit verzweigtes Netz von Klöstern überzog

Europa und trug zur Urbarmachung unwirtlicher Gebiete wie zur Überlieferung von Kultur maßgeblich bei. Der ursprünglich anvisierte Weltverzicht ging jedoch im Laufe der Zeit immer mehr verloren. Wirtschaftlicher Reichtum der Klöster sowie die Versuche weltlicher Herrscher, Einfluß auf die Klöster zu nehmen und sich ihren Reichtum zunutze zu machen, leiteten eine Verweltlichung im Klosterleben ein, die nur noch wenig mit der ursprünglichen Gründungsabsicht dieser Klöster zu tun hatte. Von daher nimmt es nicht wunder, daß es zu Reformen innerhalb des Mönchtums gekommen ist.

Die wohl bekannteste Reformbewegung wurde durch Herzog Wilhelm von Aquitanien mit der Neugründung des Klosters in Cluny bei Mâcon in Burgund (um 908/910) eingeleitet. Strenge Beobachtung der Benediktregel, harte Askese, in der die Gehorsamsverpflichtung gegenüber dem Abt an erster Stelle stand, und besondere Pflege des liturgischen Gottesdienstes kennzeichneten den Geist des Klosters, das unter der Führung seiner berühmten Äbte [z. B. Berno (gest. 927) und Petrus Venerabilis (gest. 1156)] zur stärksten religiösen Kraft in der Kirche wurde. Dies war möglich, weil das Kloster direkt Rom unterstellt und somit dem Einflußbereich regionaler Kräfte – einschließlich dem des Ortsbischofs – entzogen war. Die freie Abtwahl durch die Mönche garantierte, daß nur ordensinterne Gesichtspunkte bei der Wahl eine Rolle spielten und politische Interessen von außen generell ausgeschaltet blieben.

Der Geist der cluniazensischen Reform erfaßte nicht nur ganz Frankreich, sondern wurde bald auch in Italien, Spanien, Deutschland und England spürbar, so daß man generell in der lateinischen Westkirche von einer Zeit der inneren, geistigen Erneuerung im Christentum sprechen konnte. Dazu gehörten auch noch weitere Ordensgründungen wie z. B. die Kartäuser, die Prämonstratenser und die Zisterzienser. Ihnen allen waren strenge Askese und eine gewisse Radikalisierung des klösterlichen Abgeschiedenheitsideals (Weltverzicht) gemeinsam. Bei den Kartäusern kam noch ein dauerhaftes Schweigegebot hinzu, um ihren Abschied von der Welt zu verdeutlichen.

Die bislang erwähnten Ordensgemeinschaften siedelten auf dem Lande und leisteten dort ihre Kultur- und teilweise auch Missionsarbeit. Sie waren an das Agrarsystem und die feudale Struktur gebunden. Den religiösen Bedürfnissen der Stadtbevölkerungen hatten sie nur wenig zu bieten. Ihren Bedürfnissen entsprachen ab dem Ende des 12. Jahrhunderts ganz andere Bewegungen, die teils außerhalb, teils innerhalb der Kirche angesiedelt gewesen waren. Die bekanntesten innerkirchlichen Bewegungen sind die Gründungen der Bettelorden des Dominikus (gest. 1221) und des Franz von Assisi (gest. 1226) sowie die 1228 aus dem Heiligen Land nach Europa übergesiedelten Karmeliter, die sich 1247 ebenfalls als Bettelorden konstituierten. Zu allen dreien gab es jeweils einen weiblichen Zweig, der ebenso stark wirkte wie der männliche Orden. Die Bettelorden verwiesen durch ihre bewußt gewählte Armut auf die besitzlosen Bevölkerungsschichten und solidarisierten sich teilweise mit ihnen. Sie kritisierten die reich und mächtig gewordene Kirche sowie die in wirtschaftlichem Reichtum aufblühende christliche Gesellschaft. Sie wandten sich vor allem den Armen und Notleidenden zu. In diesem Bemühen waren die Bettelorden nicht die einzigen. In zunehmendem Maße entstanden weitere Orden, die sich der Pflege der Armen und Kranken (z. B. die Hospitalorden) sowie der Betreuung von Pilgern auf ihrer Reise zu wichtigen Wallfahrtsstätten (z. B. die Ritterorden) zuwandten.

Das 13. Jahrhundert ist durch eine Vielzahl von Ordensgemeinschaften mit unterschiedlicher Ausrichtung gekennzeichnet. Alle berufen sich dabei auf die Bibel und erklären, daß sie durch intensives Bibelstudium zur Entdeckung ihrer spezifischen Sendung gekommen sind. Jede dieser Richtungen stellte einen oder mehrere Aspekte des christlichen Lebens in besonderer Weise heraus. Während die Reformorden der Cluniazenser, Kartäuser und Zisterzienser den Ernst der Berufung zum Mönchtum durch Weltverzicht unterstrichen, betonten vor allem die Franziskaner, Karmeliten und unter den Frauenorden die Beginen die tätige Nächstenliebe. Jesus ist für sie besonders nahe in den Kranken und Notleidenden, denen sie sich zuwenden.

Auf diese Weise sind insbesondere die Ordensreformen und die Neugründungen ein eindrucksvoller Beweis dafür, daß Bibellektüre und christliche Religionspraxis, wenn sie ernst genommen werden, zu Erneuerungen führen, die sich bis in den konkreten Alltag der Menschen hinein auswirken. Bei aller berechtigten Kritik, die gegenüber einzelnen Ausdrucksformen dieser Religiosität geäußert werden kann, bleibt doch als Faktum bestehen, daß sehr viel Engagement, das durch die Ordensmitglieder zugunsten der Armen, Kranken und Hilfsbedürftigen appellativ formuliert und konkret in die Tat umgesetzt worden ist, nicht entwickelt worden wäre, wenn es die christliche Aufforderung dazu nicht gegeben hätte. Dazu gehört allerdings auch ein Glaubenseifer für die Sache der Kirche und des Evangeliums, der für uns heute oft nur schwer nachvollziehbar ist.

2.4.4 Theologie und Mystik

Die Reformfreudigkeit, die das Ordenswesen grundlegend erneuerte, blieb nicht ohne Wirkung auf die Auslegung des Glaubens als solchen. Auch in der Theologie wurden neue Wege gegangen, die vor allem dem Glauben als einer Sichtweise des Daseins galten, die von der Vernunft Gebrauch machten (die lateinische Formel dafür lautet: fides quaerens intellectum) und diese in den Dienst des Glaubens stellten. Auf diese Weise entstand eine christliche Philosophie, die man heute als „Scholastik" bezeichnet und deren systematische Entwürfe über Gott und die Welt noch heute von Philosophen gelesen und diskutiert werden. Als „Vater der Scholastik" gilt Anselm von Canterbury (gest. 1109), der, aus dem Aosta-Tal in Italien stammend (deshalb heißt er noch heute auf Italienisch: Anselmo di Aosta), in Frankreich Theologie lehrte und schließlich Erzbischof von Canterbury wurde. Berühmte Vertreter dieser Richtung sind aus den Reihen der Dominikaner Albertus Magnus (gest. 1280), Thomas von Aquin (gest. 1274) und Meister Eckhard (gest. 1328), aus den Reihen der Franziskaner Bonaventura (gest. 1274) und Duns Scotus (gest. 1308).

Die besondere Leistung der Scholastik besteht darin, eine christliche Antwort auf den aus dem arabisch-islamischen Bereich bekannt gewordenen Aristotelismus gefunden zu haben. Dieser hatte nämlich den Platonismus, der seit Augustinus (gest. 430) die christliche Aussöhnung mit der griechischen Philosophie des Plato (gest. 348 oder 347 v. u. Z.) vollzogen hat, in Frage gestellt und durch einen anderen Zugang zu den Dingen ersetzt. Damit war für die Philosophie eine wesentliche Stütze weggefallen und war das religiöse Denken verunsichert worden, bis es der Scholastik, dabei vor allem Thomas von Aquin, gelang, die Philosophie des Aristoteles (gest. 322 v. u. Z.) mit der christlichen Theologie in Einklang zu bringen. Während Augustinus die Philosophie Platons dadurch ins Christentum integrierte, daß er den Himmel der Ideen des Platon mit dem gleichsetzte, was Gott von der Welt denkt, hat Thomas von Aquin „das erste unbewegte Bewegende" des Aristoteles mit Gott gleichgesetzt und diesen als das höchste Gute (lateinisch: summum bonum) verstanden, so daß die gesamte Philosophie des Aristoteles wie ein philosophischer Kommentar zum christlichen Glauben gelesen werden konnte.

Der stark spekulative Charakter mittelalterlicher Philosophie und Theologie darf jedoch nicht über die Tatsache hinwegtäuschen, daß all dies auch eine sehr praktische Seite hatte und vornehmlich als Anregung für die christliche Glaubensmeditation gedacht war. Dies zeigt sich vor allem in der Mystik, deren sicher berühmtester Vertreter der bereits erwähnte Meister Eckhard gewesen ist. Dieser ist wie alle übrigen stark in die mittelalterliche Theologie eingebunden. Seine Anthropologie ist trinitarisch angelegt. Mit Recht stellt daher Raphael Öchslin fest:

> *Durch das Sohn-Sein „öffnet sich uns ein Zugang zum Geheimnis der Trinität. Da uns im Sohn und durch den Sohn das wahre göttliche Leben offenbar gemacht wird, so ist auch seine Stellung in der Dreifaltigkeit von dieser Teilhabe nicht ausgenommen. Im Menschen, der vom Strom des dreifaltigen*

Lebens erfaßt wird, leuchtet deshalb ein Abglanz jeder der drei Personen auf. Er ‚erlebt' im eigentlichsten Wortsinne den dreieinigen Gott, und zwar durch das in die Seele gesprochene Wort Jesu.“[3]

Die tätige Nächstenliebe ist somit der konkrete Ausdruck für die emotional durchlebte mystische Liebe, deren systematischer Ausdruck in der spekulativen scholastischen Theologie gefunden wurde. Auf diese Weise wird Spekulatives, mystisch Betrachtendes (d.h. Kontemplatives) und Aktives in einem Einheitsprogramm zusammengebunden, das in dieser Geschlossenheit nur im Hochmittelalter vorgelegen hat. Eine solche Einheitssicht soll die bestehenden Unterschiede zwischen den Lehrtraditionen und Schulen nicht leugnen. Kaum eine Zeit war so vielgefächert wie das Hoch- und Spätmittelalter, was theologische Spekulationen und mystische Entwürfe angeht. Dementsprechend entluden sich Emotionen nicht nur mystisch im Erlebnis der Gotteserfahrung, sondern konnten durchaus auch den Eifer der Glaubensverteidigung anfeuern, so daß neben die praktische Nächstenliebe auch die glühende Glaubensverteidigung getreten ist.

2.4.5 Verteidigung des Glaubens: Kreuzzüge und Inquisition

Nachrichten, die christliche Pilger aus dem Heiligen Land in der zweiten Hälfte des 11. Jahrhunderts mitbrachten, sprachen von einer zunehmenden Bedrängnis der Christen durch die islamische Herrschaft im Vorderen Orient und legten für viele in Europa den Gedanken nahe, daß etwas zur Rettung der Christen dort und zur Rückgewinnung der Gebiete von seiten Europas unternommen werden müßte. So reifte in Westeuropa die Bereitschaft zur Intervention, die als Unterstützung der oströmischen Christen im Kampf gegen die Muslime gedacht,

3 Raphael Öchslin, Der Eine und Dreieinige in den deutschen Predigten, in Meister Eckhart der Prediger. Festschrift zum Eckhart-Gedenkjahr, hrsg. im Auftrag der Dominikaner-Provinz „Teutonia" von P. Udo M. Nix und P. Raphael Öchslin, Freiburg-Basel-Wien: Herder 1960, 149–166, hier 159.

aber mit Konstantinopel nicht abgesprochen war, so daß der Zug der Europäer über Konstantinopel nach Jerusalem von den oströmischen Christen wie eine Art Eroberungszug durch ihr Gebiet empfunden wurde.

Insgesamt sechs Kreuzzüge wurden in der Zeit von 1096–1254 von Westeuropa aus durchgeführt. Von anfänglichen militärischen Erfolgen einmal abgesehen, war die Bilanz als ganze bescheiden, gegen Ende hin sogar ausgesprochen negativ, denn das Heilige Land blieb unter islamischer Herrschaft. Es war klar geworden, daß militärisch gegen die Muslime nichts auszurichten war. Der Gedanke eines heiligen Krieges zur Verteidigung der Interessen des Christentums mußte mit Bezug auf das Heilige Land fallengelassen werden. Statt dessen ging man zur Mission gegenüber Muslimen über. Diese hatte aber aus verschiedenen Gründen keine großen Aussichten auf Erfolg und blieb bis heute ein eher erfolgloses Unterfangen, mit dem Ergebnis, daß nicht wenige Missionare, um überhaupt etwas an Erfolg zu sehen, dazu übergegangen sind, ihre Missionstätigkeit auf Mitglieder orientalischer Kirchen auszudehnen, statt unter Muslimen Mission zu treiben.

Innerhalb des Christentums war eine Folge der Kreuzzüge der definitive Bruch zwischen dem Christentum der lateinischen Westkirche und dem des orthodoxen Ostens gewesen, weil die Kreuzfahrerheere sich gegenüber der Bevölkerung in Konstantinopel und anderswo derart arrogant und wild benommen hatten, daß niemand mehr ein Interesse an einer Vereinigung mit den Menschen aus dem Westen hatte. Im Westen selbst wurde durch die Kreuzzugsidee die Einheit zwischen Rittertum und Glaubenskampf besiegelt und dabei sehr deutlich der Einsatz von Gewalt zur Verteidigung des Glaubens unterstrichen. Auf diese Weise wurden dann in Europa die Kämpfe gegen die Muslime in Spanien wie die zur Ausbreitung des Christentums im Baltikum sowie die Gründung von Ordensstaaten dort durchgeführt. All das war nur möglich, weil es in dieser Zeit zu einer der eigentümlichsten Erscheinungen des Mittelalters kam: dem Mönchsritter, der neben den üblichen Mönchsgelübden (Armut, Keuschheit, Gehorsam) noch die Verpflichtung zum Dienst an den erschöpften und erkrankten Pilgern und zum Schutz der Heiligen Stätten gegen die Ungläubigen mit Waffengewalt übernommen hatte. Es wurde üblich, gegen Irrlehrer jeglicher Art mit Gewalt vorzugehen, wobei Staat und Kirche oft gemeinsame Sache bei der Bekämpfung von Häretikern machten.

Die gewaltsame Verfolgung von Häretikern und Abweichlern durch Vertreter der Kirche ist unter dem Stichwort Inquisition bekannt. Es sind damit Prozeßverfahren gemeint, in denen der Häresie (später auch der Hexerei) Angeklagte auf ihre Rechtgläubigkeit hin überprüft und, wenn sie als schuldig im Sinne der Anklage angesehen wurden, entweder der Kirche oder dem Staat zur Vollstreckung des Urteils übergeben worden sind. Der im Kern positiv zu bewertende Gedanke, solche Anklagen in Form eines gerichtlichen Verfahrens zu erhärten oder zu widerlegen, ist aus heutiger Sicht aufgrund der Verfahrensweise zu kritisieren. Zur Ermittlung von Aussagen sind nämlich auch Foltermethoden eingesetzt und dadurch sicher viele Geständnisse erzwungen worden, die nicht der tatsächlichen Feststellung von Sachverhalten dienlich waren. Aus diesem Grunde gehört die Geschichte der Inquisition zu den dunkelsten Kapiteln der Geschichte des Christentums. Sie zeigt – wie die Geschichte der Kreuzzüge und manch anderes auch –, daß das Christentum trotz seiner Botschaft von der Nächstenliebe und der Mit-Menschlichkeit Gottes gegenüber allen Menschen nicht davor gefeit gewesen ist, Grausamkeit und Gewalt zu rechtfertigen, und zwar nicht nur im weltlichen Bereich, sondern sogar um des Glaubens willen.

2.5 Protestantischer Norden und katholischer Süden: das dritte Schisma

Die dritte große Spaltung innerhalb des Christentums betraf die lateinische Westkirche im 16. Jahrhundert. Wieder war ungefähr ein halbes Jahrtausend seit der letzten großen Spaltung vergangen, als die lateinische Westkirche ihrerseits sich spaltete. Daraus hervorgegangen sind ein weitgehend katholischer Süden und ein eher protestantischer Norden. Die Spaltung tangiert vor allem das Kirchenverständnis sowie das Welt- und Missionsverständnis.

2.5.1 Kirchenverständnis

Fast gleichzeitig waren Martin Luther (gest. 1546) in Deutschland, Johannes Calvin (gest. 1564) und Ulrich Zwingli (gest. 1531) in der Schweiz aufgetreten und hatten grundlegende Reformen in der christlichen Kirche verlangt. Die drei genannten Reformatoren waren jedoch bei weitem nicht die einzigen, die in diesem Sinne votierten. Daneben gab es noch andere Strömungen wie die Wiedertäufer und den Humanismus, die alle darauf hinwiesen, daß eine neue Zeit angebrochen war. Dies zeigte sich auch politisch, denn dieser Ruf nach Veränderungen (die sogenannte Reformation) wäre niemals so erfolgreich gewesen, wäre er nicht vom Volk und einzelnen Fürsten unterstützt worden.

Das grundlegend Neue war ein verändertes Verständnis der Autorität und folglich ein neues Machtgefüge. An die Stelle der Auslegungskompetenz durch autorisierte Amtsträger sollte nach Luther, Calvin und Zwingli die Erleuchtung durch den Heiligen Geist treten, die jedem Gläubigen von Gott geschenkt und durch die Lektüre des Wortes Gottes (d.h. der Bibel) erlangt werden sollte. Allein durch den Glauben (lateinisch: sola fide), allein durch die heilige Schrift (lateinisch: sola scriptura) und allein durch die göttliche Gnade (lateinisch: sola gratia), so lehrte Luther, werde das ewige Heil erlangt. Damit waren Absagen erteilt an die Werkfrömmigkeit, bei der es vor allem auf das Tun ankam, an das Lehramt der Kirche, das durch seine Auslegungskompetenz Bibel und Tradition interpretierte, und an die Kirche, die als Heilsmittlerin den Weg zu Gott verwaltete. Als theologische Begründung für diesen Neuansatz galt ein Satz im Neuen Testament im 1. Petrusbrief, der sich an alle Christen richtet und da lautet: „Ihr seid ein auserwähltes

Geschlecht, eine königliche Priesterschaft, ein heiliger Stamm, ein Volk, das sein besonderes Eigentum wurde, damit ihr die großen Taten dessen verkündet, der euch aus der Finsternis in sein wunderbares Licht gerufen hat." (1 Petr 2, 9) Dieses allgemeine Priestertum aller Gläubigen sollte ausreichen, um das Heil zu erlangen, das besondere Weihepriestertum von religiösen Spezialisten war dafür nicht mehr erforderlich.

Auf diese Weise wurden die von den Reformatoren begründeten Kirchen als Laienkirchen konzipiert, die die Ämter in der Kirche nur noch als Dienstfunktionen begriffen, mit ihnen aber keine besonderen Gnadenprivilegien verbanden, wie dies in den hierarchisch strukturierten Kirchen des Morgenlandes, des orthodoxen Ostens Europas oder in der katholi-

schen Kirche gelehrt wird. Die reformatorischen Gemeindeverfassungen tragen durchaus proto-demokratische Züge und stellen damit ein Gesellschaftsmodell vor, das nicht mehr dem feudalen Staat des Mittelalters, sondern im Kern bereits den Vorstellungen der Neuzeit entspricht. Die starke Betonung des Bibelstudiums durch die Reformatoren war möglich, weil Gutenberg (gest. 1468) mit der Erfindung des Buchdruckes die Voraussetzung zur massenhaften Verbreitung von Schrifttum geschaffen und Luther mit seiner Bibelübersetzung den einfachen Christen Zugang zur Hauptquelle christlicher Überlieferung, der Bibel, verschafft hatte.

Die Ablehnung der Werkfrömmigkeit durch Luther hatte erfahrungsmäßige Gründe, die zum einen mit den spätmittelalterlichen Frömmigkeitsformen und zum anderen mit Luthers persönlicher Entwicklung zu tun hatten. Die Frömmigkeitsformen, die Luther kennengelernt hatte, waren von einem breit gefächerten Wallfahrtswesen und einer Ablaßpraxis geprägt, die beide den Gläubigen versprachen, sich durch Spenden von Sündenstrafen loszukaufen, gewissermaßen das ewige Seelenheil als ein Geschäft zwischen den Einzelnen, der Kirche und Gott im Jenseits zu verstehen. Gottes Gnade aber, so lehrte Luther, kann nicht verdient und in diesem Sinn erkauft werden, sondern sie ist ein Geschenk ohne Vorleistung. Luther kritisierte, daß Leistung in der Religion für das Heil eine Rolle spielen sollte. Das widersprach nicht nur seiner Auffassung von Religiosität und Frömmigkeit, es war zugleich für ihn eine erschreckende Vision gewesen, weil er glaubte, Gottes Forderungen niemals gerecht werden zu können. Deshalb erstarrte er vor Furcht, wenn jemand in seiner Gegenwart den Namen Jesus erwähnte. Der Gedanke des Gerichtes war Luther stets gegenwärtig und belastete ihn sehr; die Vorstellung, sich dafür durch gute Taten rüsten zu müssen, wirkte bei ihm wie ein Alptraum. Es ist von daher gut nachvollziehbar, wie befreiend für ihn die Einsicht gewesen sein muß, daß es auf all das nicht ankommt, weil Gott Gnade vor Recht ergehen läßt und den Sünder ungeachtet seiner Sünden als „gerecht“ und in diesem Sinn gerechtfertigt ansieht. Die erlösende Formel heißt daher: Nur auf die Gnade Gottes kommt es an, durch sie ist der Mensch „zugleich gerecht und Sünder“ (lateinisch: simul iustus et peccator).

Der Erfolg der reformatorischen Gedanken war sicher nicht nur durch die neue Theologie begründet. Er beruhte zu einem guten Teil auch auf Unabhängigkeitsbestrebungen, für die die reformatorische Theologie ein willkommener Anlaß war, um sich mit guten Gründen aus der Bevormundung von Papst und Kaiser zu befreien. Die Spaltung kam somit dem Geist der Zeit entgegen, obwohl sie auch viel Leid über die Menschen brachte, wenn man allein an die folgenden Religionskriege denkt.

Rom und – wie man ab jetzt zu Recht sagt – die römisch-katholische Kirche reagierten mit etwas Verspätung auf die Reformation durch das Konzil von Trient (1546–1563), bei dessen Sitzungen die Bischöfe aus Italien und Spanien stets die Mehrheit hatten. Die Entscheidungen des Konzils trugen den reformatorischen Anliegen insofern Rechnung, als einige notwendige Reformen akzeptiert wurden, in dogmatischer Hinsicht aber deutliche Abgrenzungen zur Lehre der Reformatoren vorgenommen wurden. Schrift und Tradition wurden als die zwei Quellen des Glaubens für die katholische Kirche festgelegt, die Zahl der Sakramente wurde in Abgrenzung von den Reformatoren, die nach längerem Zögern nur zwei: Taufe und Abendmahl, zuließen, auf sieben festgesetzt (d.i. Taufe, Abendmahl, Buße, Firmung, Ehe, Priesterweihe und Letzte Ölung). Auch hinsichtlich des Umfanges der Heiligen Schrift (Bibel) wurden Entscheidungen getroffen. Galten bis dahin zwei Fassungen der Hebräischen Bibel, d.h. des Alten Testamentes, als Offenbarung: eine weniger umfangreiche Sammlung von Texten, die von den Reformatoren zugrunde gelegt wurde und im übrigen auch die für die Juden heute verbindliche Version ist, und eine etwas umfangreichere Textmenge, in der sich noch weitere Texte wie das Buch Daniel oder die Makkabäerbücher befanden, so legte das Konzil von Trient verbindlich fest, daß Katholiken die umfangreichere Textsammlung als ihr Altes Testament anzusehen haben. Schließlich wird durch das Konzil von Trient die mittelalterliche Transsubstantiationslehre für das Abendmahl als katholische Lehrauffassung festgeschrieben. Dies besagt, daß nach katholischer Lehre Brot und Wein durch die Wandlung (Konsekration) in der Messe für immer aufhören, Brot und Wein zu sein, sondern Leib und Blut Jesu sind, obwohl sie nach wie vor wie Brot und Wein aussehen. Sie werden also demnach in eine neue Substanz übergeführt (Transsubstantiation), während die Reformatoren entweder wie Luther an der realen Präsenz Jesu – jedoch nur während des Gottesdienstes – festhielten oder wie Zwingli von einer rein symbolischen Präsenz ausgingen, der keinerlei Realität zukommt. Nach katholischer Lehre ist der Vollzug der Konsekration an die Priesterweihe als besondere Befähigung gebunden. Diese Befähigung begründet zugleich den Charakter der Kirche als heilsvermittelnde Instanz und grenzt somit das katholische Kirchenverständnis vom protestantisch-reformatorischen ab.

Die nachreformatorische Entwicklung verstärkte die Tendenz zur Bildung kleiner Bibel- und Kirchengemeinschaften. Eine Vielzahl von Gruppierungen (Kirchen und Sekten) ist entstanden, die sich mehr oder weniger direkt auf die reformatorische Tradition beriefen und von daher ihren Weg rechtfertigten. Darunter gab es einige, die sich gegenüber den zeitgenössischen philosophischen Ansätzen sehr offen zeigten und aufklärerisches wie revolutionäres Gedankengut vertraten. Es gab aber auch solche, die sich gegen jede Neuerung wehrten, um in der ererbten Tradition zu verharren. Eine besondere Form engagierten Laienchristentums in Deutschland war und ist der Pietismus, der vornehmlich in der Gegend von Stuttgart, Wuppertal und Halle anzutreffen ist und dem es darum geht, durch regelmäßiges Bibelstudium Weisungen für den Alltag zu finden, um den schmalen Weg zum ewigen Leben zu gehen und den breiten, der ins Verderben führt, zu meiden (vgl. im Neuen Testament das Evangelium nach Matthäus 7, 13 f).

Die römisch-katholische Kirche ist aus dem Konzil von Trient gestärkt hervorgegangen. Sie hat zahlreiche Reformen eingeleitet und durchgeführt. Die hierarchische Struktur wurde konsequent durchgesetzt. An ihrer Spitze steht bis heute der Papst in Rom, der wie ein absoluter Monarch die Kirche regiert. Diese straffe Führung ging in Auseinandersetzung mit der Moderne mit einem starken inneren Zusammenhalt einher, der die Katholiken nicht selten nach außen abschottete und bisweilen eine Art geistiges Ghetto schuf, das nicht von Dauer sein konnte und Gegenreaktionen hervorrief.

2.5.2 Welt- und Missionsverständnis

Die Einstellung der Reformatoren zur Welt und zur Aufgabe des Christen in ihr ist nicht einheitlich. Luther ist davon überzeugt, daß man in Anlehnung an die Bibel und deren Auslegung bei Augustinus (gest. 430) zwischen zwei unterschiedlichen Bereichen unterscheiden müsse: dem Reich Gottes und dem Reich des Satans. Das erstgenannte ist geistlicher Art, das zweitgenannte weltlicher. In beiden herrscht Gott, doch muß der Christ aufgrund der Unterschiedlichkeit dieser Reiche beide klar voneinander unterscheiden, denn im erstgenannten führt Gott sein „Regiment" durch den Dienst der Verkündigung des Wortes Gottes, im Reich der Welt dagegen durch weltliche Herrschaftsformen. Das geistliche „Regiment" gilt daher der Vergegenwärtigung der in Christus geschehenen Versöhnung Gottes mit dem Menschen, der Auftrag des weltlichen „Regimentes" gilt der Erhaltung der Schöpfung Gottes vor den zerstörerischen Auswirkungen der menschlichen Sünde. In der Praxis sind daraus vielfach eine passive Haltung gegenüber den jeweils staatlich-gesellschaftlichen Verhältnissen und eine gewisse Inaktivität bei der Wahrnehmung christlicher Weltverantwortung geworden. Unter Verweis auf das Neue Testament, konkret in ihm auf den Brief des Paulus an die Römer, daß jede staatliche Gewalt von Gott sei (Römer 13, 1), hielt man den Gehorsam für höchste Bürgerpflicht und verhielt sich in der Geschichte der lutherischen Tradition meist auch so.

Im Unterschied zu Luther sah Calvin in der Welt den privilegierten Ort für die einzelnen Christen, um festzustellen, ob sie für den Himmel vorherbestimmt sind. Nach seiner Vorherbestimmungslehre (Prädestinationslehre) hat nämlich Gott von Ewigkeit her für jeden einzelnen Menschen dessen endgültiges Schicksal im Jenseits festgelegt. Da die Menschen den göttlichen Ratschluß nicht kennen, sind sie auf Erden hinsichtlich ihres späteren Schicksals im Unklaren. Lediglich einige, die für den Himmel vorherbestimmt sind, können dies an einem sicheren, untrüglichen Zeichen solcher Vorherbestimmung ablesen: am wirtschaftlichen Erfolg. Alle anderen bleiben im Ungewissen bis zum Letzten Gericht, wo ihnen Gottes Entscheidung mitgeteilt wird. Wie schon Max Weber (gest. 1920) in seinen Studien über die protestantische Ethik und den Geist des Kapitalismus festgestellt hat, wirkte die calvinistische Prädestinationslehre höchst motivierend auf ihre Anhänger, um sich in der Welt zu engagieren. Mit Blick auf die Zeit des Nationalsozialismus (1933–1945) läßt sich pauschal sagen, daß Protestanten der calvinistischen Tradition eher geneigt waren, sich der bekennenden Kirche anzuschließen und zum Widerstand gegen Hitler überzugehen, als dies für die Lutheraner in Deutschland gegolten hat.

Ein besonders lehrreicher Fall für christliche Weltverantwortung ist die Geschichte der USA, wo eine Reihe von christlich geprägten Gruppen – nicht zuletzt oft calvinistischer Tradition – maßgeblich zum „American Dream" vom Gelobten Land mit beigetragen haben. Ihr politisches Engagement war und ist wie das quietistische, d. h. unpolitische Verhalten anderer religiös gebundener Menschen der unmittelbare Ausdruck ihrer religiösen Überzeugungen bezüglich Weltverantwortung oder einem Sich-Fernhalten von der Welt.

Eine Art Sonderfall des Verhältnisses von Christentum und Politik ist die Zeit der europäischen Expansion bzw. des Kolonialismus. Seit Ende des 15. Jahrhunderts Amerika, das Kap der Guten Hoffnung und der Seeweg nach Indien entdeckt worden waren, gab es für Spanien und Portugal, dann auch für

Frankreich, die Niederlande, Großbritannien und Dänemark sowie schließlich für das Deutsche Reich viele Interessen, sich Kolonien und Herrschaftsräume außerhalb Europas zu sichern und dort ihre Herrschaft zusätzlich zu der im Heimatland auszuüben. Spanier, Portugiesen und Franzosen bezogen in diese Politik auch die Kirche mit ein und ließen das Evangelium in den neu dazugewonnenen Gebieten verkünden. Im Rückblick ist diese Mission mit vielen Fragezeichen versehen worden. Man sieht – von wenigen Ausnahmen abgesehen – eine starke kirchliche Einbindung in dieses Menschen unterjochende und ausbeutende System der Kolonieverwaltungen. Auch beim Sklavenhandel haben kirchliche Missionare zumindest sich weitestgehend schweigsam verhalten, sofern sie nicht offen daran partizipiert haben. Die Botschaft der christlichen Nächstenliebe bleibt so, bezogen auf diese Gebiete der Erde und die damalige Zeit, ein höchst fragwürdiges Unternehmen.

Die protestantischen Geistlichen standen dem Gedanken einer eventuellen Missionierung der neu dazugekommen Völker anfangs sehr reserviert gegenüber. Als der König von Dänemark an der Schwelle zum 18. Jahrhundert seine protestantischen Geistlichen zur Mission in Dänisch-Indien aufforderte, weil er fürchtete, daß die spanischen oder portugiesischen Missionare dort Mission betreiben und damit langfristig sein Gebiet unter eine iberische Krone bringen könnten, erntete er erbitterten Widerspruch und mußte sich an die Pietisten in Halle wenden. Diese waren zur Mission in Tranquebar bereit und begründeten so die halleisch-dänische Mission. Diesem Vorbild folgten dann im 19. Jahrhundert die meisten protestantischen Missionsgesellschaften, indem sie Missionare in die Kolonialgebiete ihrer Länder entsandten und damit zur Ausweitung des Protestantismus in Asien und Afrika sowie zum Teil auch in Australien, Ozeanien und Amerika beitrugen. All diese missionarischen Aktivitäten führten schließlich zu jener weltweiten Verbreitung des Christentums, die es nicht nur zahlenmäßig, sondern auch geographisch zur Weltreligion par excellence werden ließ.

2.6 Christentum heute

Die im zeitlichen Abstand von jeweils ungefähr fünfhundert Jahren erfolgten Spaltungen innerhalb des Christentums, zunächst zwischen Morgenland und Abendland, dann innerhalb des Abendlandes zwischen dem orthodoxen Osten und der lateinischen Westkirche und schließlich innerhalb der lateinischen Westkirche zwischen dem protestantischen-germanischen Norden und dem katholischen-romanischen Süden, haben eine Vielzahl von Kirchen, Sekten und religiösen Gruppierungen geschaffen, die das Christentum heute so verwirrend vielgestaltig erscheinen läßt, daß praktisch niemand mehr den Überblick über alle Richtungen und Tendenzen sowie Frömmigkeitstraditionen hat, die dadurch zum Ausdruck gebracht werden. Fügt man noch die Altkatholiken hinzu, die sich nach 1870 von der römisch-katholischen Kirche abgespalten haben, so sind damit alle historisch relevanten Ausprägungen des Christentums erfaßt. Wie bei der Entstehung der Spaltungen gilt auch mit Blick auf die neueste Zeit, daß nicht nur innertheologische Entwicklungen prägend gewirkt und zu Lehrunterschieden geführt haben. Zumindest genauso stark sind daran auch außerkirchliche Entwicklungen beteiligt gewesen und haben die Christen zu Stellungnahmen herausgefordert, die bis heute für die Optionen innerhalb des Christentums von ausschlaggebender Bedeutung sind. Sechs Bereiche davon sollen im Folgenden näher vorgestellt werden, nämlich Demokratie und Menschenrechte, Wissenschaft und religiöser Fundamentalismus, Politik und Religion, Ökumene und Konfessionalität, Einheit der Theologie und Inkulturation, Mission und Dialog der Religionen.

2.6.1 Demokratie und Menschenrechte

Der erste große Modernitätstest war für das Christentum in Westeuropa die Französische Revolution. Am 27. August 1789 erklärte die französische Nationalversammlung die Bürger-

und Menschenrechte feierlich zum Staatsgesetz und schaffte dadurch Standesunterschiede ab. Sie gestand allen Bürgern gleiche Wahlrechte zu, die mittelalterliche Ständeordnung war dadurch außer Kraft gesetzt. Religions- und Meinungsfreiheit wurden zu unveräußerlichen Rechten der Bürger erklärt. Die Vorstellung vom Staat sowie von seinen Bürgern hatte sich grundlegend geändert.

Der Staat war nicht mehr jene gottgewollte Instanz, der gegenüber man Gehorsam üben mußte. Der Staat war ab jetzt die Repräsentation der Anliegen und Wünsche seiner Bürger, gewählt vom Volk als dessen Repräsentanten. Alle Bürger des Staates hatten von nun an Rechte, die auch den Bereich der Religions-, Versammlungs- und Meinungsfreiheit umfaßten. Damit war alle Legitimation von der objektiven Ebene der gottgewollten Ordnung oder der objektiven Wahrheit auf die subjektive Ebene der Entscheidungsträger verlegt, auch wenn diese irren sollten. War vorher vorwiegend von Pflichten der Menschen gegenüber Gott, der Gemeinschaft und den anderen die Rede, so wurden nun Rechte formuliert, die unveräußerlich jedem Einzelnen gehörten und durch keine Macht der Welt eingeschränkt oder beseitigt werden konnten. Auch für Gott wurde hier keine Einschränkung vorgesehen. Es waren in der Tat revolutionäre, d.h. umstürzlerische Gedanken, wenn man sie mit den Vorstellungen der Zeiten davor vergleicht.

Roms Reaktion darauf blieb nicht aus. Bereits am 10. März 1791 schrieb Papst Pius VI. an Kardinal de la Rochefoucault in seinem berühmten Brief „Quod aliquantum": „Wo ist also jene Freiheit des Denkens und Handelns, die die Dekrete der Versammlung dem Menschen in der Gesellschaft zusprechen, solange das Recht der Natur selbst unwandelbar ist?"[4] Die Argumentation zeigt die Welten, die zwischen diesen beiden Denkvorstellungen liegen: Der Papst beruft sich auf das unwandelbare Naturrecht, das die Philosophie den Menschen

4 Zit. nach Carl Mirbt, Quellen zur Geschichte des Papsttums und des römischen Katholizismus, Tübingen: Mohr, 5. Aufl. 1939, 411.

erschließt; die Nationalversammlung in Paris proklamiert die Freiheit des Denkens und Handelns und beschäftigt sich an keiner Stelle mit dem Naturrecht. Unter Wahrheitsgesichtspunkten kann das Ganze nach Auffassung der Kirche nur zum Indifferentismus führen, gegen den Papst Gregor XVI. 1832 in seiner Enzyklika „Mirari vos" zu Felde zieht, weil aus ihm folgt: „jene absurde und irrige Meinung, oder noch mehr der Wahnsinn, daß für jeden beliebigen Gewissensfreiheit erklärt und beansprucht werden soll."[5] Dementsprechend lehnt auch Papst Leo XIII. 1888 in seiner Enzyklika „Libertas, praestantissimum naturae donum" die Gewissensfreiheit ab, „wenn sie so verstanden wird, daß es jedem nach eigenem Gutdünken freisteht, Gott zu verehren oder nicht zu verehren." (D 3250)[6] Der Papst zieht dann daraus den Schluß, „daß es keineswegs erlaubt ist, die Freiheit des Denkens, Schreibens, Lehrens und der Religionen zu fordern, zu verteidigen oder zu gewähren, gewissermaßen als Rechte, die die Natur dem Menschen gibt. Denn wenn die Natur (sie) wirklich gegeben hätte, dann wäre es rechtens, Gottes Herrschaft einzuschränken, da durch kein Gesetz die menschliche Freiheit gezügelt werden könnte." (D 3252)

Unter dem Eindruck der Erfahrung der Unterdrückung von Christen im 20. Jahrhundert ändert sich die päpstliche Position. Zum ersten Mal spricht Papst Pius XI. in seiner Enzyklika „Firmissimam constantiam" von 1937, die gegen die Revolution in Mexiko gerichtet ist, über „erste und fundamentale unversehrte Menschenrechte, etwas, was zum Wesen gehört", und davon, „daß außerdem die Würde der menschlichen Person zu schützen ist".[7] Papst Johannes XXIII. spricht sich dann offen in seiner Enzyklika „Mater et Magistra" von 1961 für die Anerkennung der Menschenrechte aus, und das II.

5 Acta Gregorii Papae XVI, vol. I, Pars Prima, Roma 1901, 172.

6 D = H. Denzinger – A. Schönmetzer, Enchiridion symbolorum, definitionum et declarationum de rebus fidei et morum, Barcinone-Friburgi Brisgoviae-Romae-Neo-Eboraci: Herder, ed. XXXII, 1963. Die Zahl bezieht sich auf die Nummer am Rande der Textabschnitte.

7 AAS XXIX/1937 S. 193. AAS = Acta Apostolicae Sedis, Romae: Typis Polyglottis Vaticanis.

Vatikanische Konzil nimmt all dies in seine „Erklärung über die Religionsfreiheit" (Dignitatis humanae) vom 7. Dezember 1965 auf, wenn es Nr. 6 formuliert:

> *Der Schutz und die Förderung der unverletzlichen Menschenrechte gehört wesenhaft zu den Pflichten einer jeden staatlichen Gewalt. Die Staatsgewalt muß also durch gerechte Gesetze und durch andere geeignete Mittel den Schutz der religiösen Freiheit aller Bürger wirksam und tatkräftig übernehmen und für die Förderung des religiösen Lebens günstige Bedingungen schaffen, damit die Bürger auch wirklich in der Lage sind, ihre religiösen Rechte auszuüben und die religiösen Pflichten zu erfüllen, und damit der Gesellschaft selber die Werte der Gerechtigkeit und des Friedens zugute kommen, die aus der Treue der Menschen gegenüber Gott und seinem heiligen Willen hervorgehen.*
> *[. . .] Endlich muß die Staatsgewalt dafür sorgen, daß die Gleichheit der Bürger vor dem Gesetz, die als solche zum Gemeinwohl der Gesellschaft gehört, niemals entweder offen oder auf verborgene Weise um der Religion willen verletzt wird und daß unter ihnen keine Diskriminierung geschieht.*
> *Hieraus folgt, daß es für die öffentliche Gewalt ein Unrecht wäre, den Bürgern durch Zwang oder Furcht oder auf andere Weise das Bekenntnis oder die Verwerfung irgendeiner Religion aufzuerlegen oder jemand daran zu hindern, sich einer religiösen Gemeinschaft anzuschließen oder sie zu verlassen. Um so mehr wird gegen den Willen Gottes und gegen die geheiligten Rechte der Person und der Völkerfamilie gehandelt, wenn auf irgendeine Weise Gewalt angewendet wird zur Zerstörung oder Behinderung der Religion, sei es im ganzen Menschengeschlecht oder in irgendeinem Lande oder in einer bestimmten Gemeinschaft.*

Das lange Ringen um die Anerkennung von Demokratie und Menschenrechten in der katholischen Kirche hat auch Parallelen im Protestantismus:

> *Gegen die neuzeitliche Formulierung der Menschenrechte erhoben evangelische Theologen und die evangelischen Kirchen in Deutschland lange Zeit Einwände. Diese Einwände hatten vor allem drei Gründe:*
> *a) Die Menschenrechte in ihrer kontinentalen Ausformung sind ihrer Theorie nach vorwiegend ein Ergebnis der Aufklä-*

rung; das stärker christliche Verständnis der Menschenrechte, wie es sich im angelsächsischen Rechtskreis fand und findet, hat sich auf dem Kontinent kaum durchgesetzt. Das Menschenbild der Aufklärung aber ist mit dem christlichen nicht identisch. Nach dem aufgeklärten Verständnis der Menschenrechte hat das einzelne, isolierte Individuum Rechtsansprüche für sich geltend zu machen; diese Rechte stehen ihm auf Grund seiner Vernunftnatur zu. Der christliche Glaube bestreitet dieses rationalistische Verständnis des Menschen insoweit, als es den Menschen auf sich selbst stellt und ihn aus sich selbst heraus versteht und erklärt.

b) Die Kritik der Theologie und der Kirchen galt ferner einem Verständnis der Menschenrechte, die durch manche Formulierungen der Menschenrechtskataloge nahegelegt scheint und nach dem die individuelle Selbstverwirklichung in Rechten oder Freiheiten als beherrschendes Ziel menschlicher Existenz gesehen wird. Einem solchen Verständnis der Menschenrechte, das der Bereitschaft zu ihrer ausgleichenden Verwirklichung für alle Menschen direkt entgegenwirken könnte, wurde und wird entgegengehalten, daß die Feststellung von Menschenrechten auch oder sogar zuerst als Feststellung von Pflichten, die Rechte anderer zu verwirklichen, verstanden werden muß.

c) Schließlich mußten die Menschenrechte in der Französischen Revolution politisch zum Teil gegen die damaligen Kirchen durchgesetzt werden. Mit Hilfe der Menschenrechtsidee löste sich eine Gesellschaft, die sich selbst als säkular, „weltlich" verstand, von der Kirche.

Heute wird im deutschen Protestantismus anerkannt, daß die Menschenrechte ihm als Hilfe zur Orientierung in seiner politischen und gesellschaftlichen Verantwortung dienen.[8]

Auch hinsichtlich der positiven Bewertung der Demokratie als Staatsform brauchte der Protestantismus in Deutschland recht lange, bis er sich dazu durchgerungen hat. Der Weimarer Republik stand er immer distanziert gegenüber, hat sich aber dann durch die Erfahrungen mit dem NS-Regime nach Gründung der Bundesrepublik Deutschland zu einer positiven Ein-

8 Die Menschenrechte im ökumenischen Gespräch. Beiträge der Kammer der Evangelischen Kirche in Deutschland für öffentliche Verantwortung, hrsg. von der Kirchenkanzlei der Evangelischen Kirche in Deutschland, Gütersloh: Mohn 1979, 13 f.

stellung durchgerungen, die 1985 in der Denkschrift der Evangelischen Kirche in Deutschland (EKD) unter dem Titel „Evangelische Kirche und freiheitliche Demokratie. Der Staat des Grundgesetzes als Angebot und Aufgabe" dargelegt worden ist. Im Unterschied zum Protestantismus in Deutschland hatten die Lutheraner in Skandinavien die Demokratie schon recht früh in diesem Jahrhundert ebenso unterstützt, wie es vor ihnen die Protestanten in England und Nordamerika getan haben.

Die positiven Stellungnahmen von katholischer wie evangelischer Seite zu Demokratie und Menschenrechten haben nicht nur nach außen gewirkt, sie haben auch nach innen Ansprüche angemeldet. So besteht bis heute die Forderung, daß auch kirchliche Bedienstete zur Verteidigung ihrer Rechte Gewerkschaften beitreten dürfen. Besonders innerhalb der römisch-katholischen Kirche hat dies zur Kritik an den monarchisch-hierarchischen Formen der Kirchenstruktur geführt. Mehr Mitspracherecht bei Entscheidungen wird verlangt, vor allem die Gleichstellung von Mann und Frau wird immer wieder gefordert und führt in vielen Kreisen zur Forderung der Priesterweihe für Frauen, was bislang von Rom strikt abgelehnt und wo jegliche Diskussion darüber untersagt wird. In vielen protestantischen Kirchen ist die Zulassung von Frauen zum Pastoren- wie zum Bischofsamt kein Problem mehr. In der anglikanischen Kirche hat die positive Entscheidung der Synode eine Reihe von Kirchenaustritten zur Folge gehabt. Das zeigt, daß auch die einzelnen Gläubigen in dieser Frage recht unterschiedlicher Meinung sind. Die Position der römisch-katholischen Kirche wie der orthodoxen Kirchen ist bislang – jedenfalls was die Amtsinhaber angeht – eindeutig. Sie beruft sich auf die Tradition, der zufolge die Apostel Männer waren und deshalb das Amt Männern vorbehalten sei. Ganz so eindeutig jedoch, so halten die Befürworter der Frauenordination dagegen, ist der Befund aus der frühchristlichen Tradition nicht. Sie verweisen darauf, daß vor allem in den Briefen des Paulus einige anderslautende Hinweise enthalten sind. In diesen Schriften begegnen uns zahlreiche weibliche „Mitarbeiter in Christus Jesus" (Römer 16, 3: Priska), „Mitkämpferinnen für das Evangelium" (Philipper 4, 2f: Evodia und Syntyche) oder „sich Abmühende im Herrn" (Römer 16, 12: Maria, Tryphanaea, Tryphosa, Persis) sowie weibliche Diakone (Römer 16, 1f: Phoebe), Leiterinnen von Hauskirchen (Kolosser 4, 15: Nymphia; Römer 16, 3–5: Priska mit ihrem Mann Aquila) und sogar ein weiblicher Apostel namens Junia (Römer 16, 7). Die Diskussion darüber scheint also noch nicht beendet zu sein.

Ähnliches läßt sich über den freiwilligen Verzicht auf Rechte sagen, der durch Ordensgelübde verlangt wird. Hardliner sind hier der Meinung, daß sich derartige Verzichtserklärungen mit der Gültigkeit der Menschenrechte deshalb nicht vereinbaren lassen, weil niemand auf diese Rechte verzichten kann, sondern jeder Mensch sie einfach hat und folglich auch jederzeit in Anspruch nehmen kann.

All dies lehrt, daß das neuzeitliche Denken, das Demokratie und Menschenrechte als wesentliche Elemente beinhaltet, nicht nur das Außenverhältnis des Christentums zur (politischen, gesellschaftlichen) Welt tangiert, sondern auch das Denken von Christen innerhalb der christlichen Kirchen erfaßt hat.

2.6.2 Wissenschaft und religiöser Fundamentalismus

Ein weiteres Feld der Auseinandersetzung war für das Christentum die Herausforderung durch die Ergebnisse der wissenschaftlichen Forschung. Dies betraf vor allem vier Bereiche: das Weltbild, die Abstammungslehre, die Psychologie und die historisch-kritische Bibelforschung, wobei die Aufzählung nicht dem chronologischen Auftreten der Probleme folgt, sondern einen inhaltlichen Zusammenhang zwischen diesen Forschungsergebnissen herstellt.

Die ersten zwei der genannten vier betreffen den Bereich „Christentum und Naturwissenschaft". Deshalb genügt hier eine pauschale Bemerkung, die von Marcuse stammt:

Nachdem Kopernikus der Menschen-Erde den zentralen Platz im Universum streitig gemacht, nachdem Darwin den Menschen des sechsten Tages entthront hatte, fügt Freud, wie er stolz zu Protokoll gab, „die dritte und empfindlichste Kränkung" seiner „naiven Eigenliebe" zu – in der Entdekkung: daß dieses bevorzugte Geschöpf Gottes „nicht einmal Herr im eigenen Hause" sei.[9]

Damit waren sukzessive alle Sonderrollen des Menschen beseitigt, die man aus der Bibel herausgelesen hatte. Obwohl der Konflikt um das heliozentrische Weltbild noch heute immer wieder zur Sprache gebracht wird, wenn es um das Verhältnis von Naturwissenschaft und christlichem Glauben geht, hat die christliche Theologie in fast all ihren Ausformungen darauf am besten reagiert, indem sie lehrt, daß die Bibel in der Sprache der Menschen ihrer Zeit geoffenbart worden sei und daher deren Weltbild, dem zufolge sich die Sonne um die Erde dreht, gelehrt werde. Mit dem Hinweis darauf, daß die Offenbarung nicht zur Belehrung in Fragen des Weltbildes, sondern des Gottesglaubens den Menschen geschenkt worden sei, wird die historische Bedingtheit des biblischen Weltbildes akzeptiert und daraus – von einigen ganz orthodox-konservativen Richtungen einmal abgesehen – der Schluß gezogen, die biblische Aussage sei richtig erfaßt, wenn man glaube, daß alles, was existiert, letztlich von Gott komme, also weder schon immer dagewesen noch durch Zufall entstanden oder aus dem Nichts hervorgegangen sei.

Die Antwort auf die Abstammungslehre nach Darwin (gest. 1882) fällt schon weniger eindeutig aus. Die Schwierigkeit besteht darin, der biblisch suggerierten Sonderstellung des Menschen Rechnung zu tragen, und dies, wenn schon nicht durch eine direkte Erschaffung durch Gott, so doch wenigstens durch einen besonderen Akt Gottes, in dem Gott dem

9 Herbert Marcuse, Sigmund Freud. Sein Bild vom Menschen, Hamburg 1964, 52 f, zit. nach Christoph Kolbe, Heilung oder Hindernis. Religion bei Freud, Adler, Fromm, Jung und Frankl, Stuttgart: Kreuz Verlag 1986, 20.

Menschen die Seele eingibt, ihn damit zum Menschen macht und von den Tieren unterscheidet.

Die dritte, durch Freud (gest. 1939) in die Welt gesetzte Kränkung betrifft die seelische Verfaßtheit des Menschen. Sie erweist sich weit weniger als vom Willen und der freien Entscheidung beeinflußt als vielmehr durch dunkle Triebkräfte gesteuert, gegen die der Mensch oft nicht anzugehen vermag und infolge dessen für sein Tun weit weniger verantwortlich ist, als dies das klassische Christentum und seine Anthropologie gelehrt haben. Diese dunklen Kräfte sind nicht mit der Sünde und ihren Auswirkungen gleichzusetzen. Sie sind daher nicht in das christliche Menschenbild integrierbar, denn sie stellen einen eigenen Wirkungsbereich von Kräften dar, der deshalb für die Beurteilung von Menschen und deren Tun höchst relevant ist, weil von ihnen der Grad der persönlichen Verantwortlichkeit der Menschen abhängig ist. Folglich steht dieser Erklärungsansatz zum Christentum theoretisch wie praktisch im Widerspruch. Theoretisch, weil er die relative Begrenztheit moralischer Appelle und Handlungsanweisungen aufzeigt, wenn Blockaden oder andersartige Interessen im nicht steuerbaren Triebbereich wirksam sind. Praktisch, weil es aus Therapiegründen durchaus geboten sein kann, Handlungen zuzulassen, die unter moralischen Gesichtspunkten verboten sind und auf keinen Fall geschehen dürfen. Die so beschriebenen Widersprüche bestehen nach wie vor fort, eine befriedigende Lösung ist – von einzelnen Grenzgängern einmal abgesehen – bislang nicht in Sicht.

Zu einer Herausforderung ganz anderer Art sind seit der Mitte des 19. Jahrhunderts die Sprach- und Kulturwissenschaften des Vorderen Orients, die Archäologie und Geschichtswissenschaft geworden. Eine Fülle bis dahin unbekannter Texte aus dem Alten Orient wie aus dem Hellenismus sind uns inzwischen bekannt geworden, die es gestatten, das Umfeld der Bibel besser kennenzulernen. Auf diese Weise konnte man begreifen, was an Wissen Allgemeingut im Vorderen Orient und was Sondergut der Bibel gewesen ist. Erschütternd wirkte beides: das Allgemeingut, wenn man akzeptieren mußte, daß es – wie etwa der Bericht über die große Flut (Sintflut) – keineswegs aus einer göttlichen Offenbarung herrührt, sondern weit verbreitetes Erzählgut des Vorderen Orients gewesen ist; das Sondergut, wenn man es im allgemeinen historischen Rahmen nicht unterbringen konnte, wie dies oben bei den Kindheitserzählungen für den historischen Jesus deutlich geworden ist. Archäologische Funde und Erkenntnisse der Geschichtswissenschaft runden dieses Bild über die biblische Zeit ab und werfen Fragen nach der historischen Glaubwürdigkeit bestimmter biblischer Berichte auf.

Die christliche Theologie hat auf diese Herausforderungen in zweifacher Weise reagiert: durch adaptierte Anpassung oder durch dogmatisch begründete Ablehnung.

Das Ergebnis der adaptierten Anpassung ist die historisch-kritische Bibelauslegung (Exegese), die den vorliegenden Text zunächst als historischen Text aus vergangenen Zeiten betrachtet und ihm keinerlei Sonderpositionen einräumt. Im Klartext heißt dies, daß etwa die Evangelien des Neuen Testamentes nicht anders gelesen werden, als andere literarische oder historische Quellen aus hellenistischer Zeit. Alle Fragen, die an diese gestellt werden können, dürfen folglich auch an die biblischen Texte gestellt werden, und wie bei allen anderen auch werden hier ebenfalls Widersprüche, Ungereimtheiten und unbeantwortete Fragen offengelegt. Auf einer zweiten Ebene des Fragens, die bei weitem nicht immer angeschlossen wird, ist dann die Frage nach der eigentlichen Botschaft, der Aussageabsicht, dem „Kerygma" des Textes zu stellen. Es ist leicht nachvollziehbar, daß die Antwort hierauf Spezialkenntnisse voraussetzt und nicht mit dem unmittelbaren Glauben eines unvoreingenommenen Bibellesers zu leisten ist.

Die Befürworter der Abschottung lehnen die adaptierte Anpassung als Anbiederung an den Zeitgeist ab und bestehen darauf, die Bibel so wörtlich zu nehmen, wie sie geschrieben ist. Sie nennen ohne Beschönigungen die wesentlichen Glaubensaussagen, also die essentials – wie wir heute sagen – oder die „fundamentals" – wie die amerikanischen Protestanten zu Beginn des 20. Jahrhunderts gesagt haben und deshalb als

„Fundamentalisten" bezeichnet wurden. Diese Aussagen stehen für sie nicht zur Disposition. Sie müssen geglaubt und verteidigt werden um jeden Preis. All ihre wissenschaftlichen Bemühungen sind darauf ausgerichtet, die kritischen Anfragen aus den Sprach- und Kulturwissenschaften des Vorderen Orients, der Archäologie und der Geschichtswissenschaft in ihrer Beweiskraft zu relativieren und darauf hinzuweisen, was alles noch fehlt, um hier von gesicherten Erkenntnissen sprechen zu können, die es notwendig machen würden, die Aussagen der Bibel in Frage zu stellen. Damit verweisen sie die Erkenntnisse der genannten Wissenschaften in den Bereich des Hypothesenwissens, dem sie ihr Glaubenswissen als Gewißheit entgegensetzen. Diese Vorgehensweise läßt erahnen, daß es sich bei ihnen oft um nicht weniger gute Fachleute handelt wie bei denen, die eine adaptierte Anpassung anstreben. Auf weniger qualifizierter Ebene herrscht dagegen oft ein reiner Dogmatismus, der bis zum Fanatismus gesteigert sein kann und mit plakativen Parolen wie „kein anderes Evangelium" seine Ausrichtung nach außen publik macht.

Wie im Fall der christlichen Stellungnahmen zu Demokratie und Menschenrechten ist auch bei der Auseinandersetzung mit den Ergebnissen der Wissenschaften vieles aus den Wissenschaften ins Christentum übernommen worden und hat dazu geführt, daß die Interpretation des christlichen Glaubens heute all dem Rechnung trägt und von daher anders ausfällt als die früherer Generationen. Dies ist selbst bei den Fundamentalisten so, da ihre Aussagen gegen bestimmte Ergebnisse von Wissenschaften formuliert sind und somit nicht einfach unverändert wiederholen, was frühere Generationen gesagt haben, auf die sie sich als Vorbilder und Kronzeugen berufen.

2.6.3 Politik und Religion

Durch die Französische Revolution (1789) ist die traditionelle Einheit von Thron und Altar gewaltsam aufgelöst worden. Obwohl die Revolution anfangs nicht antikirchlich orientiert gewesen war, setzte sich bald eine solche Tendenz durch und leitete eine Distanzierung der politischen Macht von den Einflüssen der Kirche ein. Die vollständige Verwirklichung dieses Konzeptes geschah erst viel später, die Grundorientierung moderner Politik aber war damit festgelegt. Dies bedeutete, daß von nun an atheistische und agnostische sowie religionskritische Kreise in der Politik einflußreich wurden und in Frankreich, Spanien und Italien im 19. Jahrhundert offen antiklerikal aufgetreten sind. Auch in protestantischen Ländern wie England und Deutschland zeigten die Impulse aus Frankreich Wirkung, so daß das gesamte westeuropäische Christentum langsam, aber stetig an politischem Einfluß verloren hat und die Politik vieler Länder säkularisiert wurde. Die Folge von alledem war die Trennung von Staat und Kirche, die unterschiedlich schnell und intensiv verwirklicht wurde und heute als Prinzip für die meisten Länder der Europäischen Union sowie darüber hinaus als richtungweisend gilt.

Einfluß können die Christen folglich auf die Politik je nach Land entweder durch ihr Engagement in Parteien, sofern möglich in christlichen Parteien, nehmen oder durch die Teilnahme an allgemeinen Wahlen. In beiden Fällen sind sie auf Kooperation mit Andersdenkenden angewiesen, wenn sie mehrheitsfähige Entscheidungen erreichen wollen. Im Zuge zunehmender Säkularisierung der Gesellschaft und eines spürbaren Rückgangs der Volkskirche durch Kirchenaustritte und weniger Taufen wird die Mehrheitsfähigkeit christlicher Grundwerte immer weniger selbstverständlich und die Basis für Kompromisse schmaler.

Die öffentliche Erwartung an die Kirchen und ihre Wahrnehmung im gesellschaftlich-politischen Raum betreffen vor allem die karitative Tätigkeit. In diesem Zusammenhang ist die Nachfrage nach Kindergärten, Schulen, Krankenhäusern, Sozialdiensten und Altenheimen in kirchlicher Trägerschaft besonders groß. In Deutschland beispielsweise ist dieser gesamte Bereich so stark ausgebaut, daß die Kirche das größte private Unternehmen geworden ist. In anderen Ländern ist dieser Anteil zwar geringer, aber insgesamt doch beträchtlich. Hinzu kommt das christliche Bemühen um Randgruppen in der Gesellschaft wie z. B. Suchtkranke, Gefangene und Flüchtlinge. Mit alledem nimmt die Kirche als Volk Gottes aktiv Anteil an der Weltgestaltung, wozu 1997 ein Wort des Rates der Evangelischen Kirche in Deutschland und der Deutschen Bischofskonferenz zur wirtschaftlichen und sozialen Lage in Deutschland „Für eine Zukunft in Solidarität und Gerechtigkeit" folgendes feststellt:

> *Das Volk Gottes lebt aus der Erinnerung an die Geschichte des Erbarmens Gottes; es erzählt immer wieder Geschichten des göttlichen Erbarmens und feiert es in seinen Festen. Daraus schöpft es Kraft und Zuversicht; es weiß sich dadurch zugleich motiviert zur barmherzigen und solidarischen Zuwendung zu den Armen, Schwachen und Benachteiligten. Das Erbarmen macht damit ernst, daß jeder menschlichen Person, auch den Schwachen und den mit Schuld Beladenen, eine unveräußerliche Würde zukommt. Dieser Schatz geschichtlicher Erinnerung hilft, den neuen Herausforderungen gerecht zu werden. (Nr. 96)*

Der Hinweis auf Gottes Erbarmen und die Erinnerung daran im Gottesdienst benennen die Basis und den Maßstab für das christliche Handeln in der Welt und beschreiben inhaltlich das, was durch die Kurzformel christlichen Glaubens in diesem Buch zum Ausdruck gebracht wird: *„Mach's wie Gott, werde Mensch!"* Geradezu programmatisch heißt es in dem zitierten Text deshalb zur Weltgestaltung und Verkündigung:

> *„Als Glaubensgemeinschaften verkündigen die Kirchen die biblische Botschaft von Gottes Zuwendung zu allen Menschen und Gottes Treue zu seiner Schöpfung. Als gottesdienstliche Gemeinschaften feiern sie Gottes gnädiges Erbarmen, das den Menschen immer wieder einen neuen Anfang schenkt. Als diakonische Gemeinschaften bemühen sie sich unmittelbar um Notleidende und Benachteiligte und setzen sich für die Verwirklichung einer solidarischen und gerechten Gesellschaft ein.*
> *Die Kirchen leben und wirken mitten in der Gesellschaft und nehmen deshalb an ihren Umbrüchen und Entwicklungen teil. Sie werden dabei von ihrer Berufung zur Solidarität mit den Armen geleitet und folgen der Bewegung*

Gottes, der sich vorrangig den Armen, Schwachen und Benachteiligten zugewandt hat, damit alle „Leben in Fülle haben“ (Johannes 10, 10).
Die Kirchen stehen in der biblischen und christlichen Tradition von Recht und Erbarmen. Gott fordert die Menschen ausdrücklich dazu auf, aus Erbarmen zu handeln und sich für Recht und Gerechtigkeit einzusetzen. Deshalb bemühen sich Christen um Arme, aber auch um gerechtere Strukturen in der Gesellschaft, die geeignet sind, Armut zu verhindern.“ (Nr. 248 f)

Die Aussagen unterstreichen das unbedingte Engagement für die Armen und Schwachen und lassen erahnen, daß bei der konkreten Umsetzung dieses Programmes christliche Kirchen durchaus unbequem für Politik und Gesellschaft werden können. Ein besonders markanter Fall davon ist in Deutschland das sogenannte Kirchenasyl, das in den letzten Jahren immer wieder Asylsuchenden gewährt worden ist, um sie vor staatlich verordneter Abschiebung zu schützen. In zahlreichen Fällen sind Kirchengemeinden aus christlicher Überzeugung offen zum Widerstand gegen die Staatsgewalt übergegangen. In vielen Ländern der sogenannten Dritten Welt prangern Christen Menschenrechtsverletzungen an und geraten dadurch ihrerseits oft sehr unter Druck von seiten der Herrschenden oder ihrer Helfershelfer. Ein anderer Bereich ist die zunehmende Kritik an unsozialen Konsequenzen, die sich aus der Wirtschaftspolitik ergeben.

Die Entwicklung in Deutschland zeigt – und das gilt in ähnlicher Weise auch für andere europäische Länder –, daß das christliche Engagement für die Armen und Benachteiligten bei weitem nicht mehr in allen Punkten mit der Politik bestehender christlicher Parteien übereinstimmt. Andererseits zeigt sich aber auch, daß etwa in Fragen der Moral (z. B. Abtreibung, Familienrecht im Sinne der Gleichstellung von gleichgeschlechtlichen Paaren mit Ehepaaren) die Konsensbildung in den christlichen Parteien von den moralischen Vorgaben kirchlicher Institutionen ihrerseits abweicht, so daß die Distanzierung zwischen kirchlichem Engagement und der Politik der christlichen Parteien aus beiderlei Sicht weiter voranschreitet, als das in der Vergangenheit der Fall gewesen ist.

Die christliche Morallehre stößt in der Öffentlichkeit zunehmend auf Kritik. Vor allem die katholische Lehre über Sexualität und Ehe/Familie findet immer weniger die Unterstützung breiter Bevölkerungsschichten. Sie wird auch nicht mehr in allen Punkten vom Kirchenvolk selbst mitgetragen. Es scheint, daß hier schon längst ein psychologisches Schisma zwischen den Amtsträgern und der Basis besteht. Die Frage wird daher für die Zukunft sein, ob es den Kirchenleitungen, insbesondere in der katholischen Kirche, gelingt, den Dialog mit der eigenen Basis über diese Fragen zu führen und zu gemeinsamen Lösungen zu kommen, und wie es nach außen gelingt, Kompromisse zu finden, um notwendige Gesetzesentwürfe und Verfahrensregeln in diesen Fragen in der Gesellschaft mehrheitsfähig werden zu lassen.

2.6.4 Ökumene und Konfessionalität

Die Vielgestaltigkeit des heutigen Christentums und die Vielzahl der christlichen Kirchen, Sekten und Gruppierungen ist bereits mehrfach angesprochen worden. Sie macht es nicht leicht, in alledem eine einheitliche, alle Christen verbindende Grundbotschaft durchschimmern zu sehen.

Die Spaltungen in der Christenheit wurden immer wieder als störend empfunden. Bereits im Mittelalter hat es Versuche zur Wiederherstellung der Einheit der Christen – vor allem zwischen der lateinischen Westkirche und dem orthodoxen Osten – gegeben. Berühmt werden das Versöhnungskonzil von Lyon (1274) und später das von Florenz (1439). Beide haben keinen durchschlagenden Erfolg gehabt, so daß die Trennung bestehen blieb.

Nach der großen Kirchenspaltung im Westen zwischen Katholiken und Protestanten (ab 1520), Katholiken und Anglikanern (1534) und Katholiken und Altkatholiken (1870) blieb die Sehnsucht nach der verlorenen Einheit doch immer wach, zur theologischen Forderung aber wurde sie erst 1910 im schottischen Edinburgh erhoben, als Teilnehmer einer Missionskonferenz im Namen der Kirchen Afrikas und Asiens die „alten Kirchen in Europa" baten, auf ihre Aufspaltung in Konfessionen im Dienste eines glaubhaften Zeugnisses vor der Welt zu verzichten.

Die theologische Reflexion setzte in größerem Maße ein. 1938 beschloß man bei einer Konferenz in Utrecht, mehr in dieser Richtung zu tun, und – verzögert durch die Wirren des Zweiten Weltkrieges (1939–1945) – kam es dann 1948 in Amsterdam zur Gründung des „Ökumenischen Rates der Kirchen", des sogenannten Weltkirchenrates, der ein Zusammenschluß von christlichen Kirchen, Sekten und Gruppierungen ist und zum Ziel hat, den Dialog zwischen den Mitgliedsorganisationen zu fördern und zur Klärung gemeinsamer Positionen beizutragen sowie zur Wahrnehmung einer gemeinsamen Verantwortung in der heutigen Welt aktiv zu werden. Der Weltkirchenrat hat seinen Sitz in Genf, ihm gehören heute weit über 300 Kirchen, Sekten und Gruppierungen an. Die römisch-katholische Kirche ist nicht Mitglied, sondern nur durch einen Beobachter vertreten.

Die Bezeichnung „ökumenisch" geht auf das Neue Testament zurück, wo das griechische Wort „oikumene" die „bewohnte Erde" meint und im Evangelium nach Matthäus (24, 14) „die ganze Welt" bezeichnet. Für die Theologen des frühen Christentums (die Kirchenväter) ist „ökumenisch" das, was die Gesamtheit der Christen angeht. In diesem Sinne werden die ersten (7) Konzilien „ökumenisch" genannt. Nach dem abendländischen Schisma von 1054 nennt die katholische Kirche all die Konzilien ökumenisch, zu denen die Gesamtheit ihrer Bischöfe zusammengerufen wird, während andererseits bis heute der (orthodoxe) Patriarch von Konstantinopel den Titel „ökumenischer Patriarch" führt. Mit Blick auf die ökumenische Bewegung und den „Ökumenischen Rat der Kirchen" bedeutet ökumenisch nach wie vor das, was alle Christen angeht und daher auf ihre Einheit und nicht auf die Trennung zwischen ihnen abzielt.

Grundlage für die Aufnahme von Kirchen in den Weltkirchenrat ist gemäß der Neuformulierung von New Delhi (1961) der Glaube an „den Herrn Jesus Christus als Gott und Heiland gemäß der Schrift und das Bemühen, zusammen der gemeinsamen Berufung zur Ehre des einen Gottes, des Vaters, des Sohnes und des Heiligen Geistes zu entsprechen".

Die Organisation des Weltkirchenrates besteht aus der großen Delegiertenversammlung mit Vertretern bzw. Vertreterinnen aus allen Mitgliedskirchen. Sie tritt alle 6–7 Jahre zusammen und legt die allgemeinen Leitlinien für die weitere Arbeit fest. Daneben gibt es ein Zentralkomitee und ein Exekutivkomitee mit einem Generalsekretär und sechs Präsidenten. Die meiste Arbeit geschieht in einer Reihe von Unterkommissionen, die nach Themenschwerpunkten (z. B. Glaube und Kirchenverfassung, Religionsfreiheit, Mission und Evangelisation) gebildet sind, Studien und Resolutionsvorschläge erstellen und den ständigen Gedankenaustausch auf allen Ebenen fördern sollen. In einigen dieser Unterkommissionen ist die römisch-katholische Kirche ordentliches Mitglied. Ansonsten unterhält die römisch-katholische Kirche eine eigene Institution für die Einheit der Christen, die als päpstliches „Sekretariat für die Einheit der Christen" während des II. Vatikanischen Konzils (1962–1965) gegründet und später in den „Päpstlichen Rat für die Einheit der Christen" umbenannt wurde.

Von Anfang an gab es zwei unterschiedliche Zielvorstellungen von der angestrebten Einheit. Die eine strebte eine vollständige organisatorische Einheit an, als Modell dafür dienten die mit Rom unierten orientalischen Kirchen, die zwar ihre Liturgie und Kirchensprache beibehielten, ansonsten aber vollständig in die römisch-katholische Kirche – einschließlich der Anerkennung des Jurisdiktionsprimates des Papstes – integriert worden sind. Die andere Zielvorstellung betont die Einheit in der Vielfalt und geht daher von einem Verbund weitgehend unabhängiger, selbständiger Kirchen aus. Eine jede davon muß folglich die Beschlüsse der Dachorganisation ihrerseits ratifizieren, um ihnen Gültigkeit zu verleihen, was in Einzelfragen zu erheblichen Meinungsunterschieden zwischen den Mitgliedsorganisationen führen kann, wie es sich beim Antirassismusprogramm des Weltkirchenrates in den siebziger Jahren des 20. Jahrhunderts gezeigt hat.

Vieles von dem, was bisher in der ökumenischen Arbeit geleistet wurde, ist in Form von Tagungen und Konferenzen geschehen, deren Ergebnisse nicht immer das Kirchenvolk der einzelnen Mitgliedskirchen erreicht haben. Manches ging im übrigen auch an den Interessen der Basis vorbei, weil es auf einem sehr hohen theologischen Spezialistenniveau angesiedelt war und damit die Bedürfnisse der sogenannten Laien nicht tangierte. Dazu gehört sicher das schwierige Kapitel der gegenseitigen Anerkennung der Ämter. Weit seltener waren Entscheidungen, die die Laien tatsächlich angingen: Fragen konfessionsverschiedener Mischehen, Fragen der sogenannten Interkommunion, d.h. des erlaubten Empfanges des Abendmahles bzw. der Kommunion, für den jeweils konfessionsverschiedenen Partner oder Fragen der Glaubenserziehung für Kinder aus konfessionsverschiedenen Mischehen. Bei nüchterner Betrachtung von außen scheint es, daß die sogenannten Laien die Einheit de facto längst vollzogen haben und sich oft nur noch darüber wundern, weshalb die offiziellen Vertreter ihrer Kirchen nicht schon so weit sind und immer noch Probleme sehen, die als solche für theologisch nicht speziell Geschulte kaum noch nachvollziehbar oder vermittelbar erscheinen. Andererseits bestehen nicht selten emotionale Sperren gegen eine zu rasche Vereinigung, die sich mehr an der eigenen Sozialisation oder den Frömmigkeitstraditionen und -stilen festmachen lassen als an tatsächlich bestehenden Unterschieden in der Lehre.

Was hiermit gemeint ist, läßt sich am besten bei einem Besuch der Grabeskirche in Jerusalem oder der Geburtskirche in Betlehem zeigen. Diese von allen Christen als Wallfahrtsstätten reklamierten Orte der christlichen Überlieferung wurden von den großen Konfessionen insofern als ihre eigenen angenommen, als es ihnen gelang, Kirchen ihres Stils dorthin zu bauen, weshalb beide Erinnerungsstätten aus mehreren

Kirchen in einem Gebäude bestehen. Offenbar ist es für Orthodoxe, Katholiken und Protestanten erst dann ihre Grabes- oder Geburtskirche, wenn sie einen Raum haben, der so aussieht wie ihre Kirche zu Hause. Daraus darf man den Schluß ziehen, daß Konfessionalität eine Art sozialen, emotionalen und kulturellen Heimatgefühls ist und von daher nicht einfach durch die Übernahme anderer Formen von Religiosität ersetzt werden kann. So gesehen, ist es wohl richtig, vom Fortbestehen der Konfessionalität trotz aller ökumenischen Ausrichtung im Sinne des einen christlichen Glaubens auszugehen.

Auf diesem Hintergrund erweist sich die ökumenische Bewegung als eine Bereicherung, weil sie die bislang getrennt nebeneinander bestehenden, auch manchmal gegeneinander gerichteten Frömmigkeitsstile und christlichen Sozialisationsformen als unterschiedliche Auslegungen der gemeinsamen biblischen Tradition darstellt und auf solche Weise zeigt, daß es in der Geschichte des Christentums viele Entwicklungen gegeben hat, ohne daß man gleich die jeweils andere als Abirrung verteufeln und ihre Verfechter als fehlgeleitet bekehren muß.

2.6.5 Einheit der Theologie und Inkulturation

Die Ausführungen über Judenchristen und Heidenchristen haben deutlich gemacht, daß das frühe Christentum seine Botschaft in griechisch-hellenistischer Begrifflichkeit darzubieten verstanden hat und auf diese Weise Menschen mit ganz anderen Erwartungen als denen des Messias anzusprechen und für die christliche Botschaft zu gewinnen vermochte. Auch bei der Germanenmission galt als Grundsatz, zu prüfen, wieviel von den Vorstellungen der Germanen ins Christentum integrierbar war.

Als im „Zeitalter der Entdeckungen" die sogenannte Heidenmission im großen Stil begann (16./17. Jahrhundert), waren die Zeichen der Zeit für derartige Anpassungen (Adaptationen) bei weitem nicht mehr so günstig wie in den zuvor genannten Epochen. Lediglich die Jesuiten, ein im 16. Jahrhundert gegründeter Orden der katholischen Kirche, versuchten eine möglichst weitgehende Adaptation, die von den Franziskanern und Dominikanern stark bekämpft und schließlich mit Hilfe Roms zu Fall gebracht wurde. Die bekanntesten Jesuitenmissionare der ersten erfolgreichen Zeit waren für Indien der Spanier Franz Xaver (gest. 1556), der Toskaner Roberto de Nobili (gest. 1656) und der Portugiese Johannes de Britto (gest. 1693), für China Matthäus Ricci aus Macerata (gest. 1610), Adam Schall aus Köln (gest. 1666) und der Flame Ferdinand Verbiest (gest. 1688).

Weil die zuletzt genannten und ihre Mitarbeiter in China die Verehrung des Weisen und Staatsmannes Konfuzius (gest. 479 v. u. Z.) und die Verehrung der Ahnen als bürgerlich-politische Sitte duldeten, als Gottesnamen die chinesischen Bezeichnungen Tien (= Himmel) und Schangti (= höchster Herr, Kaiser) verwendeten und gewisse Zeremonien bei der Taufe und der Letzten Ölung unterließen sowie Milderungen in den Kirchengeboten (Sonntagsfeier, Fasten) duldeten, wurden sie in Rom von den mit weniger Erfolg missionierenden Franziskanern und Dominikanern als nicht mehr rechtgläubig hingestellt.

Der Konflikt, der ein Jahrhundert andauerte und als „Ritenstreit" in die Geschichte einging, zeigt, wie unterschiedlich die Stimmung sogar in Rom in dieser Frage gewesen und wie letztlich durch den negativen Ausgang dieses Streites ein Werk zerschlagen worden ist, das größte Missionserfolge versprach. Deshalb seien hier mit Blick auf China die wichtigsten Etappen dieses Streites kurz angeführt.

1615 genehmigt Papst Paul V. den Gebrauch der chinesischen Sprache für die Messe. 1633 kommen die ersten Franziskaner und Dominikaner als Missionare nach China und bitten Rom, gegen die Adaptationspraxis, die sogenannte Akkomodation, wie sie von den Jesuiten erfolgreich angewandt wird, einzuschreiten. 1645 verwirft Papst Innozenz X. die wichtigsten der „chinesischen Gebräuche". 1656 gibt Papst Alexander VII. einige Riten als bürgerliche Bräuche wieder frei. 1698 werden sie von der Propaganda, der römischen Kongregation für die Glaubensverbreitung, wieder zurückgenommen. 1702 entsendet Papst Klemens XI. Bischof Tournon als apostolischen Legaten (Gesandten) nach China, um die Verhältnisse an Ort und Stelle untersuchen und regeln zu lassen. Der chinesische Kaiser läßt daraufhin Tournon die Bitte übermitteln, die Jesuitenmission in der sinisierten (d. h. an die chinesischen Sitten angepaßten) Form weiterhin zuzulassen, doch 1704 verbietet ein Dekret der Inquisitions-Kongregation in Rom die Konfuzius- und Ahnenverehrung für China, und Tournon untersagt seinerseits 1707 die chinesischen Riten, wobei er für den Fall der Nichtbeachtung dieses Verbotes mit dem Bann als Strafe droht. Daraufhin erkennt der chinesische Kaiser Kang-hsi, daß seiner Bitte nicht entsprochen wurde, verlangt mit größter Strenge die Einhaltung und Beachtung der Riten und läßt Tournon (seit 1707 Kardinal) verhaften und an die Portugiesen ausliefern, in deren Kolonie Macao Tournon 1710 stirbt. 1711 und 1715 erfolgt durch Papst Klemens XI. die Bestätigung der Tournonschen Entscheidung, doch lassen sich dadurch die Jesuiten in China (wie übigens bezüglich anderer vergleichbarer Fragen die in Indien) noch immer nicht ganz von der Akkomodation abbringen. Erst die Bulle „Ex quo singulari", die Papst Benedikt XIV. im Juli 1742 erläßt, setzt durch ihr striktes und kompromißloses Nein zur Akkomodation den Bemühungen der Jesuitenmissionare ein Ende.

Die Folge des „Ritenstreites" ist zunächst in China wie in Indien die gewesen, daß die Mission unter der Führungsschicht dieser Länder, die anfangs dem Christentum recht positiv gegenüberstand, keine großen Erfolge mehr hatte. Die spätere Geschichte zeigt, daß das Christentum in den genannten Ländern praktisch nicht mehr Fuß fassen konnte und eine Fremdreligion geblieben ist. Das Nein zur Akkomodation hat für die Mission im allgemeinen zugleich die Folge gehabt, daß Christianisierung nunmehr zugleich eine Art Europäisierung meinte, was sich in der Kolonialzeit in vielen Ländern – im übrigen auch in der Mission der Protestanten und Anglikaner – praktisch dahingehend ausgewirkt hat, daß die christlichen Missionare bei den sogenannten „Eingeborenen" die Erziehung zum Gehorsam gegenüber den Kolonialherren übernahmen, so wie es der katholische Missionstheoretiker Joseph Schmidlin 1913 programmatisch formuliert hat:

> *Die Mission ist es, die unsere Kolonien geistig und innerlich assimiliert* [...] *Durch Strafen und Gesetze kann der Staat den physischen Gehorsam erzwingen, die seelische Unterwürfigkeit der Eingeborenen bringt die Mission zustande.*[10]

Mit dem Überlegenheitsgefühl der Europäer gegenüber den unterworfenen Völkern gingen oft eine intellektuelle Arroganz und das Gefühl einher, daß die europäische der einheimischen Kultur dieser Völker haushoch überlegen sei. Theologisch kam die Überzeugung hinzu, daß es sich bei allen religiösen Ausdrucksformen dieser Menschen um primitive Formen von Aberglauben oder um irregeleitetes Heidentum handle, das eher aberzogen als respektiert oder gar ins Christentum integriert werden sollte.

Besonders interessant ist in diesem Zusammenhang die Auseinandersetzung in Indien, seit sich der sogenannte Neohinduismus im 19. Jahrhundert intensiv theologisch mit dem Christentum und vornehmlich mit der Person Jesu auseinanderzusetzen begann, von seiten der christlichen Missionare als Folge ihrer starren Dogmatik aber nur Ablehnung geerntet hat. Bereits der erste historische Konflikt dieser Art ist sehr lehrreich. Der Baptistenmissionar Joshua Marshman bekämpft 1820 Raja Rammohan Roys Buch „Precepts of Jesus – the Guide to Peace and Happiness", weil die Gottheit Jesu und das Sühneopfer Jesu am Kreuz darin zu kurz kommen, wie man aus Marshmans Buch „A Defense of the Deity and Atonement of Jesus Christ in Reply to Rammohan Roy of Calcutta" (London 1822) leicht sehen kann. Einer der ersten Vertreter einer christlichen indischen Theologie war Brahmo-

10 Zit. nach Horst Gründer, Christliche Mission und deutscher Imperialismus, Paderborn: Schöningh 1982, 330f.

bandhav Upadhyaya (gest. 1907), der mit dem bedeutenden Repräsentanten des Neohinduismus, Keshub Chunder Sen (gest. 1884), befreundet war und zusammen mit Swami Vivekananda (gest. 1902) durch den indischen Mystiker Sri Ramakrishna (gest. 1886) eine intensive Einführung in die Spiritualität des Hinduismus erfahren hat. Ursprünglich Anglikaner, war Upadhyaya zur katholischen Kirche übergetreten und wurde eine Art christlicher Sanyasi (Hindu-Weiser, Erlöster). Er verfocht mit Entschiedenheit, daß das Christentum in Indien sich als Erfüllung der Upanishaden (spirituelle Schriften am Ende des Veda) erweisen müsse, eine Art „Christopanishad" schwebte Upadhyaya dabei vor. Von ihm stammt auch der Vorschlag, den hinduistischen Begriff der Vollendung: *saccidananda*, den Kesub Chunder Sen als hinduistische Parallele zur christlichen Trinitätslehre propagierte, auf die christliche Trinitätslehre selbst anzuwenden, so daß seine drei Glieder: *sat* (= Sein, christlich: der Vater), *cit* (= Wissen, christlich: logos, also der Sohn) und *ananda* (= Glückseligkeit, christlich: der Heilige Geist) als hinduistisch-adventliche Vorahnung der christlichen Offenbarung verstanden werden können.

Upadhyayas Vorschläge wurden in Rom, wo er sie während einer Pilgerreise vorgetragen hat, äußerst kühl aufgenommen, so daß er selbst sehr betroffen war und sich in der Folgezeit wohl auch innerlich wieder vom Christentum etwas entfernt hat. Seine Theologie begann erst viel später zu wirken, als die französischen Missionare Jules Monchanin (gest. 1957) und Henri Le Saux (gest. 1973) diese Idee aufgriffen und nicht – wie durch die europäische Missionswissenschaft empfohlen – predigend durch die Lande zogen, sondern nach indischem Vorbild einen spirituellen Anziehungspunkt im „Ashram (eine Art Hindu-Kloster) von Saccidananda" schufen.

Auf protestantischer Seite sind im 20. Jahrhundert vor allem Pandipeddi Chenchiah (gest. 1959), Paul D. Devanandan (gest. 1962) und A. J. Appasamy (gest. 1975) als erste Pioniere des Versuches zu nennen, das Christentum im Lichte der indischen Spiritualität neu zu durchdenken und in indische Begrifflichkeit und Ausdrucksformen zu übersetzen. Die große theologische Neuorientierung kam erst in der zweiten Hälfte des 20. Jahrhunderts in Afrika und Asien richtig zum Durchbruch und holte damit für die Theologie nach, was in der Liturgie (z. B. Übernahme von afrikanischen Tänzen, Melodien, Musikinstrumenten) und vor allem in der Kunst schon länger realisiert war, wenn man bedenkt, daß es seit ca. 1930 so etwas wie eine indische, chinesische, japanische und afrikanische christliche Kunst gegeben hat.

Es versteht sich von selbst, daß ein solcher Neuverwurzelungsprozeß für die europäischen Missionare und Christen zahlreiche Probleme mit sich bringt, deren Lösung grundsätzliche Positionen berührt und ein gewaltiges „Umdenken" erforderlich macht. Zu den bekanntesten Beispielen der Adaptationsproblematik, an denen sich bis zur Stunde die Geister scheiden, gehört die Forderung nach Zulässigkeit der Polygamie in Afrika und der Abendmahlsfeier mit Reis und Tee bzw. Reiswein in Südostasien. Nach dem Zeugnis der Bibel hat Jesus das Abendmahl mit Produkten menschlicher Arbeit: mit Brot und Wein (beides wächst so nicht in der Natur, sondern wird durch menschliche Arbeit hergestellt) gefeiert, dadurch die Grundnahrungsmittel seiner Zeit in die Liturgie aufgenommen und zugleich die menschliche Arbeit gesegnet. Bedeutet dies, so fragen Theologen in Südostasien, daß man es *sinngemäß* dort mit Reis und Tee bzw. Reiswein feiern sollte? Muß dort nicht die Vaterunser-Bitte *sinngemäß* als Bitte „um die tägliche Nahrung" und nicht als Bitte „um das tägliche Brot" (im Neuen Testament das Evangelium nach Matthäus 6, 11; das Evangelium nach Lukas 11, 3) formuliert werden? In der Praxis wird die letzte Frage meist bejaht, die erste Frage dagegen – von einzelnen Extremfällen abgesehen – verneint, weil man sagt, es gälte das Abendmahl so zu feiern, wie Jesus selbst es getan hat.

Probleme gibt es neuerdings in Afrika mit den Kranken- und Wunderheilungen durch Gebete, die zahllose Vorbilder im Alten und im Neuen Testament sowie in der Praxis des frühen Christentums haben, für viele europäisch geschulte Theologen aber wegen der Aussagen der modernen Naturwissenschaft suspekt und deshalb abzulehnen sind.

Da es heute üblich geworden ist, Theologie in der Nationalsprache und nicht mehr in Latein oder in modernen westlichen Sprachen wie Englisch oder Niederländisch zu lehren, gilt es, neu über die Fachbegriffe nachzudenken. Das Aufgreifen vorhandener Begriffe aus nichtchristlichen Traditionen verlangt Wahlentscheidungen, die nicht nur für das Wort selbst gelten, sondern auch sein Assoziationsfeld betreffen. Manch bislang vertraute theologische Fragestellung wird dadurch in ganz andere Bahnen gelenkt, als dies im europäischen Kontext der Fall gewesen ist. Andererseits wird auch Kritik an dieser Vorgehensweise laut, weil die einen darin eine zu starke Annäherung an die lokalen Denkvorstellungen sehen und glauben, daß durch eine solche Annäherung eine Konversion zum Christentum nicht mehr sinnvoll ist, da man in beiden Traditionen ähnlich denkt und deshalb ein Wechsel unnötig ist. Andere wenden sich gegen diese Annäherung mit dem Argument, es würden dadurch Kulturen künstlich gestärkt, die für die Jugend in den Großstädten gar nicht mehr relevant wären, da diese nicht weniger modern ausgerichtet sei als die Jugend in Europa oder Amerika. Wieder andere befürchten, daß die Annäherungen die Einheit der Theologie als solche bedrohen und ein Christentum hervorbringen würden, das in eine Vielzahl kultureller Kontexte zerfällt, ohne wirklich noch ein für alle verbindliches Band der Einheit zu haben. In der römisch-katholischen Kirche wird dieses Problem unter dem Aspekt des monozentrischen und polyzentrischen Glaubensverständnisses diskutiert. Eine Art Balanceakt zwischen beiden stellen die Texte dar, die als programmatische Schriften für die Kirche im 21. Jahrhundert bezüglich einzelner Kontinente im Vatikan durch die afrikanische (1994), die gesamtamerikanische (1997), die asiatische (1998) und die ozeanische (1998) Bischofssynode verabschiedet worden sind. Für 1999 ist eine gesamteuropäische Bischofssynode vorgesehen, so daß praktisch alle Kontinente damit ihre Marschroute festgelegt haben. Zum Kontext theologischer Reflexion gehört schließlich auch die sozial-politische Situation der entsprechenden Kontinente und Länder. Typisch dafür sind die theologischen Entwürfe zu Lateinamerika gewesen, die heftige Debatten auslösten, als es darum ging, die Theologie der Befreiung und die Basisgemeinden mit ihren Anliegen ernstzunehmen. Dies zeigt, daß Inkulturation mehr ist als Folklore, denn die Auseinandersetzungen darum haben schon mehrfach zu gegenseitigen Verdächtigungen und Verurteilungen geführt, die den Ernst der Lage dokumentieren. Sicher ist, daß hier in Zukunft noch viele neue Entwicklungen zu erwarten sind und dem Weltchristentum noch so manche Zerreißprobe bevorsteht.

2.6.6 Mission und Dialog der Religionen

Bis zum Zweiten Weltkrieg (1939–1945) herrschte unter den Christen in Europa und Amerika katholischer wie anglikanischer oder protestantischer Konfession Einigkeit darüber, daß Mission betrieben werden müsse und möglichst alle Menschen getauft werden sollten, damit sie das ewige Leben erlangen können. Regelmäßig wurden daher die Erfolgsstatistiken der Kirchen veröffentlicht, und man war sich vielfach auch der Unterstützung der Kolonialmächte bei der Ausweitung des christlichen Einflusses in den Kolonien sicher. Mit dem Ende des Kolonialzeitalters sind hier beträchtliche Veränderungen eingetreten.

Die politische Unterstützung für die christlichen Kirchen entfiel, weil viele ehemalige Kolonialgebiete nach der politischen Unabhängigkeit von Politikern regiert wurden, die eine andere als die christliche Religion hatten. Zwar waren die Einbußen für das Christentum insgesamt weniger dramatisch als befürchtet, dennoch ließ sich nicht mehr leugnen, daß die Erfüllung des Taufbefehls aus dem Evangelium nach Matthäus (28, 19: „Geht zu allen Völkern, und macht alle Menschen zu meinen Jüngern, tauft sie auf den Namen des Vaters und des Sohnes und des Heiligen Geistes") auf absehbare Zeit nicht mehr erfüllbar erschien. Zwei weitere Faktoren kamen erschwerend hinzu: In weiten Teilen Asiens herrschten kommunistische Regime, die systematisch eine atheistische Erziehung betrieben, und es gab ein explosionsartiges Ansteigen von Geburten, was die Bevölkerung – sieht man von Lateinamerika einmal ab – vorwiegend in der nichtchristlichen Welt rasch ansteigen ließ, so daß prozentual wie in absoluten Zahlen die Zahl der Christen – im Vergleich zur Weltbevölkerung insgesamt – zurückgeht. Selbst wenn man heute von ca. 2 Milliarden Christen in der Welt ausgeht, so ist dies allenfalls ein Drittel der Weltbevölkerung und dazu noch ungleich verteilt, weil die meisten davon in Nord-, Mittel- und Südamerika, in Europa und Australien leben, ein größerer Prozentsatz noch in Afrika christlich ist, aber nur ca. 2 % aller Asiaten sich zum christlichen Glauben bekennen. Es war und ist daher und angesichts weiter ansteigender Bevölkerungszahlen völlig unrealistisch, anzunehmen, daß alle Nichtchristen zu ihren Lebzeiten von Missionaren erreicht und getauft werden würden. Theologisch bedeutet das, daß man sich in den Kirchen dieser Tatsache stellen und neu über die Heilschancen der Nichtchristen nachdenken mußte.

Eine erste Antwort auf das Problem gab in den fünfziger Jahren des 20. Jahrhunderts für die katholische Theologie der Jesuitenprofessor für Dogmatik, Karl Rahner, als er begann, von anonymen Christen zu sprechen. Damit waren all jene gemeint, die ihrem Gewissen treu folgten und de facto sich ethisch wie Christen verhielten, ohne formell getauft zu sein. Als biblisches Argument dafür kann der Bericht vom Letzten Gericht im Evangelium nach Matthäus gelten, den der spanische Theologe González Ruiz das „Gleichnis von den Atheisten" genannt hat. Die Rede von den anonymen Christen wie manch andere Überlegung in dieser Richtung betrachtete alle Menschen guten Willens als gleich und machte keinen prinzipiellen Unterschied zwischen Atheisten und religiösen Menschen, sofern sie sich wirklich „menschlich" verhielten. Dies galt für alle Menschen, gehörten sie den anderen Religionen oder dem Christentum an.

Im Weltkirchenrat begann man Ende der fünfziger/Anfang der sechziger Jahre das Problem differenzierter zu sehen und das Gespräch mit Vertretern nichtchristlicher Religionen zu suchen. Damit wurde das eingeleitet, was man heute den Dialog der Religionen nennt, wobei meist übersehen wird, daß diese Kontaktaufnahme aus christlicher Sicht durch eine psychologische Ernüchterung über die tatsächlichen Chancen der Mission und die Heilschancen der Nichtchristen erwachsen ist, während sich psychologisch die Situation für die großen Weltreligionen (Islam, Hinduismus, Buddhismus) häufig genau umgekehrt darstellte, nämlich als Zugewinn an Bedeutung, Befreiung von politischer Bevormundung durch die Kolonialmächte und als eine Chance, weltpolitisch ernstgenommen zu werden.

Die Entwicklung in der römisch-katholischen Kirche verlief etwas anders. Papst Johannes XXIII. (1958–1963) hatte den deutschen Kurienkardinal Bea beauftragt, in dem von ihm geleiteten Sekretariat für die Einheit der Christen einen Textentwurf für das II. Vatikanische Konzil vorzubereiten, der aufgrund der Erfahrung des Holocaust klarstellen sollte, daß es keine theologischen Gründe zur Verurteilung der Juden gäbe und deshalb alle antijudaistischen Tendenzen in der Theologie zu untersagen seien. Als dieser Text den Bischöfen beim Konzil zur Diskussion vorgelegt wurde, erhob sich sogleich Widerspruch. Die Bischöfe aus den arabischen und anderen islamischen Ländern gaben zu bedenken, daß eine derartig einseitige Erklärung zugunsten der Juden politisch inopportun und für sie inakzeptabel sei. Sie forderten statt dessen ein Dokument, in dem Juden wie Muslime zur Sprache kommen, um keinen Verdacht der einseitigen Stellungnahme bei den Muslimen aufkommen zu lassen. Diese Forderung bewog die indischen Bischöfe, zusätzlich ein Wort über die Hindus zu verlangen, damit nicht eine andere Einseitigkeit aus indischer Sicht, nämlich die Bevorzugung der Muslime unter Nichtbeachtung der Hindus signalisiert werde. Folgerichtig forderten daraufhin Bischöfe aus der Welt des Buddhismus eine vergleichbare Stellungnahme zum Buddhismus, damit nicht einseitig der Hinduismus bedacht werde, der Buddhismus dagegen unerwähnt bliebe. Schließlich machten sich afrikanische Bischöfe für ein weiteres Wort zu den ethnischen Religionen stark, so daß der ursprüngliche Gedanke einer Erklärung zum Judentum generell fallengelassen wurde und statt dessen die „Erklärung über das Verhältnis der Kirche zu den nichtchristlichen Religionen" (Nostra Aetate) formuliert, 1965 feierlich vom Konzil verabschiedet und von Papst Paul VI. unterschrieben wurde. Zum ersten Mal in der Geschichte der (katholischen) Kirche hat damit ein Konzil öffentlich erklärt: „Die katholische Kirche lehnt nichts von alledem ab, was in diesen Religionen wahr und heilig ist" (Nr. 2). Zum ersten Mal in der Geschichte der Kirche hat ein Konzil anerkannt, daß es in anderen Religionen *Wahres* und *Heiliges* gibt.

Die Ernsthaftigkeit der Dialogbereitschaft der katholischen Kirche gegenüber anderen Religionen wurde bereits 1964 durch die Einrichtung eines „Sekretariates für die Nichtchristen" mit einer Sonderabteilung für den Dialog mit dem Islam unterstrichen. Dieses Sekretariat, das 1989 in den „Päpstlichen Rat für den interreligiösen Dialog" umbenannt worden ist, arbeitet seither in vielfacher Weise für den Dialog, indem es Dialogkonferenzen organisiert, die einzelnen Initiativen bündelt und zur Förderung der Dialogs auf lokaler Ebene anregt. Ein vom Päpstlichen Rat bzw. dem früheren Sekretariat herausgegebenes Bulletin sowie mit Blick auf den Islam die in Rom erscheinende Zeitschrift Islamochristiana berichten ausführlich über diese Aktivitäten und belegen durch entsprechende Redeausschnitte, wie sehr gerade der Papst, zunächst Paul VI. (bis 1978), dann Johannes Paul I. (1978) und seit 1978 Johannes Paul II., die Sache des Dialogs zu seiner eigenen gemacht hat. Nie zuvor hat es eine solche Fülle von päpstlichen Äußerungen über nichtchristliche Religionen gegeben.

Mit Blick auf die Vergangenheit gab es auf seiten der Vertreter der nichtchristlichen Religionen bezüglich der erwähnten Erklärung wie anderer Konzils- und Papstäußerungen von vornherein eine Furcht vor Missionierung und damit verbunden die Sorge, daß der Dialog im Kern nichts anderes sei als eine neue Art von Mission mit raffinierteren Methoden, so daß schon deshalb höchste Vorsicht geboten sei. Einen gewissen Anhaltspunkt für diese Sorge bieten die Konzilstexte selbst, wo gewöhnlich immer von „Dialog und Mission" die Rede ist, ohne daß deutlich gesagt würde, wodurch und wie die beiden unterschieden sind. Auch spätere römische Dokumente bleiben an dieser Stelle meist sehr unklar, so daß ein gewisses Maß an Angst auf nichtchristlicher Seite solange nicht als gänzlich unbegründet zurückgewiesen werden kann, bis eindeutig klärende Stellungnahmen zur inhaltlichen Abgrenzung von Dialog und Mission vorliegen.

Das Thema „Mission", aus dem theologisch die Neubewertung der nichtchristlichen Religionen im katholischen wie im protestantischen Bereich gespeist ist, bleibt eine noch immer offene Option. Keine der Kirchen hat generell darauf verzichtet, sondern stets den Dialog entweder als etwas prinzipiell anderes oder als eine Chance für die Verkündigung begriffen. Die Auseinandersetzungen hierüber nahmen innerhalb des Protestantismus erheblich schärfere Formen an als in der katholischen Kirche. Da das Konzil in seinen Erklärungen die Richtung der katholischen Kirche festgelegt hat, war der Rahmen für Widerspruch weit weniger flexibel als im Protestantismus, wo kein Lehramt für alle verbindlich erklären kann, welche Richtung einzuschlagen ist. Dementsprechend prallten hier die Gegensätze kraß aufeinander und reichen von denen, die Dialog generell ablehnen und allein auf Mission setzen, bis zu denen, die von Mission abraten und den Dialog für allein ausreichend halten.

In einer Zeit wie der unsrigen, in der der religiöse Fundamentalismus in allen Religionen Hochkonjunktur zu haben scheint, ist Dialog der Religionen, so sagen seine christlichen Gegner, das falsche Signal, weil er die (d. h. die nichtchristlichen Religionen) hoffähig macht, die eigentlich bekämpft werden sollten, bzw. ihnen in Liebenswürdigkeit begegnet und dabei übersieht, wie bedrohlich sie für die Christen geworden sind. Die Befürworter dagegen bestehen auf der

Notwendigkeit des Dialogs aus drei Gründen: Sie hoffen, daß es durch den Dialog gelingt, gegenseitige Vorurteile zwischen den Dialogpartnern abzubauen und zu erreichen, daß die Religion des jeweils anderen so dargestellt wird, daß dieser sich darin wiederfindet und nicht dauernd den Eindruck hat, daß nur alte Vorurteile wiederholt werden, die mit der Selbstdarstellung des jeweils anderen nichts zu tun haben; sie wollen erreichen, daß Religion nicht mehr für politische Zwecke mißbraucht wird und daß die Vertreter der Religionen ein Gespür für derartige Mißbräuche entwickeln und sich dagegen wehren; sie wollen schließlich den Dialog zum Prüfstein für die Darstellung des eigenen Glaubens angesichts der konkurrierenden Angebote auf dem Markt der Religionen machen.

Das zuletzt genannte Ziel hat vor allem diese vier Implikationen:

Die Religionen bleiben in ihren Grundaussagen unterschiedlich. Wenn bisweilen etwas vorschnell in Angleichung an die Ökumene unter den Christen von der „Ökumene der Religionen" gesprochen wird, dann ist damit keineswegs eine kommende Welteinheitsreligion gemeint, die alle Religionen in sich aufnehmen und jegliche Unterschiede zwischen ihnen verwischen würde. Wo solches behauptet wird, liegen vielleicht religionsphilosophische Überlegungen, sicher aber keine realen Erfahrungen im Umgang mit Religionen im interreligiösen Gespräch vor. Zu eindeutig ist, daß sich die Religionen nicht auf einen Nenner bringen lassen, obwohl es unbestreitbare Gemeinsamkeiten – vor allem im Bereich der Ethik – zwischen ihnen gibt. Als konkretes Beispiel für die Unterschiede sei hier das sogenannte Friedensgebet von Assisi genannt, zu dem sich am 27. Oktober 1986 Vertreter aller Weltreligionen auf Einladung von Papst Johannes Paul II. versammelt haben. Die Vorbereitungen dazu haben deutlich gemacht, daß es keinen Text gab, auf den alle Vertreter sich hätten einigen können, noch nicht einmal die Vorstellung, sie beteten alle, war konsensfähig, da die Buddhisten sich damit nicht einverstanden erklären konnten. Was stattgefunden hat, war, daß alle anwesenden Vertreter nebeneinander etwas taten, das durch seinen Symbolwert höchst eindrucksvoll gewesen ist, nirgends jedoch eine gemeinsame Zielvorstellung, wohl aber eine Gemeinsamkeit des Tuns erkennen ließ. Genau dies entsprach der Wirklichkeit, wie sie ist. Die Religionen sind in der Welt durch Menschen, die sich zu ihnen bekennen, präsent. Anders als frühere Generationen können Christen heute diese Tatsache nicht aus ihrem Bewußtsein verdrängen, sondern müssen sich ihr stellen. Gleiches gilt für die Gläubigen der anderen Religionen.

Der interreligiöse Dialog lehrt, wie man miteinander umgehen soll, nämlich durch Begegnung in gegenseitiger Achtung und Höflichkeit. Er ist getragen von der Überzeugung, daß dies der einzig gangbare Weg ist und die Konfrontation ins Verderben führt. Die Alternative nämlich heißt: entweder lernen, zusammen zu leben, oder miteinander untergehen.

Der Dialog nimmt die Herausforderung durch Religion(en) ernst. Wie sich die christliche Theologie den Aussagen der Naturwissenschaft, der Sprach- und Kulturwissenschaften des Vorderen Orients und des Hellenismus, der Archäologie, der Geschichtswissenschaft, der Religionskritik, der Säkularisierung und des atheistischen Humanismus gestellt hat, ist sie durch den Dialog mit den anderen Religionen neu gefordert, sich nun auch der religiösen Herausforderung, die durch die Existenz und den Erfolg dieser Religionen auf sie zukommt, zu stellen.

Der Dialog verlangt eine Selbstdarstellung des Christentums, die in Abgrenzung zu den konkurrierenden Angeboten der anderen Religionen formuliert ist. Das fördert die Selbstreflexion und trägt zur inhaltlichen Profilierung der christlichen Glaubenslehre bei. Die Kurzformel dieses Buches: *„Mach's wie Gott, werde Mensch!"*, läßt sich als ein solcher Versuch verstehen. Sie erläutert das Gottesbild und das Menschenbild. Dadurch zieht sie eindeutige Grenzlinien zu Judentum und Islam sowie erst recht zu Hinduismus und Buddhismus. Sie ist sicher nicht das letzte Wort oder *die* christliche Antwort. Immer schon hat es – wie eingangs festgestellt – verschiedene Kurzformeln im Christentum gegeben.

Dennoch ist sie eine, die sich durch die christliche Tradition gut absichern läßt und in ihren Elementen die christliche Theologie, Anthropologie und Soteriologie stark geprägt hat. Sie gehört zur europäischen Geistesgeschichte und ist deshalb auch ein Stück der abendländischen Kultur, deren Bezug zum Christentum im folgenden, letzten Kapitel dieses Buches zur Sprache kommen soll.

3. Christentum – kulturell

Die christliche Prägung der abendländischen Kultur hat vielfältige Facetten. Rein formal gesehen, wird der Einfluß des Christentums schon durch die Jahreszählung angedeutet, denn wir teilen in unserer Zeitrechnung – genau genommen – die Jahrhunderte in die vor und nach Christi Geburt ein, heute wohl wissend, daß der Ausgangspunkt für den Beginn dieser Zeitrechnung nur approximativ ist, weil das Jahr der Geburt Jesu alles andere als sicher bestimmbar ist und in keinem Fall mit dem Jahr 1 u. Z. zusammenfällt, wonach dieses erste Jahr der christlichen Ära auf das Jahr 754 der römischen Zeitrechnung (= ab urbe condita) fällt. Diese Berechnung wurde in Rom 525/526 u. Z. durch den Mönch Dionysius Exiguus in Umlauf gebracht und hat sich dann allmählich allgemein durchsetzen können. Damit schimmert auch in der Rede von der Jahrtausendwende der christliche Bezugsrahmen noch durch, denn weder die Juden noch die Muslime oder die Buddhisten stehen in diesen Jahren an der Schwelle zum 3. Jahrtausend. Eine solche Zuordnung trifft allein für die christliche Zeitrechnung sowie alle die zu, die ihr kalendarisch folgen, ob sie sich als Christen verstehen oder nicht.

Jüdisch-christlichen Ursprungs ist des weiteren die 7-Tage-Woche, wobei traditionellerweise im Christentum der 1. Tag der Woche als „Tag des Herrn" (Sonntag) der offizielle Ruhetag ist, und nicht wie im Judentum der 7. Tag (Sabbat = Samstag). Die Zählung ist heute nicht mehr ganz zutreffend, weil seit den sechziger Jahren des 20. Jahrhunderts in Deutschland aus arbeitsrechtlichen Gründen der Wochenbeginn auf den Montag gelegt worden und damit eine neue Zählung an die Stelle der althergebrachten getreten ist.

Auch die Hochfeste des Jahres: Weihnachten (25. Dezember) und Epiphanias (6. Januar) als Erinnerung an die Geburt

Jesu, Ostern (am Sonntag nach dem ersten Frühlingsvollmond im März/April) zusammen mit den voraufgehenden Tagen der „Karwoche" als Erinnerung an Kreuz, Tod und Auferstehung Jesu Christi, Himmelfahrt (40 Tage nach Ostern) als Erinnerung an die Rückkehr des Auferstandenen zum Vater in den Himmel und schließlich Pfingsten (50 Tage nach Ostern) als Erinnerung an das Kommen des Heiligen Geistes und den eigentlichen Beginn der Kirche und ihrer Verkündigung entstammen dem christlichen Festkalender. Lediglich beim Neujahrstag hat sich die christliche Tradition nicht durchsetzen können, weil das bürgerliche Jahr mit dem 1. Januar und nicht wie das Kirchenjahr mit dem 1. Adventssonntag beginnt. Der 1. Januar wird als Jahresbeginn im Gregorianischen Kalender 1582 festgelegt und übernimmt damit die Festlegung aus dem Julianischen Kalender von 46 v. u. Z. Andere Datierungen des Jahresbeginns waren 1. März (Rußland), Mariä Verkündigung (25. März), Ostern, 1. September (Konstantinopel) und Weihnachten. Christlicher Einfluß wird auch in bestimmten Feiertagen zu Ehren von Heiligen und Schutzheiligen (Patronen) deutlich.

Im Folgenden werden aus der reichen Palette christlicher Einflüsse auf die abendländische Kultur einige Bereiche ausgewählt: Christentum und Philosophie, Christentum und Naturwissenschaft, Christentum und Recht, Christentum und Literatur, Christentum und Kunst, Christentum und Musik. Die jeweiligen Ausführungen wollen keine systematische Abhandlung bieten, sondern lediglich einige Beispiele geben, um deutlich zu machen, daß die Kenntnis des Christentums für ein besseres Verständnis der kulturellen Entwicklung unerläßlich ist.

3.1 Philosophie

Die abendländische Philosophie ist von der Spätantike bis in die Neuzeit hinein im wesentlichen von zwei geistigen Orientierungen geprägt, die zueinander in Beziehung gesetzt werden: dem antiken griechischen Philosophieerbe, im Mittelalter zudem meist in seiner Kommentierung durch die arabisch-islamische Philosophie vermittelt, und der Dogmatik des Christentums in Form der Konzilien von Nizäa (Nikaia, 325) bis Chalzedon (Chalkedon, 451). Gerade die Dogmatik stellte eine außerordentliche Herausforderung an das Denken dar. Es galt, die Nähe und die Differenz zwischen Gott und Mensch, wie sie durch die Inkarnationslehre angedeutet sind, in philosophische Worte zu fassen und intellektuell nachvollziehbar zu machen, und dies so, daß am Ende die Trinität mitgedacht werden konnte.

Dieser dogmatische Rahmen war die eigentliche geistige Herausforderung, die in der Philosophie des Mittelmeerraumes ohne Parallele war. Als Beispiel sei hierfür die arabisch-islamische Philosophie genannt. Sie hatte kein vergleichbares Problem zu lösen. Ihr Ziel war es, den Monotheismus im Sinne eines Schöpfergottes mit der Philosophie eines Platon oder Aristoteles in Einklang zu bringen. Ähnlicher Art war die Problematik für die jüdische Philosophie. Allein die Christen mußten sich der Herausforderung stellen, Gott und Mensch in der Weise zusammenzubringen, daß Gottheit und Menschheit in Jesus Christus eine dauerhafte Verbindung eingehen konnten und andererseits in der Gottheit selbst Vater, Sohn und Heiliger Geist so differenziert gedacht werden konnten, daß sie als unterschiedliche Personen gleicher Natur, aber nicht als drei völlig unterschiedliche Götter zu denken waren.

Wenn ich richtig sehe, so steht bislang eine Philosophiegeschichte noch aus, in der in systematischer Weise dieser dogmatische Motivationsstrang nachgezeichnet und die diesbezüglichen Ergebnisse und Entwürfe vorgestellt werden. Es würde dabei deutlich werden, in welch hohem Maße etwa die Vorstellung vom Geist bei Thomas von Aquin (gest. 1274) von diesen Vorgaben geprägt gewesen ist, um im „Geist" (lateinisch: intellectus) die eigentliche Nähe bzw. analoge Gemeinsamkeit zwischen Gott und Mensch zu sehen und dennoch Gott und Mensch voneinander unterscheiden zu können. Ein solcher Denkansatz aber bleibt nicht auf das christlich geprägte Mittelalter begrenzt, er wird in ungebrochener Stärke bis in die Neuzeit fortgeführt, wenn nach Hegel (gest. 1831) nicht nur Gott ohne Rest in der Welt aufgeht, sondern auch die Welt ohne Rest in Gott.

Eine andere philosophische Ausrichtung, die im Spätmittelalter und in der Reformationszeit stark an Einfluß gewinnt, ist gegenüber dieser positiven Einschätzung des „Geistes" aus dogmatischen Gründen skeptisch. Sie betont – wie dies auch für die Reformatoren gilt –, daß die Sünde des Adam für alle Menschen die Verbindung zu Gott zerbrochen hat (in der Fachsprache: die Erbsündelehre) und somit kein Teil des Menschen – also auch nicht der Geist – in ungebrochener Nähe zu Gott steht. Die Folge davon sind eine gewisse Skepsis gegenüber philosophischen Schlußfolgerungen als Wahrheitserkenntnis und ein Menschenbild, bei dem allein die Gnade Gottes weiterhelfen kann, nicht aber ein Glaube, der nach einer vernünftigen Erklärung sucht (lateinisch: fides quaerens intellectum), wie dies geradezu dogmatisch von der Scholastik im Mittelalter vertreten worden ist.

Der Hinweis auf die Sünde hat noch weitere Konsequenzen in der Philosophiegeschichte nach sich gezogen: die Theodizeeproblematik und die Diskussion um das Menschenbild.

Theodizee als Begriff geht zurück auf eine Schrift von Leibniz, die dieser 1710 unter dem Titel „Essais de Théodicée" veröffentlicht hat. Darin wird das Problem behandelt, wie sich Gottes Güte und Barmherzigkeit mit dem Leid in der Welt vereinbaren lassen. Dem guten Gott, der als Inbegriff des Guten schlechthin gilt, wird das Böse, in der Welt gegenübergestellt und versucht zu sagen, wie dies in einem zu denken ist. Die einfachste Lösung dafür scheidet aufgrund des monotheistischen Bekenntnisses bei Leibniz aus. Es wäre der Dualismus, dem zufolge zwei gleichewige Prinzipien: das Gute und das Böse, gegeneinander kämpfen, um ihre gegenseitigen Einflußsphären nicht nur zu sichern, sondern noch zu vergrößern. Ein solch dualistischer Ansatz stellt jedoch den Herrschaftsanspruch des allmächtigen Gottes prinzipiell in

Frage und ist daher aus christlicher Sicht nicht akzeptabel. Wenn aber Gott als der alleinige, souveräne Herr übrigbleibt, dann wird die Theodizeeproblematik zur Anklage gegen Gott, der offenbar das Leid in der Welt nicht abstellt, sondern es zuläßt. Leibniz verteidigt Gott, indem er nachzuweisen versucht, daß die gegenwärtige Welt die beste nur denkbare aller Welten ist, was seine Gegner nicht vollständig überzeugen konnte und folglich das Problem immer wieder neu in die Diskussion brachte. Hilfreich, aber letztlich nicht erfolgreich war der Versuch einer Unterscheidung zwischen physischem und sittlichem Übel gewesen. Physische Übel kann Gott zulassen, weil sie der Erreichung höherer Zwecke (z. B. der Einübung von Geduld oder Barmherzigkeit oder Reue) dienen, sittliche Übel dagegen sind nie positiv zu wollen, da sie zum letzten Sinn der Schöpfung, nämlich der Verherrlichung Gottes, im Widerspruch stehen. Auch das Argument, Gottes Freiheit sei nicht respektiert, wenn man von ihm ein Eingreifen gegen alle Übel in der Welt fordere, konnte auf Dauer nicht überzeugen. So bleibt innerhalb des monotheistischen Denkansatzes das Theodizeeproblem ohne endgültige Lösung weiterhin fortbestehen.

Das Menschenbild ist in vielen westlichen Richtungen des Christentums von der Erbsündelehre geprägt. Danach kommt kein Mensch vollkommen heil auf die Welt, sondern alle Menschen sind in ihrem Kern gebrochen und folglich anders, als Gott sie ursprünglich gewollt und geplant hatte. Erst die Taufe und Erlösung stellen einiges von dem wieder her, was Gott an Gemeinschaftsfähigkeit und Neigung zum Guten von Anfang an in den Menschen hineingelegt hat. Es mußte daher wie ein Angriff auf die christliche Grundüberzeugung wirken, als Rousseau erklärte, daß die Natur des Menschen gut ist und das Böse erst durch die Erziehung (heute würde man vielleicht sagen: durch die Sozialisation) in die Welt gekommen ist. Damit war das christliche Menschenbild abgelehnt und ein aufklärerisches an seine Stelle gesetzt. In seinem Erziehungsroman „Emil" (1762) erläutert Rousseau seine Vorstellungen vom Menschen und beschreibt, wie Emil durch eigene Einsicht das Richtige erkennt und tut, wozu er nach christlicher Vorstellung aufgrund der Erbsünde gar nicht in der Lage ist.

Die Kritik Rousseaus an der christlichen Lehre steht nicht allein. Sie ist eingebettet in ein religionskritisches Milieu, das seit der Aufklärung einzelne Aussagen der christlichen Lehre oder den Gottesglauben insgesamt in Frage gestellt und damit der Religionskritik in einer Weise zum Durchbruch verholfen hat, wie sie sich in dieser offen vorgetragenen Form nur im neuzeitlichen Europa entwickelt hat. Mit dieser Kritik an Gott und dem christlichen Gottesbild sowie am christlichen Menschenbild geht auch eine Kritik an der christlichen Morallehre einher, als deren schärfster Kritiker Nietzsche (gest. 1900) gelten kann.

Die Kritik am christlichen Gottesbild hatte als Vorläufer und Auslöser eine kritische Auseinandersetzung mit dem biblischen Weltbild, das zu einem Konflikt mit der neuzeitlichen Naturwissenschaft geführt hatte, als dessen Folge die philosophische Religionskritik interpretiert werden kann.

3.2 Naturwissenschaft

Das bekannteste Beispiel des Konfliktes zwischen Christentum und Naturwissenschaft ist der „Fall Galilei" (gest. 1642). Es war ein Konflikt zwischen der Theoriebildung Galileis und der Kirche im Bunde mit der an Aristoteles angelehnten empirischen Erfahrung der Wissenschaft. Er bezog sich – wie C. F. v. Weizsäcker gezeigt hat[1] – auf die Formulierung des Gravitationsgesetzes, das der Empirie widersprach und dessen Richtigkeit erst viel später experimentell im Vakuum nachgewiesen werden konnte. Bei alledem spielte wohl auch noch eine andere Lehre eine Rolle, die schon vor Galilei von dem Theologen und Domherrn Nikolaus Kopernikus (gest. 1543) vorgetragen, aber erst im Zusammenhang mit dem Inquisi-

1 Vgl. Die Tragweite der Wissenschaft, Stuttgart: Wiss. Buchgesellschaft, Bd. 1, 1964,107–117.

tionsprozeß gegen Galilei zum römischen Widerspruch geführt hatte. Es war die Lehre, daß sich die Erde um die Sonne dreht und nicht umgekehrt. Die Ablösung des geozentrischen Weltbildes, bei dem die Erde im Mittelpunkt der Welt geglaubt wurde, zugunsten des heliozentrischen Weltbildes, dem zufolge sich die Erde um die Sonne dreht, hatte eine grundlegende Erschütterung des Glaubens an die Wahrheit der biblischen Aussagen zur Folge. Der damit verbundene implizite Zweifel an der biblischen Offenbarung wurde zum Problem für die christliche Kirche. Er war durch Verbote aus Rom nicht mehr zu lösen. Langsam, aber sicher setzte sich die neue Lehre durch und verunsicherte die bibelgläubigen Christen. Es dauerte lange, sehr lange, bis die Theologie erste Konsequenzen aus diesen Gegebenheiten gezogen und erklärt hat, daß die Bibel nicht als Lehrbuch für naturwissenschaftliche Aussagen, sondern als Glaubensbotschaft verstanden werden wollte.

Man begann in der Folgezeit zu unterscheiden zwischen der von Gott garantierten Irrtumslosigkeit bei den Glaubenswahrheiten und den zeitbedingten Ausdrucksmöglichkeiten der biblischen Autoren, in die die jeweilige Weltsicht der Autoren mit eingeflossen ist und die Aussagen geprägt hat. Die Folge dieser späteren Entwicklung war, daß der Glaube an Gottes Wirken in der Welt immer abstrakter formuliert wurde, da immer weniger empirisch überprüfbare Aussagen darin enthalten waren. Somit verlagerte sich die Relevanz der Aussagen über Gottes Wirken auf einige wenige Extremsituationen wie schwere Krankheit und Tod und erklärt, weshalb viele nur noch in solchen Situationen sich der Religion zuwenden, ansonsten aber völlig profan und ohne Bezug zur Religion leben. Auch die Frömmigkeit wurde von diesem Wandlungsprozeß erfaßt. Früher selbstverständlich gewesene Riten wie die Bitte um Regen oder eine gute Ernte lösen heute, wenn sie praktiziert werden sollen, Diskussionen über ihren Sinn angesichts vorhandener Kenntnisse über die meteorologischen Gegebenheiten und ihre Beeinflussung durch eine eventuelle göttliche Intervention aus.

Die Frage nach einer solchen göttlichen Intervention berührt den weiten Bereich des Wunders. Die Bibel ist voll von Berichten über Wunder. In der Hebräischen Bibel (dem Alten Testament) wie im Neuen Testament wird von Wunderheilungen ebenso berichtet wie von Beeinflussungen des natürlichen Ablaufes aufgrund göttlicher Weisungen, die eine Änderung des natürlichen Verlaufes zur Folge haben. Als Beispiele seien diesbezüglich erwähnt: das Meer, das sich spaltet (in der Hebräischen Bibel Exodus 14, 15); die Schwangerschaft von Elisabet, der Mutter Johannes' des Täufers, in sehr hohem Alter (im Neuen Testament das Evangelium nach Lukas 1, 5 ff); die Jungfrauengeburt Mariens (Lukas 1, 31ff); die Vermehrung der Brote (im Neuen Testament das Evangelium nach Matthäus 14, 15 ff); die Stillung des Sturmes auf dem See (im Neuen Testament das Evangelium nach Markus 4, 35 ff); die Heilung des Besessenen von Gerasa und die Auferweckung der toten Tochter des Jairus sowie die Heilung einer kranken Frau (Markus 5, 1ff); die Sonnenfinsternis beim Tode Jesu (Lukas 23, 44 f). Eine andere große Erschütterung wurde in der Christentumsgeschichte durch die Evolutionstheorie Darwins (gest. 1882) ausgelöst. Sie sieht den Menschen am Ende einer langen Entwicklungsreihe aus dem Tierreich hervorgehen und steht von daher im Widerspruch zur biblischen Lehre, daß Gott den Menschen direkt erschaffen hat (vgl. in der Hebräischen Bibel Genesis 2, 7 ff). Während einige Richtungen im westlichen Christentum lediglich darauf bestehen, die Einhauchung der Seele durch Gott als eigentlichen Akt der Erschaffung des Menschen zu begreifen und sich damit aus der Diskussion um die biologische Abstammung des Körpers heraushalten, legen andere Gruppierungen Wert darauf zu betonen, daß die Evolutionslehre Darwins nur eine wissenschaftliche Theorie ist, der man weniger Glauben als der Bibel schenken dürfe. Solche Gruppierungen sind vor allem in den Vereinigten Staaten sehr stark und fordern immer wieder, daß die Evolutionslehre in amerikanischen Schulen nur als Theorie gelehrt werden dürfe, neben der sich die biblische Lehre als Glaubenslehre vollwertig behaupten müsse und könne. Es scheint daher, daß in diesem Bereich die Diskussion noch nicht an ihr Ende gekommen ist und die Thematik nach wie vor die öffentliche Debatte in bestimmten Milieus bis heute bestimmt.

Mit der Frage nach der Abstammung des Menschen hängt auch die Frage nach der zeitlichen Einordnung der Entstehung des Menschen und dem Verlauf der frühesten Menschheitsgeschichte zusammen. Die jüdische Zeitrechnung mit ihren etwas mehr als fünftausend Jahren seit Erschaffung der Welt läßt diese Problematik in aller Deutlichkeit erkennen. Für die meisten christlichen Theologen bedeutet das, Abschied zu nehmen von einem zu wörtlich verstandenen Bericht über die Entwicklung der Menschheit und die diesbezüglichen Aussagen im 1. Buch Mose (Genesis) der Hebräischen Bibel eher als literarischen Zeitraffer denn als historischen Bericht zu verstehen.

Die neuesten Konfliktstoffe zwischen Christentum und Naturwissenschaften beziehen sich nicht mehr auf konkrete Aussageunterschiede zwischen Bibel bzw. christlicher Lehre einerseits und naturwissenschaftlichen Erkenntnissen andererseits, sondern sie betreffen die Bewertungskategorien von zulässiger und unzulässiger Forschung im allgemeinen. Ein solcher Fall ist etwa die Diskussion um die moralische Vertretbarkeit des Klonens, wie sie durch das im Februar 1997 mittels Klonen zur Welt gebrachte Schaf Dolly ausgelöst worden ist, zumal Experimente dieser Art an Menschen auch nicht mehr generell ausgeschlossen werden können. Klonen und Genmanipulationen werfen die Frage auf, ob der Mensch wirklich alles darf, was er kann, oder anders gefragt, wie weit es ihm erlaubt ist, selbst als Schöpfer in die Schöpfung Gottes einzugreifen.

Die hier aufgeworfene Frage nach den Grenzen der Forschung und den Geboten der Moral ist zum neuen, entscheidenden Feld der Auseinandersetzung geworden. Die christlichen Kirchen berufen sich dabei weit weniger auf die biblischen Lehren oder Glaubenssätze, sondern verstehen sich als Garanten für ethische Maßstäbe in einer Forschungslandschaft, der offenbar die ethischen Grundsätze für Zulässigkeit und Unzulässigkeit von Forschung abhanden gekommen sind. Hierher gehören auch die unterschiedlichen

Stellungnahmen christlicher Kirchen zu empfängnisverhütenden wie potenzstärkenden Mitteln. Mit all diesen Fragen ist der Bereich der Naturwissenschaften im engeren Sinne überschritten. Es sind Fragen der Ethik und des Rechts, die hier zu entscheiden sind.

3.3 Recht

Der Einfluß des Christentums auf das Recht betrifft viele Bereiche und deren Normen. Er prägt vor allem die Vorstellungen von Liebe, Sexualität und Familie bis in unsere Tage hinein.

Als ein Beispiel für die biblische Betonung der mütterlichen Liebe sei hier das sogenannte „salomonische Urteil" zitiert, das die Weisheit von König Salomon (gest. 932 v. u. Z.) aus dem biblischen Israel rühmt:

> *Damals kamen zwei Dirnen und traten vor den König. Die eine sagte: Bitte, Herr, ich und diese Frau wohnen im selben Haus, und ich habe dort in ihrem Beisein geboren. Am dritten Tag nach meiner Niederkunft gebar auch diese Frau. Wir waren beisammen; kein Fremder war bei uns im Haus, nur wir beide waren dort. Nun starb der Sohn dieser Frau während der Nacht; denn sie hatte ihn im Schlaf erdrückt. Sie stand mitten in der Nacht auf, nahm mir mein Kind weg, während deine Magd (d. i. die Sprechende selbst, P. A.) schlief, und legte es an ihre Seite. Ihr totes Kind aber legte sie an meine Seite. Als ich am Morgen aufstand, um mein Kind zu stillen, war es tot. Als ich es aber am Morgen genau ansah, war es nicht mein Kind, das ich geboren hatte. Da rief die andere Frau: Nein, mein Kind lebt, und dein Kind ist tot. Doch die erste entgegnete: Nein, dein Kind ist tot, und mein Kind lebt. So stritten sie vor dem König. Da begann der König: Diese sagt: Mein Kind lebt, und dein Kind ist tot! und jene sagt: Nein, dein Kind ist tot, und mein Kind lebt. Und der König fuhr fort: Holt mir ein Schwert! Man brachte es vor den König. Nun entschied er: Schneidet das lebende Kind entzwei, und gebt eine Hälfte der einen und eine Hälfte der anderen! Doch nun bat die Mutter des lebenden Kindes den König – es regte sich nämlich in ihr die mütterliche Liebe zu ihrem Kind: Bitte, Herr, gebt ihr das lebende Kind, und tötet*

es nicht! Doch die andere rief: Es soll weder mir noch dir gehören. Zerteilt es! Da befahl der König: Gebt jener das lebende Kind, und tötet es nicht; denn sie ist seine Mutter. (In der Hebräischen Bibel 1 Könige 3, 16–27)

Bertolt Brecht erzählt eine vergleichbare, aber anders ausgehende Szene. In seinem Stück „Der kaukasische Kreidekreis", das 1954 in Berlin uraufgeführt wurde, knüpft er an ein chinesisches Märchen an und berichtet, daß eine hochgeborene Gouverneursfrau und eine proletarische Ziehmutter sich um ein Kind streiten. Beide Frauen haben sich zum Prozeß um die Mutterschaft eingefunden. Der Prozeß soll schließlich dadurch entschieden werden, daß ein Kreidekreis gezogen, das Kind in seine Mitte gestellt und von beiden Frauen herausgezerrt werden soll. Während der biblische Text und das chinesische Vorbild des Brechttextes die leibliche Mutter als die darstellen, die das Risiko, das Kind zu zerteilen, nicht eingehen will, ist es bei Brecht die Ziehmutter, die sich weigert, dies mitzumachen. Sie bringt es nicht über das Herz, das Kind, das sie großgezogen hat, zu zerreißen. Nicht die mütterlichen Blutsbande sind also nach Brecht das Ausschlaggebende für das richtige und gute Verhalten, sondern die persönliche Zuneigung der Ziehmutter, Muttertum wird hier nicht biologisch, sondern sozial bestimmt.

Das deutsche Recht hat traditionell die biblische Position und nicht die brechtsche vertreten und tut dies etwa im Adoptionsrecht noch bis heute. Deshalb liegt die erste, nicht widerrufbare Entscheidung bei der leiblichen Mutter, über ihr Votum kann man sich kaum hinwegsetzen. Dieser Vorrang der leiblichen Mutter gegenüber allen anderen Erzieherinnen und Pflegerinnen von Kindern hat bis in die jüngste Zeit hinein auch das Bild von der „Stiefmutter" als der weniger freundlichen, kaum liebevoll zugeneigten Ersatzmutter geprägt, das zu einem klassischen Romanstoff für die Literatur (vor allem in Großbritannien) geworden ist.

Jüdisch-christliche Vorstellungen haben auch die Rechtsvorstellungen im Bereich der Sexualität geprägt und alle außerehelichen Formen sexueller Praxis geächtet, nicht selten sogar verboten und mit Strafe belegt. Beispiele hierfür sind die Ablehnung der Prostitution und die Ächtung der Homosexualität. Verboten war die Onanie, deren Bezeichnung noch an den biblischen Ursprung, nämlich Onan (vgl. in der Hebräischen Bibel Genesis 38, 9), erinnert. Lange Zeit hindurch wurde das Recht als Spiegel der Moral einer Gesellschaft begriffen. Deshalb gab es keine privaten Bereiche, in die das Recht nicht eingreifen konnte. Besonders deutlich war dies im Bereich der Sexualität, wo ein Verhalten wie die gleichgeschlechtliche Liebe nicht nur als moralisch verwerflich angesehen, sondern auch dann gesetzlich eingegriffen wurde, wenn die Betroffenen eine derartige Sexualpraxis wollten und praktizierten.

Als Ideal galt für die Familie die Monogamie, deren Vorbild in der Treue Gottes zu seinem Volk oder in der Liebe Christi zur Kirche als seiner Braut gesehen wurde. Scheidung war grundsätzlich ausgeschlossen. Auch das staatliche Recht hat diese Position lange vertreten. Wenn Scheidung im staatlichen Recht vorgesehen war, so war sie sehr erschwert, meist an den Nachweis von Schuld und Verfehlung geknüpft. Der Schutz der Ehe war so stark, daß Kinder, die außerhalb einer Ehe gezeugt wurden, rechtlich deutlich schlechter gestellt waren als die, die innerhalb einer Ehe gezeugt waren.

Zusammenfassend kann man daher mit den deutschen katholischen Bischöfen den Schluß ziehen:

> *Historisch gesehen hat die christliche Überzeugung von der Einheit, Unauflöslichkeit und sakramentalen Würde der Ehe die Entwicklung zu einem partnerschaftlichen und personalen Verständnis ehelicher Liebe, wie es uns heute selbstverständlich erscheint, wesentlich mitgeprägt. Der Kampf für die gesellschaftliche und rechtliche Anerkennung der Ehe stellt eine der wichtigsten kulturellen Errungenschaften dar, die das Christentum in die moderne Gesellschaft eingebracht hat. Dabei ging es der Kirche trotz mancher Zugeständnisse an die historisch bedingten Eheauffassungen der jeweiligen Zeit in erster Linie darum, die Stellung der schutzbedürftigen Mitglieder des Familienverbundes, insbe-*

sondere der Frau, zu stärken und die Menschlichkeit des Menschen zu wahren. So hat sie im Gehorsam gegenüber der Weisung Jesu den Anspruch und die Lebbarkeit ehelicher Treue von Anfang an gegen alle scheinbare Erleichterung durch die gesellschaftliche Scheidungspraxis verteidigt. Später hat sie gegen römisches und germanisches Recht die Frau aus dem Status des Eigentums befreit. Im Übergang vom Mittelalter zur Neuzeit hat sie dazu beigetragen, die Verantwortung für die Eheschließung in die Hände der Brautleute selbst zu legen. Auf diese Weise hat sie Mann und Frau aus der Bevormundung durch die Eltern und andere gesellschaftliche Kräfte befreit.[2]

Die Sprache verrät eine Reihe von Werturteilen über die erfolgte Entwicklung und zeigt, daß die katholischen Bischöfe sich anderweitigen gesetzlichen Regelungen widersetzen. Dem entspricht der in ihrer Stellungnahme von Januar 1999 sich anschließende Passus zu den geplanten Gesetzesänderungen der rot-grünen Koalition im Bereich des Familienrechts. Die Bischöfe schreiben diesbezüglich:

Gegen alle Skepsis und Verzweiflung, die als verborgene Grundstimmungen in unserer Gesellschaft vorhanden sind, hält die Kirche auch heute an der Fähigkeit des Menschen zu lebenslanger Liebe und Treue fest. Es beruht auf einer Verkennung der kulturgeschichtlichen Zusammenhänge, wenn die Ehe vielen als eine von der gesellschaftlichen Entwicklung überholte Lebensform erscheint, während alternative Partnerschaftsmodelle als Ausdruck eines attraktiven, zeitgenössischen Lebensstiles gelten, der vermeintlich dem Bedürfnis nach Selbstbestimmung und Freiheit entgegenkommt. Politische Bestrebungen, unter dem Vorzeichen der Gleichbehandlung anderer Formen des Zusammenlebens die grundlegende Bedeutung von Ehe und Familie zu bestreiten und ihren besonderen rechtlichen Schutz einzuebnen, sind schädlich für die Menschen und von Grund auf zerstörerisch für die Gesellschaft.[3]

2 Die deutschen Bischöfe, Ehe und Familie – in guter Gesellschaft, hrsg. vom Sekretariat der Deutschen Bischofskonferenz in Bonn, 17. Januar 1999, 11.
3 Ebd.

Der Anspruch der christlichen Kirchen, die Moral im Staat zu schützen und zu fördern, findet auch in anderen Bereichen des Rechts seinen Niederschlag. Mit Blick auf neuere Fragestellungen aus dem Fortschritt in der Medizin sei nur auf die kirchlichen Stellungnahmen zu Themen wie Transplantation, Klonen, Genmanipulation und Euthanasie verwiesen; allgemein gilt dies auch für viele weitere Gebiete des Rechts, die ethische Entscheidungen implizieren: Menschenrechte, Gleichstellung von Mann und Frau, Kindererziehung, Umweltschutz, Militär- und Ersatzdienst, soziale Dienste, Sonn- und Feiertagsarbeit u. v. a. m.

Obwohl bislang eine systematische Darstellung über den Einfluß der jüdisch-christlichen Tradition auf unser Recht fehlt, ist es nicht unzulässig, aus dem Gesagten zu folgern, daß unser Recht ein beträchtliches Erbe dieser Art enthält, dessen Zukunft mehr als ungewiß ist.

3.4 Literatur

Ein klassischer Ort der geistigen Auseinandersetzung ist die Literatur. Von daher ist es mehr als normal, daß zentrale Themen des Lebens sowie die Beschäftigung mit durch die jüdisch-christliche Tradition vorgegebenen Stoffen dort zur Sprache kommen. Neuerdings ist zudem noch an den Film zu denken, der teilweise literarische Werke bildlich umsetzt, teilweise aber auch diese Thematiken direkt, d. h. ohne literarische Vorlagen, verhandelt.

Eine systematische Darstellung des breiten Feldes von Christentum und Literatur kann hier nicht in Angriff genommen werden. Lediglich die unterschiedlichen Zugangsweisen können aufgezählt und durch ein paar Beispiele soweit präzisiert werden, daß klar wird, was gemeint ist.

Ein erstes Feld literarischer Gestaltung biblischer Stoffe ist das der Mysterien- und Passionsspiele im ausgehenden Mittelalter und der frühen Neuzeit. Hier wird das religiöse Empfinden einzelner Menschen oder ganzer Epochen mit ihren speziellen Eigenarten, die sich von der Darstellung im Originaltext unterscheiden, zum Ausdruck gebracht. Sie dokumentieren, wie die ganz spezifische persönliche Erfahrung einzelner Menschen oder bestimmter Epochen als Folie zum besseren Verstehen der überlieferten Texte dienen kann. Solches bleibt auch für spätere Zeiten gültig, wenn wir an den Roman „Das Evangelium nach Jesus Christus", des portugiesischen Schriftstellers José Saramago denken, der 1998 den Literatur-Nobelpreis erhalten hat.

Ein weiterer Bereich literarischer Gestaltung ist die Bearbeitung einzelner Gestalten aus der religiösen Überlieferung. Das „Lexikon der biblischen Personen" verschafft einen ersten Überblick über dieses sehr weite, bislang noch nicht systematisch bearbeitete Gebiet. Am Beispiel des Hiob ließe sich etwa zeigen, wie unterschiedlich verschiedene Zeiten und Länder diese Gestalt gesehen und gedeutet haben. Hiobs Dialog mit Gott wäre dabei einmal ein Beispiel für den Dialog eines (unglücklich) Liebenden mit Amor und der Geliebten, in einem anderen Fall ist Hiob das Symbol eines vom Schicksal geschlagenen Menschen oder einer existentiell dramatischen Person, in einer anderen Darstellung der Ankläger Gottes, der Gott nach den Maßstäben des menschlichen Geistes zur Rechenschaft ziehen will, u. v. a. m. Das „Lexikon der biblischen Personen" enthält sowohl Gestalten aus der Hebräischen Bibel (Altes Testament) wie aus dem Neuen Testament.

Ein anderer Bereich literarischer Bearbeitung ist die Behandlung biblisch-religiöser Thematiken. Es versteht sich von selbst, daß hier wie auf dem gesamten Gebiet der Literatur neben den christlichen Autoren auch die jüdischen in die Betrachtung mit einbezogen werden müssen. Mit Recht schreibt deshalb Erich Zenger:

> *Wir müßten die großartige Rezeption der Erzählungen des Pentateuch (d. h. der fünf Bücher Mose aus der Hebräischen Bibel, P. A.) in Thomas Manns Roman-Tetralogie „Joseph und seine Brüder" und in der Erzählung „Das Gesetz" vorstellen. Wir müßten, wenn wir uns auf den Bereich der deutschsprachigen Literatur beschränkten, den vielfältigen Einfluß*

des Alten Testaments/der Jüdischen Bibel vor allem auf das Werk von Max Brod, Franz Kafka, Stefan Zweig, Franz Werfel, aber auch von Gottfried Benn und Bert Brecht oder von Else Lasker-Schüler, Hilde Domin, Karl Wolfskehl, Yvan Goll, Paul Celan und Nelly Sachs beschreiben. Es wäre sehr instruktiv, wenn wir der Frage breiter nachgehen könnten, welche Rolle die explizite bzw. implizite Aufnahme der biblischen Schöpfungs- und Sintflutgeschichte in der Tragödie „Die letzten Tage der Menschheit" von Karl Kraus (1926), in der Romantrilogie „Die Sintflut" von Stefan Andres (1949, 1951, 1959), in der Erzählung „Der Mensch erscheint im Holozän" von Max Frisch (1979) oder im Roman „Die Rättin" von Günter Grass (1986 [sic!]) spielt und was darin über die bleibende Aktualität des Alten Testaments offenbar wird. Es wäre spannend, die unterschiedliche Benutzung der biblischen Daviderzählungen durch Stefan Heym (1972: Der König David Bericht) und Grete Weil (1988: Der Brautpreis), aber auch durch den Schweden Torgny Lindgren (1984: Bat Seba; 1987 deutsche Ausgabe: Bathseba) miteinander und mit der Bibel zu konfrontieren. All dies ist hier nicht möglich.[4]

Ein weiterer interessanter Bereich jüdisch-christlichen Einflusses betrifft bewußt gewählte Rahmenerzählungen mit veränderter Intention. Ein Beispiel dafür ist im Kapitel „Christentum und Recht" im Vergleich zwischen dem Salomonischen Urteil und dem Kaukasischen Kreidekreis vorgestellt worden. Ein nächstes Beispiel könnte Goethes Faust sein, für den Goethe (gest. 1832) die Rahmengeschichte des Buches Hiob aus der Hebräischen Bibel (Altes Testament) ausgewählt hat. Dort gestattet Gott wie im Prolog im Himmel des „Faust" dem Teufel, einen Menschen (in der Bibel: Hiob, bei Goethe: Faust) zu versuchen und ihn – wenn es gelingt – auf den Weg des Teufels zu bringen. In beiden Texten scheitert der Teufel, allerdings mit charakteristischen Unterschieden: Hiob ist und bleibt ein tadellos lebender „Gerechter" im Sinne der Religion, er führt ein Gott wohlgefälliges Leben. Solches kann man von

4 Erich Zenger, Das Alte Testament in der Kunst und Literatur des 20. Jahrhunderts, in: ders. (Hrsg.), Lebendige Welt der Bibel. Entdeckungsreise in das Alte Testament, Freiburg-Basel-Wien: Herder 1997, 57–65, hier 58.

Faust nicht behaupten, ebensowenig trifft es für Gretchen zu, seit sie mit Faust näher bekannt ist. Dennoch werden – Goethes Worten zufolge – Faust und Gretchen gerettet. Sie verkörpern das Ringen des Menschen, die Suche nach dem Glück. Trotz zahlreicher Verfehlungen und Abirrungen im Leben streben sie weiter, suchen Höheres und bleiben letztlich von den Verlockungen des Teufels unberührt. Es wäre daher reizvoll, einerseits das biblische und das goetheische „Heiligenideal" miteinander zu vergleichen und dann den „Faust" mit einem modernen „Heiligen", wie er etwa in Morris L. Wests Roman „Des Teufels Advokat" (engl. Original 1959) beschrieben ist, zu konfrontieren.

Abschließend sei noch auf die vielfältigen Anspielungen in der Werbung hingewiesen, die sich der jüdisch-christlichen Tradition bedienen, um das Eigene attraktiver zu machen. Hierbei wirken oft Wort und Bild zusammen, so daß damit bereits der Bereich der Literatur überschritten und der der Kunst angesprochen ist.

3.5 Kunst

Wer Europa bereist, stößt in allen Städten, den meisten Dörfern und vielen entlegenen Landstrichen auf Kirchen, die vom kulturellen Erbe des Christentums Zeugnis ablegen. Einige darunter sind heutzutage geradezu Wallfahrtsstätten des Tourismus und beweisen, daß auch säkularisierte Menschen, denen Religion nichts bedeutet, solche Orte gerne aufsuchen, um die Bauten als Kunstwerke früherer Generationen zu bestaunen.

Seit unter Kaiser Konstantin das Christentum im 4. Jahrhundert als Religion im Römischen Reich öffentlich anerkannt wurde, bestand erstmals die Möglichkeit, öffentlich zugängliche Versammlungsräume für den Gottesdienst der Christen zu schaffen. Vermutlich war man auf diese öffentliche Anerkennung des Glaubens kaum vorbereitet und mußte sich deshalb rasch entscheiden. Man griff daher auf schon vorhandene spätrömische Bautypen, nämlich die Basilika für den Gemeinderaum als Langbau (im Westen des Reiches) und den Zentralbau (im Osten des Reiches) zurück. Auch wurde der schon den Römern bekannte Zentralraum im Westen für Taufkirchen benutzt. Den Bedeutungsgehalt dieser Bauformen beschreibt Klaus Kowalski so:

> *Die Bauform der Basilika symbolisiert den Lebensweg des Christen – auf dem er von außen (der Welt) kommend durch die Kirche zum Altarraum, dem Ort der Verheißung des ewigen Lebens, geht –, während wichtige Ereignisse des christlichen Lebens wie Taufe oder Tod in Zentralbauten zum Ausdruck kommen.*
> *Die Basilika gliedert die Raumabfolge sowohl in der Waagerechten (von West nach Ost) als auch (den Wandaufbau, P.A.) in senkrechter Lesart (von unten nach oben) durch Bedeutungsgehalte, die mit nur geringfügigen Änderungen bis zum Ende des Barock Gültigkeit hatten. Das durch den Eintritt in die Kirche beginnende christliche Leben wird in der Längserstreckung des Innenraums versinnbildlicht. Der nach Osten zum Licht Voranschreitende nähert sich Christus bis zum Bogen vor Beginn des Chorraums (Triumphbogen) – dem Symbol der Grenze zwischen weltlichem und ewigem Leben. Im Apsisgewölbe thront Christus als Heilsbringer. Der Priester als Sachwalter Gottes zelebrierte die Messe hinter dem Apsisaltar mit dem Gesicht zur Gemeinde. Auch die Seitenschiffe wurden in den Bedeutungskanon einbezogen. Die von der Apsis aus rechte Seite der Kirche ist dem Alten Testament und die linke dem Neuen Testament zugeordnet, wobei die Bilder des linken und rechten Seitenschiffes vielfältige Entsprechungen und beziehungsreiche Anspielungen zwischen dem Alten und Neuen Testament bieten.*
> *In senkrechter Lesart repräsentiert der Kirchenbau die hierarchische Ordnung der Welt. Auf dem ebenerdigen Boden steht oder kniet der Mensch, während der Priester in der durch Stufen erhöhten Apsis agiert. Die Säulen, die Stützen der Kirche, symbolisieren die Apostel und Propheten. Auf der Sargwand (d. i. der Teil der Mittelschiffwand zwischen den Stützen und den Fenstern einer Kirche. Erst in späteren Baustilen wird er in die Gesamtgliederung der Wand einbezogen, P.A.) wurden der kaiserliche Hofstaat (Ravenna), später die kirchlichen Würdenträger oder Christi Wunderwirken (Reichenau) abgebildet. Zwischen den Fenstern der Fensterzone (des Mittelschiffes, P.A.) stehen die Heiligen als Mittler zwi-*

schen Erd- und Himmelreich. Der Dachstuhl symbolisiert den neuen Himmel aus der Offenbarung des Johannes [...]. Das Gebäude im Ganzen wird als ein Abbild des Gottesstaates und des himmlischen Jerusalem verstanden, wie es in der Offenbarung des Johannes, Kapitel 21, zu lesen ist. Dessen vorweggenommene irdische Verwirklichung durch einen Kirchenbau wurde ab dem 4. Jahrhundert durch die symbolischen Bedeutungen jedes einzelnen Teils der Architektur und Ausstattung belegt und für die Zukunft allgemein verbindlich.[5]

Der biblische Text aus der Offenbarung des Johannes, dem letzten Buch des Neuen Testamentes, der bei dieser Art von Kirchen als Bauplan zugrundegelegt wird, lautet wie folgt:

Die Stadt war viereckig angelegt und ebenso lang wie breit. Er (d. i. der Offenbarungsengel, der all dies zeigt, P. A.) maß die Stadt mit dem Meßstab; ihre Länge, Breite und Höhe sind gleich: zwölftausend Stadien (d. i. ein antikes Längenmaß, das je nach Ort verschieden lang sein kann, P. A.). Und er maß ihre Mauer; ist hundertvierundvierzig Ellen (d. i. ein Längenmaß, das unterschiedliche Längen je nach Ort und Zeit aufweist, P. A.) hoch nach Menschenmaß, das der Engel benutzt hatte. Ihre Mauer ist aus Jaspis gebaut, und die Stadt ist aus reinem Gold, wie aus reinem Glas. Die Grundsteine der Stadtmauer sind mit edlen Steinen aller Art geschmückt; der erste Grundstein ist ein Jaspis, der zweite ein Saphir, der dritte ein Chalzedon, der vierte ein Smaragd, der fünfte ein Sardonyx, der sechste ein Sardion, der siebte ein Chrysolith, der achte ein Beryll, der neunte ein Topas, der zehnte ein Chrysopras, der elfte ein Hyazinth, der zwölfte ein Amethyst. Die zwölf Tore sind zwölf Perlen; jedes der Tore besteht aus einer einzigen Perle. Die Straße der Stadt ist aus reinem Gold, wie aus klarem Glas.
Einen Tempel sah ich (d. i. Johannes, an den diese Offenbarung ergangen ist, P. A.) nicht in der Stadt. Denn der Herr, ihr Gott, der Herrscher über die ganze Schöpfung, ist ihr Tempel, er und das Lamm. Die Stadt braucht weder Sonne noch Mond, die ihr leuchten. Denn die Herrlichkeit Gottes erleuchtet sie, und ihre Leuchte ist das Lamm. Die Völker werden in diesem Lichte einhergehen, und die Könige der

5 Klaus Kowalski, Abiturwissen Architektur, Stuttgart-Düsseldorf-Leipzig: Klett 1998, 41 f.

Erde werden ihre Pracht in die Stadt bringen. Ihre Tore werden den ganzen Tag nicht geschlossen – Nacht wird es dort nicht mehr geben. Und man wird die Pracht und die Kostbarkeiten der Völker in die Stadt bringen.

(Offenbarung 21, 16–26)

Obwohl das himmlische Jerusalem nach der Beschreibung dieses Textes aus der Offenbarung für mehr als ein Jahrtausend das Grundmuster für den Bau von Kirchen dargestellt hatte, war die konkrete Gestaltung Wandlungen unterworfen, die mit Veränderungen im Denken zu tun hatten und architekturgeschichtlich durch die verschiedenen Epochen mit jeweils anderen Bauformen (heute als Baustile zusammengefaßt) zum Ausdruck gebracht wurden. Eine solche Veränderung hat sich zum Beispiel vollzogen, als der frühmittelalterliche Baustil aufgegeben wurde und der romanische begann. Die neuen Bedeutungsgehalte beschreibt Klaus Kowalski folgendermaßen:

Die romanischen Kirchenbauten wurden als Abbilder des himmlischen Jerusalems verstanden bzw. als befestigte Stadt oder Burg gesehen, wobei die Ostteile mit dem christlichen Heilszentrum und die Westteile mit politischen Ansprüchen in Verbindung gebracht wurden. Die Verwendung architektonischer Formen orientierte sich am christlichen Weggedanken (Papst) oder dem zentralen Herrschergedanken (Kaiser).

Kaiserlich gesonnene Bauherren bedienten sich in Deutschland hin und wieder der vieltürmigen, reich gegliederten doppelchörigen Anlagen meist mit Kreuzgrat- und Rippengewölben. Die der päpstlichen Politik Näherstehenden bauten Kirchen mit Tonnengewölben, Ostwerken und einem Chorumgang. Die Klostergründer entlehnten je nach Botmäßigkeit kaiserliche oder päpstliche Bauformen und veränderten sie ihren Bedürfnissen entsprechend.[6]

Zu den Bedürfnissen der Klöster gehörte vor allem die immer deutlicher werdende Aufteilung der Kirchen in eine Laien-

6 Ebd., 56.

und eine Mönchskirche, die bei den Cluniazensern und Zisterziensern durch eine Trennwand (Lettner) zwar nicht völlig unabhängige Räume schuf, aber den Zugang von der einen in die andere behinderte und durch Sichtlücken möglich machte, daß die Laien in etwa sehen konnten, was hinter dem Lettner geschah. Seitenaltäre ermöglichten das gleichzeitige Abhalten von mehreren Messen, die größeren Wegstrecken in Seitenschiffen und Hauptschiff dienten für Prozessionen. In den Reformorden (Cluniazenser, Zisterzienser, Bettelorden) wurde auf Krypten, wie sie in der Romanik üblich waren, verzichtet. Die Zisterzienser und die Bettelorden ließen architektonische Formen und plastischen Schmuck nur äußerst reduziert zu. Mit der Romanik war zum ersten Mal in der Geschichte der lateinischen Christenheit ein einheitlicher Baustil entwickelt worden, der sich flächendeckend im christlichen Europa durchgesetzt hat.

Von ganz anderer, neuer Art waren die Bedeutungsgehalte in der Zeit der Gotik. Wieder wurde die Kirche (Kathedrale) mit der himmlischen Stadt Jerusalem gleichgesetzt, doch nun auf diese Weise:

> *Das Äußere stellte man sich als deren Mauerring, das Innere als die heilige Stadt selbst vor. Die mit Heiligen besetzten Glasfenster erzeugten ein unwirklich farbiges, im Durchdringen der Heiligen himmlisch erscheinendes Licht, das (wie eine von selbst leuchtende Wand, P. A.) einem Wunder zu Ehren Marias gleichkam, gestiftet an die jeweilige Stadt, in der sich die Kathedrale befindet.*
> *Jeder konnte sehen, daß derart dünne Säulen (im Inneren der Kirche, P. A.) so schwere Gewölbe nicht wirklich tragen können. Passagen aus zeitgenössischer Dichtung sprechen deshalb von einem schwebenden Bau, der sich mitten in die Stadt gesenkt habe. An herausragenden Stellen des Außenbaus, wie z. B. den Portalen, wurden von Theologen festgelegte Folgen christlicher Glaubensinhalte in Plastiken und Reliefs veranschaulicht. Diese sogenannten Plastikprogramme hatten z. B. die Ankündigung (AT, d. i. das Alte Testament, P. A.) und das Erscheinen Christi (NT, d. i. das Neue Testament, P. A.) sowie die Mariengeschichte (Apokryph, d. h. Texte, die in Stil und Inhalt den Texten des Neuen*

Testamentes gleichen, zur ungefähr selben Zeit wie diese entstanden sind, aber nicht ins Neue Testament aufgenommen wurden. In ihnen finden sich viele Legenden, die z. B. auch Einzelheiten aus dem Leben Marias erzählen, P. A.) zum Inhalt. Sie beschworen außerdem die Einbindung des christlichen Lebens in das kosmische Geschehen und das Jüngste Gericht. Auch die häßliche Welt der Dämonen wurde nicht ausgeklammert. Ein allgemein gültiges Schema solcher Programme ist im Mittelalter nie entwickelt worden.
Faßt man alle Gesichtspunkte zusammen, ist zu erkennen, daß die gotische Kathedrale die technischen, funktionalen, inhaltlichen, formalen und bedeutungstragenden Momente wie selbstverständlich zu einer Einheit zusammenführte und damit eine ähnlich vollkommene Architektur wie die der Tempel der Griechen verkörpert. Während der antike Tempel das Urverhältnis von Stütze und Last versinnbildlicht, symbolisiert die gotische Kathedrale das Schweben als Ausdruck des Immateriellen.[7]

Welch überwältigendes und beeindruckendes Erlebnis eine solche gotische Kathedrale für die Menschen der damaligen Zeit gewesen sein muß, ist heute nur noch entfernt nachvollziehbar. Denn nicht nur das Licht der Glasfenster und der Eindruck eines schwebenden Himmels haben die Menschen in ihren Bann gezogen, hinzu kommen die ausgemalten Innenräume, die mit Teppichen behängten Wände, der Duft der Kerzen und des Weihrauchs sowie die kostbaren Meßgewänder und die mit vielen Edelsteinen besetzten goldenen liturgischen Geräte: Kelche, Monstranzen, Kreuze u. v. a. m. All dies stand im deutlichen Kontrast zur Welt außerhalb des kirchlichen Raumes und vermittelte in all seinem Facettenreichtum den Eindruck, für kurze Zeit im Himmel zu sein und das „Tal der Tränen", wie die Erde in dem berühmten, seit dem Ende des 11. Jahrhunderts vielgesungenen lateinischen Marienlied „Salve Regina" genannt wurde, wenigstens für die Verweildauer in der Kirche verlassen zu haben.

7 Ebd., 68 f.

Wieder anders waren die Bedeutungsgehalte in der Zeit des Barock:

> *[Es] entwickelte sich eine glühende Religiosität, die innerlich dem Himmel, äußerlich jedoch ganz der Welt und ihren gesellschaftlichen Formen verpflichtet war. Alle Bauten des Barock repräsentieren den Anspruch der Herrscher Europas im sakralen wie profanen Bereich, das Erdenrund zu beherrschen und über dessen politische Ordnung zu wachen. Als deren geistiges Zentrum galt St. Peter in Rom, als politisches und kulturelles Versailles. Beide Bauten (d. h. der Petersdom in Rom und das Schloß in Versailles, P. A.) verliehen dem absolutistischen Zentralismus architektonischen Ausdruck. Weltliche und kirchliche Herrschaft – ‚regnum' und ‚sacerdotium' –, über Jahrhunderte entzweit, fanden schließlich in den Fürstbischöfen des Barock noch einmal zusammen. Gemeinsam ordneten sie die Welt in ihrem Sinne, bevor das, was heute das „Ancien Régime" genannt wird, von der Französischen Revolution hinweggefegt wurde. Die sakrale und profane Architektur hatte für ein würdiges Zurschaustellen der Macht, den Ausdruck der Freude im Diesseits und die Bedrohung durch Tod und Jüngstes Gericht zu sorgen. So kam es zu einer unlösbaren Verknüpfung von Religion und Politik mit der Architektur. Das Gottesgnadentum des fürstlichen Herrschers umgab den Staat mit einer sakralen Weihe, während sich die Kirche in politischen, weltlich anmutenden Formen darstellte. Das Schloß stellte dieselbe Selbstverzauberung der von ihm Umfangenen dar wie die Kirche. Diese entrückte den Gläubigen in den Himmel, während das Schloß die höfische Gesellschaft mit ihrem Wunschtraum von irdischer Macht repräsentierte, der die realen Machtverhältnisse bei weitem überstieg.*[8]

Die Vorstellung, in den Kirchen einen Blick in den Himmel werfen zu dürfen, wurde nicht nur architektonisch umgesetzt. Auch die Kirchenmusik verfolgte dieses Ziel. In Orchestermessen des Barock wurde akustisch ein Blick in den Himmel gewährt, indem Gesang und Instrumentalmusik den Chor der Engel und das himmlische Musizieren widerspiegeln wollten und auf diese Weise die Schönheit des

8 Ebd., 116.

Himmels optisch wie akustisch demonstrierten. Das liturgische Szenario trug das Seine dazu bei, um die zukünftige Welt als das eigentlich Erstrebenswerte, dem grauen Alltag des Irdischen weit Überlegene erscheinen zu lassen.

Mit Renaissance und Barock setzt auch die Betonung des Individuellen ein. Persönliche Befindlichkeiten von Trauer und Freude finden künstlerischen Ausdruck und werden einzelnen Künstlern zugeschrieben. Von nun an wird es üblich, Baumeister, Bildhauer und Maler mit Namen zu nennen. Es beginnt die Zeit der bildlichen Darstellung auch von Einzelszenen aus dem biblischen Erzählgut, ohne daß all dies ausschließlich für den kirchlichen Raum konzipiert ist.

Es würde zu weit führen, hier die vielen Motive und Bilder, die in diesem Zusammenhang von Relevanz sind, kunstgeschichtlich zu besprechen. Wichtig ist nur festzuhalten, daß motivgeschichtlich die Szenen der Bibel und das Leben der Heiligen einen breiten Rahmen abstecken, der genügend Gestaltungsraum zur individuellen Auseinandersetzung mit den Themen aus der religiösen Überlieferung bietet, und dies nicht nur bei christlichen, sondern auch bei jüdischen Künstlern, wie es etwa die Bildzyklen zur Hebräischen Bibel von Marc Chagall (gest. 1985) belegen. Zu den Besonderheiten des 20. Jahrhunderts gehört, daß die bildlichen Darstellungen außerhalb Europas in zunehmendem Maße den dortigen Gegebenheiten angepaßt werden. So werden biblische Szenen ganz „inkarniert" dargestellt, indem in Afrika südlich der Sahara alle Personen als Schwarze, in China als Chinesen und in Lateinamerika als Indios dargestellt werden.

Eine große Schwierigkeit für heutige Betrachter vieler Werke der christlichen Kunst aus früheren Epochen ist die Entschlüsselung des symbolischen Charakters bestimmter Details. Als Grundorientierung dafür mag „der Physiologus" gelten, ein Werk, das von der ausgehenden Antike das ganze Mittelalter hindurch bis in die Barockzeit hinein die Bildsymbolik bestimmt und für viele Tiere, Pflanzen und Steine den biblischen Bezug und Aussagegehalt festgelegt hat. Als

Illustration sei hier das Beispiel des Löwen aus dem Physiologus zitiert:

> *Zum Anfang werden wir sprechen vom Löwen, dem König der Tiere. Denn auch Jakob, als er den Juda segnete, sagte: Juda ist ein junger Löwe. Aus der Wurzel sprangst du hervor, mein Sohn, und du hast dich gelagert, und du schläfst gleich wie ein Löwe und wie des Löwen Sohn: Wer wird ihn wecken?*
> *Der Physiologus hat vom Löwen gesagt, daß er drei Eigenarten habe. Seine erste Eigenart ist diese: Wenn er einhergeht im Gebirge und seinen Weg nimmt, und es kommt ihm die Witterung vom Jäger, so verwischt er mit seinem Schweife seine Fährte, auf daß nicht der Spur folgend der Jäger sein Lager finde und über ihn komme.*
> *So auch mein Heiland, von dem gesagt ist: Siehe, es hat überwunden der Löwe, der da ist vom Geschlecht Juda, die Wurzel Davids, entsandt vom ewigen Vater, verhüllte er die Fährte seines Weges im Geiste, nämlich seine Gottheit. Unter Engeln wurde er Engel, unter Thronen Thron, unter Mächten Macht, unter Menschen Mensch, als er herniederfahrend einging in Mariens Schoß, auf daß er das umherirrende Geschlecht der Menschen errette: Und das Wort war Fleisch und wohnte unter uns.*
> *Darob erkannten sie ihn denn auch nicht als den aus der Höhe Herabgestiegenen, und sie sagten: Wer ist derselbe König zu Ehren? Aber der heilige Geist sprach: Es ist der Herr, stark und mächtig, er ist der König der Ehren.*
> *Die zweite Eigenart des Löwen: Wenn der Löwe schlummert in seiner Höhle, so ist's doch eher ein Wachen; denn geöffnet bleiben seine Augen.*
> *Dies bezeugt auch Salomon im Hohenlied, sagend: Ich schlafe, aber mein Herz wacht. Denn die Leiblichkeit des Herrn schläft am Kreuz, seine Göttlichkeit aber wacht, sitzend zur Rechten des Vaters. Siehe, der Hüter Israels schläft noch, schlummert nicht, sagt der Prophet.*
> *Die dritte Eigenart des Löwen: Wenn die Löwin ihr Junges wirft, so ist dieses zuerst tot. Die Löwin aber behütet das Geborene, bis daß sein Vater kommt am dritten Tage, und ihm in's Antlitz bläst, und es erweckt.*
> *Dergestalt hat auch der All-Gott und Vater den Erstgeborenen vor allen Kreaturen, unseren Herrn Jesus Christus, seinen Sohn, von den Toten aufgeweckt, damit er das irrende Geschlecht der Menschen errette. Schön also hat Jakob ge-*

sagt: und wie das Junge des Löwen: Wer wird es aufwecken?
Dies nämlich wirket der Vater.
Wohlgesprochen hat also der Physiologus vom Löwen und seinem Jungen.[9]

Das Zitat dokumentiert, daß hier symbolträchtig theologische Grundaussagen über die Inkarnation, das Nebeneinander von Göttlichkeit und Menschlichkeit in Jesus Christus, dem Sterben Jesu am Kreuz und seine Auferweckung am dritten Tag mit Anspielungen auf die biblische Patriarchengeschichte (z. B. Jakob) ebenso wie mit Zitaten aus der Hebräischen Bibel (z. B. Hoheslied des Salomo) und Naturbeobachtungen bezüglich von Löwen zu einem Gesamtdeutungsrahmen vermengt werden, die die Abbildung des Löwen als vielschichtiges und gehaltvolles Indiz für eine Vielzahl von auch doppeldeutigen Aussagen erscheinen läßt. In ihnen wird nicht nur die Kraft des Guten, sondern auch die des zerstörerischen Bösen je nach inhaltlichem Zusammenhang thematisiert. So läßt sich beispielsweise Simsons Kampf mit dem Löwen als Hinweis auf den Opfertod Christi lesen wie auch auf die Überwindung von Hölle und Teufel durch das Zerreißen des Löwen durch Simson (vgl. in der Hebräischen Bibel Psalm 22, 22 und im Neuen Testament 1 Petrus 5, 8). Als Teufel besiegt wird der Löwe im Mittelalter zu Füßen Christi dargestellt.

Die Vielschichtigkeit der Deutungen spielt im Mittelalter auch bei allen Darstellungen mit religiösem Inhalt eine wichtige Rolle. Alles, was irgendwie, und sei es noch so entfernt als Hinweis in diesem Sinne genommen werden konnte, wurde eingesetzt, um es für die Verkündigung und Unterweisung fruchtbar zu machen, um das Ganze reichhaltiger und bunter zu gestalten. So etwa gewann ein Wort des Propheten Jesaja in der Hebräischen Bibel eine große Bedeutung. Es heißt dort: „Der Ochse kennt seinen Besitzer und der Esel die Krippe seines Herrn“ (1, 3). Im Mittelalter sah man darin einen Hinweis auf die Geburtsszene Jesu, der dem Bericht im Evangelium

9 Der Physiologus, Zürich-Stuttgart: Artemis 1960, 3 f.

nach Lukas zufolge in eine Krippe gelegt wurde (Lukas 2, 7). Deshalb wurden, als man zu Zeiten des Franziskus von Assisi (gest. 1226) begann, die Geburt Jesu szenisch nachzuspielen, auch ein Ochs und ein Esel in der Nähe der Krippe aufgestellt. Nachher, als es üblich wurde, diese Szene figürlich darzustellen, blieben Ochs und Esel feste Bestandteile des Szenarios und gehören bekanntlich bis heute zur Weihnachtskrippe. Nachgespielt wurden auch der Kreuzweg Jesu und die Passion. Beides wurde seinerseits wiederum zum Modell ähnlicher figürlicher Darstellungen und eindrucksvoller Gemälde.

Die Entwicklung der religiösen Kunst in diesem Sinne war nicht selbstverständlich. Ihre Berechtigung ist immer wieder umstritten gewesen. Das strikte Verbot, Gott bildlich darzustellen, hat seinen Ursprung in den Zehn Geboten der Hebräischen Bibel, wo es heißt: „Du sollst dir kein Gottesbildnis machen, das irgend etwas darstellt, am Himmel droben, auf der Erde unten oder im Wasser unter der Erde." (Deuteronomium 5, 8; ähnlich Exodus 20, 4) Das frühe Christentum hat wie das Judentum und später der Islam dieses Verbot streng beachtet. Frühchristliche Schriftsteller haben sich sogar wiederholt über die römisch-griechische Sitte, Götter bildlich darzustellen, lustig gemacht und im Bilderverbot der biblischen Tradition ein Element der Überlegenheit des Christentums gegenüber den anderen, „heidnischen" Kulten gesehen. Um so mehr nimmt es daher wunder, daß ab dem 3. Jahrhundert im Bereich der christlichen Grabkunst in Italien erste Bildzyklen entstehen und dann nach dem Öffentlichwerden des Christentums in den nun entstehenden Kirchenbauten weitere Dekorationsprogramme entwickelt werden, darunter vor allem in der Apsis der Kirche der herrschende Christus und im Langhaus Szenen aus biblischen Geschichten. Als Argument für diese Darstellungsweise wird auf die pädagogische Funktion solcher Art von christlicher Unterweisung hingewiesen. Eine ähnliche Entwicklung läßt sich – wie bereits beschrieben – auch im Osten des Römischen Reiches beobachten. Dort geht man zur Darstellung von Heiligen und deren Wundern über. Ein richtiger Richtungsstreit entsteht in diesem Zusammenhang und wird schließlich 787 auf dem 7. Ökumenischen Konzil von Nizäa (Nikaia) zugunsten der Bilder entschieden. Vor allem in Auseinandersetzung mit Arianern und Monophysiten in Kleinasien wird die bildliche Darstellung Jesu und Gottes als Ausdruck der wirklichen Inkarnation verteidigt, da Gott auf diese Weise irdisch greifbar geworden und nicht nur scheinbar präsent ist.

Während sich in der Ostkirche mit der Ikonostase, einer Bilderwand mit Heiligendarstellungen zwischen Kirchenraum und Allerheiligstem, eine Norm für die Darstellung von Heiligenbildern herausbildete, blieb der Bildgebrauch in der weströmisch-christlichen Kirche ohne bestimmte Regeln für Größe und Aufstellungsort. Dies hatte zur Folge, daß die Bilder der Heiligen bis zum Hochmittelalter keinen festen Platz in den Kirchen hatten. Sie wurden nur zu Hochämtern auf dem Hauptaltar aufgestellt und danach wieder entfernt. Erst in der 2. Hälfte des 13. Jahrhunderts wurden die Einzelbilder der Heiligen zu Bildtafeln zusammengefaßt und an der hinteren Seite eines Altares aufgestellt. Diese Retabeln (hintere Bildtafeln) wurden die Vorläufer des Altarbildes, das uns erstmals in der Majestas-Darstellung (Duccio, 1308/11) im Dom zu Siena begegnet und als Typus des Altarbildes vielseitige Nachahmung durch alle Stilepochen der christlichen Kunst fand.

Mit dem Hinweis auf das Altarbild ist der Übergang zu Malerei und Plastik angedeutet, deren Geschichte hier nicht zur Darstellung kommen soll. Sie würde unmittelbar in die individuelle Gestaltung religiöser Erlebniswelten der Christentumsgeschichte führen, auf die in diesem Zusammenhang bewußt verzichtet wurde. Daher beschränkte sich die Darstellung im wesentlichen auf die Schilderung der Bedeutungsgehalte der Architektur von der Zeit Konstantins bis zum Barock und hat somit den Akzent lediglich auf die verschiedenen Umsetzungen von Symbolgehalten (das himmlische Jerusalem, die Symbole des Physiologus) gesetzt und auf individuelle Ausdrucksformen von Religion und Frömmigkeit weitestgehend verzichtet.

Trotz der grundsätzlichen Bejahung der bildlichen Darstellung Gottes und Jesu Christi in Form feierlicher Lehrentscheidungen ist es im Laufe der Christentumsgeschichte immer wieder zu bildfeindlichen Äußerungen und bilderstürmerischen Aktionen im Westen wie im Osten gekommen, die vor allem unter Verweis auf die Zehn Gebote in der Hebräischen Bibel die Entwicklung zugunsten bildlicher Darstellungen Gottes rückgängig machen wollten. Die damit zum Ausdruck gebrachte Sorge betraf die Angst vor einem Rückfall in heidnische Bräuche ebenso wie die vor dem Einzug verweltlichten Verhaltens in die Sphäre des Religiösen. Ganz typisch für diese Angst ist ein Bild, das im 19. Jahrhundert innerhalb des deutschen Pietismus entstanden ist. Es zeigt in Anlehnung an das Evangelium nach Matthäus (7, 13) den breiten Weg, der ins Verderben führt, und den schmalen Weg, der die Rettung bedeutet. Am Rande des breiten Weges stehen u. a. Wirtshäuser und Theater. Kunst, Schauspiel und Musik sind nach dieser Auslegung Ausdrucksformen eines verderblichen Weges, während Askese den Weg zum Heil charakterisiert. Folglich hat die Einstellung der Christen zur Kunst ihre Parallele in ihrer Einstellung zur Musik.

3.6 Musik

Plinius der Jüngere hat – wie bereits erwähnt – Jesus in einem Brief am Ende des 1. Jahrhunderts als Gründer der Gruppe der Christen erwähnt und bei dieser Gelegenheit auch mitgeteilt, daß die Christen ihm wie einem Gott (lateinisch: quasi deo) Lieder widmen. Dies ist der wohl früheste Beleg vom Kirchengesang der Christen. Mehr und Genaueres ist erst aus der Zeit Kaiser Konstantins bekannt. Der damals öffentlich gewordene Kult setzt im 4. Jahrhundert mit seinem Kirchengesang die urchristliche Sitte fort, beim Gottesdienst Psalmen und Hymnen zu singen, und entwickelt die Gesänge weiter, wobei zunächst die einstimmige Singweise verwendet worden sein dürfte. Damals entstand als eigenes Amt im Orient auch das der Sänger (griechisch: psáltai, psaltôdai; lateinisch: cantores, confessores). Um 330 soll in Rom Papst Sylvester I. eine eigene Sängerschule errichtet haben. Bischof Ambrosius von Mailand (gest. 397), selbst Dichter von Hymnen, schuf dann einen eigenen liturgischen Gesang (den sogenannten cantus Ambrosianus), der, auf der antiken griechischen Musik beruhend, reichen melodischen Schwung mit rhythmischer Betonung verband. Weiterhin vorbildlich war später die von Papst Gregor dem Großen (gest. 604) in Rom eingerichtete schola cantorum. Papst Gregor soll auch die Ordnung und endgültige Festsetzung des liturgischen Gesanges damaliger Zeit in Rom (den sogenannten cantus Gregorianus, Romanus, firmus, choralis) verfügt und manche neue Melodie hinzugefügt haben. Um sie schriftlich festzuhalten, bediente man sich einer besonderen Notenschrift.

Dieser später als Gregorianischer Choral weiterentwickelte und in der gesamten lateinischen Westkirche verbreitete Kirchengesang umfaßte alle vertonten liturgischen Texte in lateinischer Sprache und entsprach in seinem melodischen Rhythmus der Sprachmelodie dieser Sprache. Er unterschied sich von daher eindeutig vom liturgischen Griechisch, das in vielen orthodoxen Kirchen des Ostens bis heute andere Tonsequenzen verwendet. Er unterschied sich aber auch von den Tonfolgen, die beim Kirchengesang orientalischer Texte in syrischen, armenischen, koptischen oder äthiopischen Gottesdiensten Verwendung fanden und bis heute tradiert werden. Von daher geht nicht nur die theologische Entwicklung im Orient und Okzident, sondern auch die im Westen und Osten Europas verschiedene Wege. Kulturell entspricht dieser Vielfalt ein Musikreichtum, der den wenigsten Christen in Europa heute im Bewußtsein ist.

Ursprünglich waren wohl auch liturgische Tänze durchaus üblich, wie sie sich bei den Abessiniern bis heute erhalten haben. Im Westen Europas wurden diese Praktiken, zum Beispiel Tänze zur Verehrung Marias oder von Märtyrern, dann sehr eingeschränkt und schließlich auf dem Konzil von Toledo 589 als heidnische Relikte verurteilt und für den liturgischen Gebrauch verboten. Man brachte sie mit dem Tanz um das goldene Kalb in der Hebräischen Bibel (vgl. Exodus 32) in Verbindung. Die positive Erinnerung an den Tanz, wie er etwa von David in der Hebräischen Bibel (vgl. 1 Chronik 15, 29) erwähnt wird, ist erst in den letzten Jahrzehnten des 20. Jahrhunderts wieder neu entdeckt worden.[10]

Neben dem lateinischen Ritus gab es im Westen Europas zunächst noch andere wie den spanisch-westgotischen oder mozarabischen oder auch den gelasianisch-altgallischen, doch bald setzte sich eine starke Vereinheitlichungstendenz zugunsten der römischen Liturgie durch.

Mit der römischen Liturgie fand der römische Kirchengesang in Frankreich Eingang. Karl der Große (gest. 814) ließ römische Sänger ins Frankenreich kommen und errichtete Gesangsschulen in Metz und Soissons. Auch in St. Gallen wurde der liturgische Gesang eifrig gepflegt. Zu der einfachen Weise des Gregorianischen Chorals kam nun aber der mehrstimmige, zunächst der zweistimmige Gesang, dessen Einführung gewöhnlich dem Mönch Hucbald von St. Amand in Flandern (gest. 930) zugeschrieben wird. Durch die Mehrstimmigkeit entsteht im Kern so etwas wie eine Individualisierung der Stimme und Musik, wie sie dann in der Neuzeit voll zur Entfaltung kommt. Weitere Fortschritte von Bedeutung sind die Erfindung des vierfachen Liniensystems zur Aufzeichnung der Noten durch den Mönch Guido von Arezzo (gest. ca. 1050) und die Bestimmung der Dauer der Töne durch die Gestalt (figura) der Zeichen oder die Theorie vom musikalischen Zeitmaß (Mensur), die ihre Begründung dem Magister Franko von Köln in der ersten Hälfte des 13. Jahrhunderts verdankt (Figural- oder Mensuralgesang). Zur Begleitung des Gesanges kam die Orgel, ein vorerst noch sehr unvollkommenes Instrument, in Gebrauch. Den Anstoß zu ihrer kirchlichen Verwendung gaben, wie es scheint, die Instrumente, die Pippin der Kleine (757) und Karl der Große (812) als Geschenke von Konstantinopel er-

10 Vgl. dazu im Literaturverzeichnis das von Anke Kolster herausgegebene Buch: Angebot Kirchentanz.

hielten und die in den Kirchen von Compiègne und Aachen aufgestellt wurden. Ab dem 13. Jahrhundert kommen zu diesen liturgischen Gesängen die ersten Kirchenlieder in der Landessprache – also in Deutschland – auf Deutsch hinzu und bereichern das Liedgut beträchtlich. Vor allem Lieder zu Ehren Marias nehmen an Zahl zu und stellen eine Art Bindeglied zwischen religiösen und höfischen Gesängen (vgl. Minnesang) dar. Bereichert wird das Liedgut auch durch die Mystik, deren Erfahrungsschatz, in Versen ausgedrückt, nicht selten vertont wird. Häufig scheinen allerdings der Kirchengesang und die Kirchenmusik im Laufe des Mittelalters ziemlich verweltlicht gewesen zu sein, wenn man dem gegen derartige Verweltlichung gerichteten Einschreiten von Papst Johannes XXII. 1322 Glauben schenken darf. Auch im Spätmittelalter hat es wohl derartige Entwicklungen gegeben, weshalb das Konzil von Trient 1562 vorschrieb, daß im Gesang und Orgelspiel beim Gottesdienst alles „Laszive und Unreine" streng vermieden werden müsse. Eine völlige Verbannung der Figural- oder polyphonen Musik aus der Kirche und die Rückkehr zum reinen Gregorianischen Choral, wie es manche Eiferer forderten, setzte sich nicht durch.

Auch die Reformation stand der Musik im Dienste der Verkündigung sehr positiv gegenüber. Luther verfaßte zahlreiche Kirchenlieder und war davon überzeugt, daß das Lied eine noch wirksamere Form der Predigt darstellt als das gesprochene Wort. Ähnlich dachten nach ihm die Pietisten. Aufgrund dieser positiven Sicht der Kirchenmusik ist wohl auch zu erklären, daß sich der Barock im Protestantismus vor allem in Form der Musik durchgesetzt hat.

Johann Sebastian Bach (gest. 1750), Friedrich Händel (gest. 1759), Wolfgang Amadeus Mozart (gest. 1791), Joseph Haydn (gest. 1809), Ludwig van Beethoven (gest. 1827) u. v. a. m. haben durch ihre Kompositionen christlich-religiöser Musik dazu beigetragen, daß diese aus der europäischen Musikgeschichte nicht mehr wegzudenken ist und auch nachher immer wieder Komponisten bis heute angeregt hat, ihren Beitrag dazu zu leisten.

Inhaltlich war damit die Palette der Möglichkeiten über das hinaus ausgeweitet, was das frühe Christentum oder das Mittelalter an religiöser Musik gekannt hatten. Es umfaßte neben Messen und Hymnen auch Oratorien (z. B. die Schöpfung, der Messias) und Passionen (z. B. die Matthäus-Passion). Auf diese Weise wurden biblische Themen und Texte musikszenisch dargeboten und ausgedeutet, so daß bis heute die diesbezügliche Musikgeschichte ohne die Kenntnis des Christentums nicht adäquat verstanden werden kann. Das gilt auch noch für biblische Themen in modernen Musicals wie etwa „Jesus Christ Superstar" oder „Godspell".

Es kann hier nicht darum gehen, alle Entwicklungen oder die verschiedenen Epochen im einzelnen zu beschreiben. Deshalb sollen sich die folgenden Ausführungen auf die Gesänge der Messe beschränken und damit jene Grundgedanken christlichen Glaubens erneut zum Ausdruck bringen, die dieses Buch bei der Lehre ins Zentrum der Ausführungen gestellt hat.

Durch die Gottesdienste gehören wichtige Aussagen des Christentums sowie deren Reihenfolge in der Liturgie zum allgemeinen Bildungsgut. Das „Kyrie" eröffnet die Messe feierlich. Der Ruf in griechischer Sprache „Kyrie eleison" (= Herr erbarme dich), „Christe eleison" (= Christus erbarme dich), „Kyrie eleison" (= Herr erbarme dich) nimmt die alte Huldigungsformel aus dem Kaiserkult des Römischen Reiches auf und wendet sie auf Gott/Christus an, sei es, indem sich beide Anrufungen (Kyrie und Christe) auf Jesus beziehen, oder indem man die Sequenz trinitarisch versteht als Vater, Sohn und Heiliger Geist. Je nach Zeitgeist wurde dieser Ruf als Huldigung in festlichem Rahmen oder als Notruf in bedrängter Lage gesehen und entsprechend musikalisch interpretiert.

Auf das Kyrie folgt in der Messe das Gloria. Es ist ein Jubelgesang, der in Anlehnung an den Gesang des Chores der Engel in der Kindheitsgeschichte des Evangeliums nach Lukas (2, 14) mit den Worten beginnt „Ehre sei Gott in der Höhe (lateinisch: Gloria in excelsis Deo) und Friede auf Erden den Menschen seiner Gnade", und mit einer Reihe von Lobsprüchen der Erlösung durch Christus gedenkt. Der vollständige Text lautet in deutscher Übersetzung:

Ehre sei Gott in der Höhe
und Friede auf Erden den Menschen seiner Gnade.

Wir loben dich,
wir preisen dich,
wir beten dich an,
wir rühmen dich und danken dir,
denn groß ist deine Herrlichkeit.
Herr und Gott, König des Himmels,
Gott und Vater, Herrscher über das All,
Herr, eingeborener Sohn, Jesus Christus.

Herr und Gott, Lamm Gottes, Sohn des Vaters,
du nimmst hinweg die Sünde der Welt:
erbarme dich unser;
du nimmst hinweg die Sünde der Welt:
nimm an unser Gebet;
du sitzest zur Rechten des Vaters:
erbarme dich unser.

Denn du allein bist der Heilige,
du allein der Herr,
du allein der Höchste:
Jesus Christus,
mit dem Heiligen Geist,
zur Ehre Gottes des Vaters. Amen.

Mit diesem Text wird die Theologie in die Herzen der Menschen gesungen, die oben als Lehre beschrieben wurde, nämlich Jesus als Sohn Gottes, der mit dem Vater und dem Heiligen Geist als dreieiniger Gott gläubig verehrt wird und um der Menschen und ihres Heiles willen Mensch geworden ist sowie durch Kreuzestod und Auferstehung den Weg des Menschen zu Gott definitiv und für alle Zeiten möglich gemacht hat.

Das Gloria gilt als ein so feierlich freudiger Text, daß es in Zeiten der Buße, des Fastens und der Trauer nicht gesungen wird.

Der nächste Text der Messe, der nach dem Gloria kommt, ist das Credo, d.h. das Glaubensbekenntnis. Dazwischen liegen Gebete, Lesungen aus den biblischen Schriften sowie aus einem der Evangelien und die Predigt. Da diese Texte variieren, sind sie – mit Ausnahme der Predigt – zwar in den Gesängen des Gregorianischen Chorals enthalten, nicht aber in den komponierten Messen, die hier betrachtet werden. In ihnen folgt nach dem Gloria das Credo. Es ist die lateinische Version des Glaubensbekenntnisses, das bei den Konzilien von Nizäa (Nikaia, 325) und Konstantinopel (381) die Mehrheit der Stimmen bekommen hat und deshalb das nizänisch-konstantinopolitanische Glaubensbekenntnis genannt wird. Es lautet in deutscher Übersetzung:

Ich glaube (lateinisch: credo) an den einen Gott,
den Vater, den Allmächtigen, der alles geschaffen hat,
Himmel und Erde, die sichtbare und die unsichtbare Welt,
und an den einen Herrn Jesus Christus, Gottes eingeborenen Sohn, aus dem Vater geboren vor aller Zeit;
Gott von Gott, Licht vom Licht, wahrer Gott vom wahren Gott, gezeugt, nicht geschaffen,
eines Wesens mit dem Vater, durch ihn ist alles geschaffen.
Für uns Menschen und zu unserem Heil
ist er vom Himmel gekommen, hat Fleisch angenommen durch den Heiligen Geist von der Jungfrau Maria
und ist Mensch geworden.
Er wurde für uns gekreuzigt unter Pontius Pilatus, hat gelitten und ist begraben worden,
ist am dritten Tage auferstanden nach der Schrift und aufgefahren in den Himmel.
Er sitzt zur Rechten des Vaters und wird wiederkommen in Herrlichkeit, zu richten die Lebenden und die Toten; seiner Herrschaft wird kein Ende sein.
Ich glaube an den Heiligen Geist, der Herr ist und lebendig macht,
der aus dem Vater und dem Sohn hervorgeht, der mit dem Vater und dem Sohn angebetet und verherrlicht wird,
der gesprochen hat durch die Propheten,
und die eine, heilige, katholische und apostolische Kirche.
Ich bekenne die eine Taufe zur Vergebung der Sünden.
Ich erwarte die Auferstehung der Toten
und das Leben der kommenden Welt. Amen.

Dieser Text enthält alle im 1. Kapitel bei der Lehre angesprochenen Aspekte. Seinem Wortlaut aber sieht man das Alter an. Es sind Formulierungen aus einer anderen Zeit, die nicht mehr in allem unmittelbar verständlich sind. Dazu gehört etwa die Rede vom eingeborenen oder erstgeborenen Sohn, die darauf hinweist, daß diese Geburt vor aller Zeit lag, in die Ewigkeit Gottes gehört und alle Erbansprüche beinhaltet, die den Rang des Vaters ausmachen. Mit ihm ist Jesus also auf eine Stufe gestellt. Er ist folglich nicht von ihm erschaffen oder in mittelalterlicher Terminologie: Er ist nicht kontingentes, sondern absolutes Sein, in der Fachsprache des Konzils: gezeugt, nicht geschaffen. „Durch ihn ist alles geschaffen" spielt auf den Prolog des Johannesevangeliums an, wo es heißt: „Alles ist durch das Wort (griechisch: logos) geworden, und ohne das Wort wurde nichts, was geworden ist" (1, 3). Dies will sagen, daß Gott nach innen trinitarisch, nach außen aber als ein einziger Gott schöpferisch wirksam ist. „Er ist vom Himmel gekommen, hat Fleisch angenommen" bezieht sich erneut auf den Prolog des Johannesevangeliums und beschreibt die Inkarnation. Es werden die Geburt aus der Jungfrau Maria, die Kreuzigung unter Pontius Pilatus, das Leiden am Kreuz und der Tod erwähnt. Dann folgt der Hinweis auf die Auferstehung am dritten Tage gemäß den Vorhersagen in der Bibel (man denke an den Vergleich mit Jona, vgl. im Neuen Testament das Evangelium nach Matthäus 12, 40), dann die Himmelfahrt und die Erwartung der glorreichen Wiederkehr beim Letzten Gericht am Ende der Zeiten sowie die sich anschließende Zeit des ewigen Lebens. Danach wird die Gottheit des Heiligen Geistes, der dritten Person des dreieinigen Gottes, erwähnt, des Geistes Gottes, der vom Vater und dem Sohne (lateinisch: filioque, im Unterschied zur griechisch-orthodoxen Tradition, die hier sagt: vom Vater durch den Sohn) ausgeht und der durch die Propheten gesprochen hat, d. h. Gott durch die Schriften der Propheten in der Hebräischen Bibel (Altes Testament) geoffenbart hat. Abschließend wird auf die Bedeutung von Kirche und Taufe für das Heil der Menschen hingewiesen sowie auf die Auferstehung aller und das ewige Leben. Kaum ein anderer Text enthält derart konzentriert die christlichen Lehraussagen wie gerade dieser, der entscheidend sein wollte und so wirkte mit Blick auf all die Debatten um die Christologie und die Theologie, die die frühe Christenheit so lange und intensiv erschüttert haben (vgl. die Ausführungen zum morgenländischen Schisma).

Die Messe der katholischen Kirche, die den komponierten Messen zugrundeliegt, fährt fort mit Gebeten, die in einem Hochgebet gipfeln, an das sich das Sanctus anschließt. Es ist ein Lobpreis, der aus dem Synagogengottesdienst der Zeit vor der Trennung in Judentum und Christentum übernommen ist, woran noch das hebräische Hosanna (= „ich bitte dich, hilf" als Anruf an Gott) und der Ausdruck „Sabaoth" (Heerscharen, Mächte, Gewalten) erinnert. Der lateinische Wortlaut des Sanctus wird in den komponierten Messen musikalisch ausgestaltet und besteht aus zwei Teilen, die in deutscher Übersetzung lauten:

> *Heilig (lateinisch: sanctus, hebräisch: kadosch), heilig, heilig Gott, Herr aller Mächte und Gewalten (lateinisch: Dominus Deus Sabaoth). Erfüllt sind Himmel und Erde von deiner Herrlichkeit. Hosanna in der Höhe.*
> *Hochgelobt sei, der da kommt im Namen des Herrn.*
> *Hosanna in der Höhe.*

Der zweite Teil, der mit „Hochgelobt" (lateinisch: Benedictus) beginnt, wird in den komponierten Messen meist wegen der Länge des ersten Teiles als eigenes Musikstück, eben als „Benedictus", ausgewiesen und anders als in der gregorianischen Choralmesse oder in der gesprochenen Liturgie getrennt nach der Wandlung des Brotes und Weines in den Leib und das Blut Christi (Erinnerung an das Abendmahl Jesu) gesungen. In der Messe folgt dann das Vater-unser, das nicht mit vertont wurde, sondern vom Priester oder von ihm gemeinsam mit der Gemeinde gesungen bzw. gesprochen wird.

Das letzte Stück einer jeden komponierten Messe ist das Agnus Dei. Sein Text lautet in deutscher Übersetzung:

Lamm Gottes (lateinisch: Agnus Dei), du nimmst hinweg die Sünde der Welt:
erbarme dich unser.
Lamm Gottes, du nimmst hinweg die Sünde der Welt:
erbarme dich unser.
Lamm Gottes, du nimmst hinweg die Sünde der Welt:
gib uns den Frieden.

Danach folgen die Austeilung der Kommunion und ein Schlußgebet mit Segnung der Anwesenden sowie eine Verabschiedungsformel. All dies ist nicht mehr als Musikstück in den komponierten Messen enthalten. Bisweilen werden hier noch andere Musikstücke aus der selben Zeit eingeflochten, so etwa bei Mozart-Messen während der Kommunion ein Lobpreis der Hostie, das „Ave verum", oder ein Lob Marias, das „Ave Maria".

Bei Messen für Verstorbene wurden andere Messen komponiert, die man „Requiem" nennt. Im Requiem ist dem Kyrie ein anderes Musikstück als erstes vorangestellt, dessen lateinischer Text in deutscher Übersetzung lautet:

Die ewige Ruhe (lateinisch: Requiem aeternam) gib ihm/ihr, o Herr, und das ewige Licht leuchte ihm/ihr.

Dann folgen wie bei den anderen Messen Kyrie, Credo, Sanctus, Benedictus und Agnus Dei. Das Gloria fehlt wegen des traurigen Anlasses, und das Agnus Dei hat einen etwas anderen Wortlaut, nämlich:

Lamm Gottes, du nimmst hinweg die Sünde der Welt:
erbarme dich unser.
Lamm Gottes, du nimmst hinweg die Sünde der Welt:
erbarme dich unser.
Lamm Gottes, du nimmst hinweg die Sünde der Welt:
gib ihnen die ewige Ruhe.

Damit sind die wichtigsten Texte der Messe sowie der Verlauf der Messe vorgestellt. Es ist deutlich geworden, daß diese Texte eine Zusammenfassung der Inhalte der christlichen Lehre darstellen und deshalb die Interpretation der Musik diesen Inhalten bei der Deutung Rechnung tragen muß. Auf solche Weise wird die kulturelle Prägung der Musik durch das Christentum deutlich. Zugleich hat diese Zusammenfassung des christlichen Glaubens zum Anfang des Buches zurückgeführt und somit den Kreis der Gedanken geschlossen. Es bleibt daher nur noch ein kurzer Rückblick auf das Ganze, verbunden mit einem Ausblick auf die Zukunft.

Fazit und Ausblick

Die voraufgehenden Ausführungen haben gezeigt, daß die Kurzformel *„Mach's wie Gott, werde Mensch!"* die zentrale Botschaft des Christentums erfaßt und ihr Anliegen deutlich zum Ausdruck bringt. Sie besagt – wie im 1. Kapitel gezeigt wurde –, daß Christen glauben, daß in Jesus Christus Gott selbst sichtbar geworden ist. Es beeindruckt sie, daß Jesus am eigenen Leibe Ausgrenzung, Ablehnung, Haß, Verfolgung und Folter erlebt hat und dennoch bis zu seinem letzten Atemzug bei einem uneingeschränkten Ja zum Menschen geblieben ist. Dieses Vorbild ist den Christen Verpflichtung für das eigene Verhalten und bestimmt ihren Einsatz für alle Schwachen, Rechtlosen, Leidenden und Verfolgten. Sie erinnern sich dessen vor allem im Gottesdienst und lernen dort am Vorbild Jesu, wie sie selbst handeln sollen.

Die Geschichte des Christentums hat diese Verpflichtung christlichen Handelns nicht immer in die Tat umgesetzt. Macht und Herrschaftsansprüche, Grausamkeit und Machtmißbrauch hat es im Laufe der Geschichte des Christentums in vielfältiger Weise gegeben, so daß aus der Sicht der Nichtchristen die Botschaft von der christlichen Nächstenliebe vielfach unbekannt geblieben ist und sich statt dessen der Eindruck einer aggressiven und machtlüsternen Religion festgesetzt hat. Auch innerhalb des Christentums hat es viele gegeben, die dem zeitweise stark ausgeprägten christlichen Glaubenseifer zum Opfer gefallen sind und vergeblich auf Erbarmen oder liebevolle Zuneigung gewartet haben. Nicht zu allen Zeiten – das hat der historische Überblick des 2. Kapitels gezeigt – haben die Christen dieselben Akzente innerhalb der Religion gesetzt. Es hat unterschiedliche Phasen und viele Streitereien und Spaltungen gegeben. In alledem sucht man die christliche Nächstenliebe vergeblich, und dies besonders dann, wenn das Christentum im Bunde mit der politischen Macht aufgetreten ist und rücksichtslos seine machtpolitischen Interessen verfochten hat. Dennoch bleibt wahr, daß zu allen Zeiten unter den Christen Männer und Frauen aufgestanden sind, die sich der Grundbotschaft des Christentums verpflichtet gefühlt, ungeachtet der Gefahr für das eigene Leben Jesu Vorbild zum Maßstab des eigenen Handelns gemacht haben und sich davon weder durch ihre Mitmenschen noch durch kirchliche Würdenträger haben abbringen lassen. Insofern hat diese Botschaft motivierend nach außen wie nach innen gewirkt.

Motivierend und bestimmend zugleich hat die christliche Lehre in der abendländischen Geistesgeschichte gewirkt und die abendländische Kultur – wie das 3. Kapitel an einigen wenigen Beispielen deutlich gemacht hat – nachhaltig beeinflußt und geprägt. Philosophie, Naturwissenschaften, Recht, Literatur, Kunst und Musik hätten ohne das Christentum sicher manch andere Entwicklung genommen.

Niemand vermag sich auszudenken, wie die Geschichte ohne Christentum verlaufen wäre. Sicher ist aber, daß die permanente Aufforderung, an die zu denken, die am Rande der Gesellschaft stehen: an die Armen und Kranken, an die Notleidenden und Verfolgten, ohne die christliche Botschaft nicht durch die Jahrhunderte hindurch wiederholt worden wäre. Sicher ist daher auch, daß viele, die sich dieser Botschaft wegen als Missionare und Missionarinnen aufgemacht haben, um in fernen Ländern für die Kranken Krankenstationen und für die Ausgegrenzten eine neue Heimat zu schaffen, nicht dorthin aufgebrochen, sondern zu Hause geblieben wären. Sicher ist schließlich, daß auch in Europa manch karitative Einrichtung ohne das Christentum nie entstanden wäre.

Das Auftreten gegen Unrecht und das Eintreten für Notleidende und Verfolgte haben im 20. Jahrhundert an der Schwelle zum 3. Jahrtausend eine neue Dimension erreicht. Deshalb erheben in vielen Ländern Asiens, Afrikas und Mittel- sowie Südamerikas einzelne Christen, ganze christliche Gruppen und nicht selten offizielle Vertreter der Kirchen warnend ihre Stimme und weisen auf bestehendes Unrecht ebenso hin wie auf die Konsequenzen aus Armut und Unterdrückung. Auch in den sogenannten „reichen Ländern" Europas und Nordamerikas nimmt die christliche Kritik an der Ausgrenzung immer größerer Gruppen der Gesellschaft als Folge von Modernisierung und Globalisierung zu. Alles deutet darauf hin, daß das unbedingte Eintreten für die Notleidenden und Schwachen und die Verteidigung des Humanen und der Ethik zu den wichtigsten Aufgaben des Christentums im 21. Jahrhundert gehören werden. In Anlehnung an Jesus wird das Christentum in immer neuen Varianten versuchen zu sagen, was Mensch-sein bedeutet und was dies mit Gott und seinem Wort zu tun hat. Daher bleibt wohl auch in Zukunft aktuell, was seit beinahe zweitausend Jahren Menschen motiviert hat, menschlich zu sein und zu handeln: *„Mach's wie Gott, werde Mensch!"*

Literatur und Bildnachweis

Alt, Franz: Jesus – der erste Mann, München: Piper 1992

Angenendt, Arnold: Geschichte der Religiosität im Mittelalter, Darmstadt: Wiss. Buchgesellschaft 1997

Antes, Peter: Christentum – eine Einführung, Stuttgart–Berlin–Köln–Mainz: Kohlhammer 1985 (Reihe: Urban-Bücher; 378)

ders.: Jesus, in: Peter Antes (Hrsg.): Große Religionsstifter. Zarathustra, Mose, Jesus, Mani, Muhammad, Nānak, Buddha, Konfuzius, Lao Zi, München: Beck 1992 S. 49–71

ders.: Christentum, in: Peter Antes (Hrsg.): Die Religionen der Gegenwart. Geschichte und Glauben, München: Beck 1996 S. 44–65

ders.: Jesus zur Einführung, Hamburg: Junius 1998 (Reihe: Zur Einführung; 169)

ders.: Kompaß Christentum = Compass Christianity, Hannover: Lutherisches Verlagshaus GmbH 1998 (Reihe: Kompaß Weltreligionen = Compass World Religions. Zweisprachiger Reiseführer durch die Welt großer Religionen, hrsg. von Peter Antes)

ders.: Vom „Zoo-Besuch" zur Neugier auf das Christentum, in: Johannes Röser (Hrsg.): Christsein 2001 S. 222–224

Becker, Jürgen: Jesus von Nazareth, Berlin–New York: Walter de Gruyter 1996

Benz, Ernst: Beschreibung des Christentums. Eine historische Phänomenologie, München: dtv 1975 (Wissenschaftliche Reihe; 4156)

Berger, Klaus: Qumran und Jesus. Wahrheit unter Verschluß?, Stuttgart: Quell Verlag 1993

ders.: Wer war Jesus wirklich?, Stuttgart: Quell Verlag 1995

ders.: Darf man an Wunder glauben?, Stuttgart: Quell Verlag 1996

Bertelsmann Handbuch Religionen der Welt. Grundlagen, Entwicklung und Bedeutung in der Gegenwart, hrsg. von Monika und Udo Tworuschka, Gütersloh–München: Bertelsmann Lexikon Verlag 1992

Betz, Otto u. Riesner, Rainer: Jesus, Qumran und der Vatikan. Klarstellungen, Gießen-Basel: Brunnen–Freiburg–Basel–Wien: Herder 1993

Bienert, Wolfang A.: Dogmengeschichte, Stuttgart–Berlin–Köln: Kohlhammer 1997 (Reihe: Grundkurs Theologie, Bd 5, 1; Urban-Taschenbücher, Bd 425, 1)

Biser, Eugen: Einweisung ins Christentum, Düsseldorf: Patmos 1997

Braun, Herbert: Jesus. Der Mann aus Nazareth und seine Zeit, Stuttgart–Berlin 1969

Bynum, Caroline Walker: Jesus as Mother and Abbot as Mother: Some Themes in Twelfth-Century Cistercian Writing, in: dies.: Jesus as Mother. Studies in the Spirituality of the High Middle Ages, Berkeley–Los Angeles–London: University of California Press 1982 S. 110–169

Crossan, John Dominic: Der historische Jesus, München: Beck 1994

Drewermann, Eugen: Jesus von Nazareth. Befreiung zum Frieden, Band 2: Glauben in Freiheit, Düsseldorf: Walter 1996

Jacques Duquesne: Der Gott Jesu, Düsseldorf: Patmos 1998

Gnilka, Joachim: Jesus von Nazareth. Botschaft und Geschichte, Freiburg–Basel–Wien: Herder 1990 (Herders theol. Kommentar zum Neuen Testament. Supplementband 3)

Greshake, Gisbert: An den drei-einen Gott glauben. Ein Schlüssel zum Verstehen, Freiburg–Basel–Wien: Herder 1998

Grönbold, Günter: Jesus in Indien. Das Ende einer Legende, München: Kösel 1985

Haag, Herbert; Kirchberger, Joe H.; Sölle, Dorothee u. Ebertshauser, Caroline: Maria. Kunst, Brauchtum und Religion in Bild und Text, Freiburg–Basel–Wien: Herder 1997

Hagemann, Ludwig: Was glauben Christen? Die Gundaussagen einer Weltreligion, Freiburg–Basel–Wien: Herder 1991 (Herder Taschenbuch, 1729)

Hahn, Ferdinand: Der urchristliche Gottesdienst, Stuttgart: Kath. Bibelwerk 1970 (Stuttgarter Bibelstudien, 41)

Hasenfratz, Hans-Peter: Das Christentum. Eine kleine „Problemgeschichte", Zürich: Theologischer Verlag 1992

Heiligenthal, Roman: Der Lebensweg Jesu von Nazareth. Eine Spurensicherung, Stuttgart–Berlin–Köln: Kohlhammer 1994

ders.: Der verfälschte Jesus. Eine Kritik moderner Jesusbilder, Darmstadt: Primus Verlag 1997

Holl, Adolf: Jesus in schlechter Gesellschaft, München: dtv, 5. Aufl. 1983

Hoppe, Rudolf: Jesus. Von der Krippe an den Galgen, Stuttgart: Katholisches Bibelwerk 1996

Jaschke, Helmut: Gott Vater? Wiederentdeckung eines zerstörten Symbols, Mainz: Matthias Grünewald 1997

Jensen, Anne: Gottes selbstbewußte Töchter. Frauenemanzipation im frühen Christentum?, Freiburg–Basel–Wien: Herder 1992

Jesus. Ein revolutionäres Leben, München: Beck 1996

Art. Jesus Christus, in: Theologische Realenzyklopädi

Art. Jesus Christus, in: Theologische Realenzyklopädie, Berlin–New York: de Gruyter, Bd 16 (1987) S. 670–772 und Bd 17 (1988) S. 1–84

Kliemann, Peter: Glauben ist menschlich. Argumente für die Torheit vom gekreuzigten Gott, Stuttgart: Calwer Verlag, 6. Aufl. 1996 (Reihe: Calwer Taschenbibliothek; 13)

Klöckner, Michael: Katholisch – von der Wiege bis zur Bahre. Eine Lebensmacht im Zerfall?, München: Kösel 1991

Kolster, Anke: Angebot Kirchentanz. Eine Übersicht für Tanz im kirchlichen Leben, Willich: Choros Verlag 1998

Küng, Hans: Das Christentum. Wesen und Geschichte. Die religiöse Situation der Zeit, München: Piper 1994

Kuschel, Karl-Josef: Jesus in der deutschsprachigen Gegenwartsliteratur, Zürich u.a.: Benziger u.a., 4. Aufl. 1984

Langenhorst, Georg: Jesus ging nach Hollywood. Die Wiederentdekkung Jesu in Literatur und Film der Gegenwart, Düsseldorf: Patmos 1998

Laudert-Ruhm, Gerd: Jesus von Nazareth. Das gesicherte Basiswissen. Daten, Fakten, Hintergründe, Stuttgart: Kreuz 1996

Lexikon der biblischen Personen. Mit ihrem Fortleben in Judentum, Christentum, Islam, Dichtung, Musik und Kunst, von Martin Bocian unter Mitarbeit von Ursula Kraut und Iris Lenz, Stuttgart: Kröner 1989

Lohse, Eduard: Umwelt des Neuen Testamentes, Göttingen: Vandenhoeck & Ruprecht, 2. Aufl. 1974 (Reihe: Grundrisse zum Neuen Testament, Ergänzungsreihe Bd 1)

ders.: Paulus. Eine Biographie, München: Beck 1996

Lüdemann, Gerd: Jungfrauengeburt? Die wirkliche Geschichte von Maria und ihrem Sohn Jesus, Stuttgart: Radius 1997

ders.: Der große Betrug. Und was Jesus wirklich sagte und tat, Lüneburg: zu Klampen 1998

Lüling, Günter: Die Wiederentdeckung des Propheten Muhammad. Eine Kritik am „christlichen" Abendland, Erlangen: Hannelore Lüling 1981

Merklein, Helmut: Die Jesusgeschichte synoptisch gelesen, Stuttgart: Katholisches Bibelwerk 1995

Moltmann, Jürgen: Gott im Projekt der modernen Welt. Beiträge zur öffentlichen Relevanz der Theologie, Gütersloh: Christian Kaiser, Gütersloher Verlagshaus 1997

Mulak, Christa: Jesus – der Gesalbte der Frauen, Stuttgart: Kreuz 1987

Nowak, Kurt: Das Christentum. Geschichte, Glaube, Ethik, München: Beck 1997 (Reihe: Beck'sche Reihe 2070; C.H. Beck Wissen)

Räisänen, Heikki: Das koranische Jesusbild. Ein Beitrag zur Theologie des Korans, Helsinki: Finnische Gesellschaft für Missiologie und Ökumenik 1971 ders.: Marcion, Muhammad and the Mahatma. Exegetical Perspectives on the Encounter of Cultures and Faiths, London: SCM Press 1997

Rausch, Ulrich: Christentum kurz gefaßt, Frankfurt/M: Josef Knecht 1998

Robinson, John A.T.: Wann entstand das Neue Testament?, Regensburg: Pustet 1986

Röser, Johannes (Hrsg.): Christsein 2001. Erwartungen und Hoffnungen an der Schwelle zum neuen Jahrtausend, Freiburg–Basel–Wien: Herder 1998

Ruckstuhl, Eugen: Jesus, Freund und Anwalt der Frauen. Frauenpräsenz und Frauenabwesenheit in der Geschichte Jesu, Stuttgart: Kath. Bibelwerk 1996

Samartha, Stanley J.: Hindus vor dem universalen Christus. Beiträge zu einer Christologie in Indien, Stuttgart: Evangelisches Verlagswerk 1970

Sanders, E.P.: Sohn Gottes. Eine historische Biographie Jesu, Stuttgart: Klett-Cotta 1996

Schedl, Claus: Muhammad und Jesus. Die christologisch relevanten Texte des Koran, neu übersetzt und erklärt, Wien–Freiburg–Basel: Herder 1978

Schillebeeckx, Edward: Jesus. Die Geschichte von einem Lebenden, Freiburg–Basel–Wien: Herder, 7. Aufl. 1980

Schimmel, Annemarie: Jesus und Maria in der islamischen Mystik, München: Kösel 1996

Schürmann, Heinz: Jesus – Gestalt und Geheimnis, hrsg. von Klaus Scholtissek, Paderborn: Bonifatius 1994

Schüssler Fiorenza, Elisabeth: Zu ihrem Gedächtnis. . . Eine feministisch-theologische Rekonstruktion der christlichen Ursprünge, Gütersloh: Christian Kaiser 1993

Schweizer, Eduard: Jesus, das Gleichnis Gottes. Was wissen wir wirklich vom Leben Jesu?, Göttingen: Vandenhoeck & Ruprecht 1996

Smith, Morton: Jesus der Magier, München 1981

Sobrino, Jon: Christologie der Befreiung, Mainz: Grünewald, Bd 1, 1998

Spiegel, Yorick u. Kutter, Peter: Kreuzwege. Theologie und psychoanalytische Zugänge zur Passion Jesu, Stuttgart–Berlin–Köln: Kohlhammer 1997

Staats, Reinhart: Das Glaubensbekenntnis von Nizäa-Konstantinopel. Historische und theologische Grundlagen, Darmstadt: Wiss. Buchgesellschaft 1996

Stegemann, Hartmut: Die Essener, Qumran, Johannes der Täufer und Jesus, Freiburg–Basel–Wien: Herder 4. Aufl. 1994 (Herder Spektrum 4128)

Theißen, Gerd u. Merz, Annette: Der historische Jesus. Ein Lehrbuch, Göttingen: Vandenhoeck & Ruprecht 1996

Theologische Berichte, hrsg. im Auftrag der Theol. Hochschule Chur von Josef Pfammatter und der Theol. Fakultät Luzern von Franz Furger, VII. Zugänge zu Jesus, Zürich–Einsiedeln–Köln: Benziger 1978

Thüsing, Wilhelm: Die neutestamentlichen Theologien und Jesus Christus. Grundlegung einer Theologie des Neuen Testaments I, Münster: Aschendorff 1996

Vermes, Geza: Jesus der Jude. Ein Historiker liest die Evangelien, Neukirchen-Vluyn: Neukirchener Verlag 1993

Verweyen, Hansjürgen: Botschaft eines Toten? Den Glauben rational verantworten, Regensburg: Pustet 1997

Vögtle, Anton: Die Gretchenfrage des Menschensohnproblems. Bilanz und Perspektiven, Freiburg–Basel–Wien: Herder 1995

Was Jesus wirklich lehrte. Die authentischen Worte des historischen Jesus, München: Beck 1997

Wörterbuch des Christentums, hrsg. von Volker Drehsen u. a., München: Orbis 1995

Zeller, Dieter: Mysterien/Mysterienreligionen, in: Theologische Realenzyklopädie, hrsg. von Gerhard Müller, Berlin–New York: Walter de Gruyter, Bd XXIII (1994) S. 504–526

Bildnachweis

Seiten 22/23: Matthias Grünewald, Kreuzigung und Auferstehung Christi.

Seite 29: Die heilige Dreieinigkeit. Ikone des Andrej Rublew (um 1411).

Seite 36: Der gute Hirte. Fresko aus der Katakombe der heiligen Petrus und Marcellinus.

Seite 41: Wortgottesdienst. Foto Hans Knapp/KNA.

Seite 46: Eucharistiefeier. Foto Ernst Herb/KNA.

Seite 54: Lepraärztin Ruth Pfau, Pakistan. Foto Hans Knapp/KNA.

Seite 96: Krönung Kaiser Konstantins „durch die Hand Gottes".

Seiten 106/107: Der Petersdom/Rom. Foto Anton Siebers/KNA. -Die Hagia Sophia in Konstantinopel (Zeichnung 1852).

Seite 121: Der Gottesdienst des Wortes. Predigtsaal im calvinistischen Lyon.